meinel

a course in scientific german

hans meinel

a course
in scientific german

deutsch für techniker
und naturwissenschaftler

max hueber verlag

1. Auflage

| 4. 3. | Die letzten Ziffern |
| 1985 | bezeichnen Zahl und Jahr des Druckes. |

Alle Drucke dieser Auflage können nebeneinander benutzt werden.
© 1972 Max Hueber Verlag München
Umschlaggestaltung: Horst Ettenhoffer, München
Gesamtherstellung: Manz AG, Dillingen · Printed in Germany
ISBN 3–19–001103–6

CONTENTS

PREFACE

A significant number of scientific and technological publications are written in German. For basic research studies in several scientific fields a knowledge of German is indispensible. A knowledge of both English and German gives access to two third or even three quarters of the total amount of publications in most of these subjects.

The present book on scientific and technological German has been written for postgraduate students and staff members of universities and research institutions. It is based on practical experience with the usual Science German courses offered by many Science and Technology Faculties with English as the medium of instruction. An extensive survey has shown that most universities run their Science German Courses over one academic year with three to four lessons per week. Therefore, this book is adjusted to a duration of courses ranging from eighty to one hundred and fifty lessons.

Since study time in those courses is limited, this course is designed to teach a reading knowledge of German only.

The course covers the requirements of the average proficiency tests for reading and/or translation knowledge. It is, moreover, meant to assist those who want to make full use of German scientific and technological material for their studies, examinations or research work.

This book has been developed out of my teaching experience at a language department of a post-graduate University of Science and Technology with English as the medium of instruction. Grateful thanks go to many colleagues teaching in the same field for testing the material of this book at various stages and under differing conditions and kindly placing their suggestion at my disposal.

Deutsches Kulturinstitut Beirut
März 1972   Hans G. Meinel

INTRODUCTION

Scientific German as a subject is situated between philology and science. As a *tool-course* within the curriculum of a Science or Technology faculty it has, however, to adjust to specific and rather utilitarian requirements.

Certain misinterpretations as to the purpose and contents of such a course occasionally do occur. I should, therefore, like to make a few remarks on the organisation of the present book and the principles I have followed.

The *teaching material* is arranged progressively in 41 lessons. 23 of those are hard-core lessons (C-lessons) with reading material on the left page and the relevant grammatical and syntactical points opposite.

Another 18 extension lessons (E-lessons) are inserted into the basic course to provide exercise and repetition. Thus teacher and student can adjust their progress to time and circumstances. Various important tables and lists are added which can also be used as a source of reference after completition of the course.

The whole course is divided into six sections, each composed of several C- and E-lessons and each section arranged in such a way that it leads up to a certain level, after which tests may be held.

The book is designed for the bilingual teaching method, the only appropriate method for teaching reading knowledge.

The graded reading material covers various aspects of science and technology. It does not require special subject knowledge beyond a normal and general technological and scientific background. The introductory texts are simplified, the following are adapted from original sources; at the final stage the unrevised original text becomes the basis for linguistic studies.

A characteristic of Scientific German is its involved, wound-up style, it does not have the easy flow of literature. The text material of this book purposely represents the Science German style.

A remark on the *vocabulary of Scientific German* should be made in this context.

First contact with a foreign language is usually established through words of international usage common to most languages. This is particularly so for an expert discovering formulas, international standard terms and expressions, in publications concerning his specific interests. He should be able to make a fair guess about the contents of such an article.

In fact, Scientific German is often defined as German containing a high proportion of special technical and scientific terms. This definition can, however, only be a tentative one. It would be misleading if teaching only the terms was the guiding principle. Scientific German is German language in every respect and its definition would be more correct if understood as a short form of "German for Scientists".

Surveys on the vocabulary of both scientific as well as non-scientific texts have yielded identical results. It has been proved that in both cases structural words make up for more than 1/3 to 1/2 of the total amount of the vocabulary in any text. Structural words are articles, pronouns, prepositions, auxiliaries, modal verbs, conjunctions and adverbs in their various forms. They have a very high frequency in any kind of text but consist of a relatively small number of lexical units. Scientific terms, on the other hand, have a low frequency, but there are a great many of them. Judged by the amount of specialised dictionaries for scientific and technological terms these terms are actually much more numerous than all words of general use covered in standard dictionaries.

Fortunately, rather large sections of special terms are of international use in science or technology. The expert will recognise them immediately in spite of occasional slight differences in spelling (e. g. Infektion, absorbieren, Reaktortechnik). As these special terms have a limited field of linguistic association, their meaning is hardly ever changed by word-context. A dictionary will give the exact correspondence between one language and another.

Therefore, the word-learning aspect of scientific terms need not be over-emphasized. Translators should know how to use a dictionary. Translation work in Science and Technology, particularly at the expert level, requires special dictionaries. The technique of handling them is therefore part of the course programme. A list of dictionaries is given in T6 at the end of the book.

Word learning is much more effective and time-saving if concentrated on structural words and their grammatical aspects as 30 to 50 of these structural words make up more than one third of the total vocabulary of any scientific text. A selective list of German words with a very high frequency is given at the end of the book in T 8.

Regarding vocabulary, this book is based, therefore, on the concept of teaching the use of dictionaries — especially for words of lower frequency — as well as suggesting the memorization of those words of higher frequency which are syntactically important — particularly the structural words group.

In regard to *German grammar and syntax,* this book teaches the passive use of German only. It intends to supply the essential knowledge and technique of reading and translating with a maximum of factual correctness. In doing so, it can neglect those structural rules not relevant to translation from English into German.

To illustrate this, I shall give two examples:

Adjectival endings are important for speaking and writing German in a correct way. The English adjective has no comparable endings. As both are in the same way fixed to the noun in their position, it is necessary only to inform the student about the phenomenon, but not the detail.

In German sentences objects referring to time have to precede those referring to location. This rule need not be taught, as the nature of the object reveals itself in the translation and the rules for the sequence of objects in an English sentence may be presupposed.

All German grammar rules were submitted to this pragmatic principle of selection and the results checked. Only those rules — or parts of them — which are necessary to reach a correct translation with an emphasis on the factual content of a sentence, are given in this book. This restriction is due to the limited aim of the course and the necessity to achieve results in an unusually short period of study.

This selection was necessary, moreover, because a more detailed coverage of certain other structural rules, particularly in syntax, is required in a Science German Course.

A comparison with average German shows, that Scientific German has longer, more complex sentence structures, a more extensive use of the passive voice, participial constructions, inversions and modal auxiliary verbs. This is due to the tendency of scientists to report with a maximum of precision and in an impersonal style. They write documents for study, not texts for fluent easy reading. In order to obtain precise meaning they use a highly complicated grammatical framework. This involved style of Scientific German could be compared to legal English.

It is therefore obvious that the actual problem of a Scientific German Course is the analysis of the rather complex information matrix interrelating the special terms — and not so much the terms themselves. Consequently, the main objective of this book is an intensive study of these structures — i. e. grammar and syntax.

The teaching method is based on systems already known to most students, related wherever possible to parallels in English and strictly limited to the essentials for translation. Linguistic terms are reduced to an essential minimum.

The restriction of the teaching material to typical texts and related structural rules is intended to give as much freedom as possible for adjustment, or, if time permits, to extension.

A Science German Course has the considerable advantage of being attended by students who immediately realize the benefits of such a *tool* course, and who are conversant with analytical techniques. Memorizing, too, is an accepted part of their main subjects. Under these conditions speedy progression is justified.

It is essential to possess a good German-English general dictionary; special dictionaries should be available at least in the department or from the university library. (see T6 at the end of the book).

It is advisable to study a special journal of one's subject during the course and to attempt additional individual translations from these sources (see T7 for suggestions).

In an age of interdisciplinary relations a Science German Course serves its purpose best when treated as a subsidiary subject. Students of Science or Technology cannot possibly be expected to be deeply interested in linguistics beyond utilitarian aspects. Given this, a Science German Course is essentially a restricted language course with a strong emphasis on its structural framework.

PRONUNCIATION-GUIDE

a: Similar to the English *a* in *father, mother:* Hafen, Stadt.

ä: A sound between a — e, similar to English *hare:* Städte.

ai: ay: Similar to English *fine:* Mainz, Bayern.

au: Similar to English *how:* Ausländer.

äu: Similar to English *oil:* Häuser.

e: Similar to the *e* in English *bet:* messen.

ei: Similar to English *fine:* Freiburg.

eu: Similar to English *oil:* Europa.

i: Similar to the *i* in English *industry:* Industrie.

o: Similar to the *o* in English *tomorrow:* Bonn, hoch.

ö: A sound between o — e: Göttingen.

u: Similar to English *stool, book:* Buch, und.

ü: A sound between u — i, similar to French "Curie": München.

y: I-sound, slightly tending towards ü: Physik.

Depending upon its position in a word each vowel can be pronounced either long or short. Long pronunciation can be indicated by a double-vowel: **aa** (Staat), **ee** (Beet), **oo** (Boot); by a **mute h** (Zahl) or a **mute e** (after i) (Diesel). Short vowels are usually followed by double consonants (Kanne, retten, hoffen).
ä, ö and ü are **Umlaute**, i.e. modifications of a vowel. It is permissible to write ä = ae, ö = oe and ü = ue when using a typewriter without.

b: *better:* besser.

c: If the c is preceding e or i, it is pronounced as the combination of t plus s = ts: Celsius, circa. If the c precedes a, o or u, it is pronounced as k: Coca-Cola, Cuxhaven.

ch: Two ways of pronunciation:
1. Preceding or following a palatal vowel (e, i, ei, eu), ch is an aspirated palatal: echt, nicht, leicht, leuchten, Chemie.
2. Following a velar vowel (a, o, u, au), ch is an aspirated guttural: acht, hoch, Bruch, auch.

chs: Same pronunciation as x = ks: sechs, Achse.

ck: Pronounced as k: Glück, necken.

d: *doctor:* Doktor.

f: *free:* frei.

g: Guttural, similar to the *g* in English *good:* Guten Morgen, gross.

h : Aspirate, similar to the *h* in English *cohesion:* Heft, gehen. Apart from this pronounced h the German language also has a mute h, whose function is to lengthen the preceding vowel: wohnen, sehen.

j : Dental, similar to the *y* in English *yes:* Januar, ja, jener.

k : *keel:* Kiel.

l : Pronounced softly, similar to the *l* in English *light:* Land, lernen.

m : *May:* Mai.

n : *no:* nein.

p : *professor:* Professor.

qu : Pronounced as a combination of k plus w = kw: Qualität, Quark.

r : Either: throat–r, like the French r in "raffinement"
or: tongue–r like the English *brother:* Ring, Europa, fragen.
The pronunciation varies with the different parts of Germany.

s : There are two German s–sounds:
1. The voiced s: Dental, similar to the *s* in English *is:* Sie, Vorlesung.
2. The voicless s: Dental, similar to the *s* in English *son:* Skala, ist, messen, gross.
The general rule is that a single s in front of a vowel is voiced, in all the other positions the s or ss is voiceless.

sch : Sibilant, similar to *sh* in English *ship:* Deutschland, schön, schreiben.

ß : **Indicating double–s: ss**

t : *temperature:* Temperatur.

tz : Pronounced as ts: Katze, Witz.

v : Either: v = f: Vorlesung, Verlag.
or: v = (German) w: Universität.

w : Labiodental, similar to the *v* in English *very:* Welt, wohnen.

x : Pronounced as a combination of k plus s = ks, similar to *x* in English *ox:* Examen.

z : Pronounced as a combination of t plus s = ts: Zahl, zehn.

Section I

Deutschland ist ein europäisches Land. Berlin ist eine Stadt. Berlin ist eine grosse Stadt. Deutschland hat grosse und kleine Städte. Die Industriestadt Essen ist weltbekannt. Deutschland ist ein Industrieland.
Hamburg ist ein deutscher Hafen. Der Hafen ist wichtig. Bremen ist auch eine Hafenstadt. Deutschland hat viele Häfen.

München hat eine grosse Universität. In München wohnen eine Million Deutsche. Bayern ist sehr bekannt. Auch in Berlin, Bochum, Bonn, Erlangen, Frankfurt, Freiburg, Giessen, Göttingen, Hamburg, Heidelberg, Kiel, Köln, Konstanz, Mainz, Marburg, München, Münster, Regensburg, Saarbrücken, Tübingen und Würzburg sind Universitäten.

Technische Hochschulen[1] sind in Berlin, Aachen, Braunschweig, Darmstadt, Hannover, Karlsruhe, München und Stuttgart. Es gibt auch Hochschulen in Clausthal-Zellerfeld (Bergbau), Düsseldorf (Medizin), Hannover (Veterinärmedizin), Lübeck, Mannheim (Wirtschaft), Stuttgart-Hohenheim (Landwirtschaft) und Ulm.

Deutschland hat viele Universitäten und Technische Hochschulen (Technische Universitäten). Die Bundesrepublik hat zweiundzwanzig (22) Universitäten und acht (8) Technische Hochschulen. Viele Ausländer studieren in Deutschland. Die ausländischen Studenten lernen Deutsch. Viele Studenten haben ein Stipendium.

Die deutschen Briefmarken zeigen die Komponisten Johann Sebastian **Bach** (1685–1750) und Ludwig van **Beethoven** (1770–1827), die Dichter Gotthold Ephraim **Lessing** (1729–1781), Johann Wolfgang von **Goethe** (1749–1832) und Friedrich von **Schiller** (1759–1805). Die Marken zeigen auch Albrecht **Dürer** — er ist ein Maler (1471–1528) — und Johannes **Gutenberg** (1397–1468). Er ist der erste Buchdrucker.

[1] Note: the German term "Hochschule" corresponds to university, whereas high school would be "Oberschule" or "Gymnasium" in German.

The Noun and Its Article

I. 1. All German **nouns** are written with a capital letter:
Land, **H**afen, **S**tadt.

They either have masculine *(m)*, or neuter *(n)* or feminine *(f)* gender, which determines their definite or indefinite article:

	der			**das**			**die**	
m:		Hafen	*n:*		Land	*f:*		Stadt
	ein			**ein**			**eine**	

The plural article is the same for all the three genders:

die Studenten,	**die** Häfen,	**die** Länder,	**die** Städte.

As in English, there is no plural form of "ein"; we could use e. g.:
viele Häfen,   Länder,   Städte,
alle Häfen,   Länder,   Städte.

Note that many German nouns change their forms in the plural.

Learn:

	m	*n*	*f*
Sing.:	der Hafen	das Land	die Universität
	ein Hafen	ein Land	eine Universität
Plur.:	die Häfen	die Länder	die Universitäten
	viele Häfen	viele Länder	viele Universitäten

2. The **adjective** accompanying the noun (e. g. europäisch, deutsch, gross, klein) is also declined. When it goes together with the **definite** article, it has the ending **–e** in the nominative singular and **–en** in the nominative plural:

der deutsch**e** Hafen,	das europäisch**e** Land,	die gross**e** Stadt
die deutsch**en** Häfen,	die europäisch**en** Länder,	die gross**en** Städte

The adjective takes over the last letter of the definite article, when it goes together with the **indefinite** article, or when there is **no article** at all:

der deutsch**e** Student,	da**s** europäisch**e** Land,	di**e** gross**e** Universität.
ein deutsch**er** Student,	ein europäisch**es** Land,	eine gross**e** Universität.
	di**e** deutsch**en** Städte	
	deutsch**e** Städte	

II. Learn as a phrase: es gibt — *there is/are*

III. The **verb** is a very important part of the German sentence and should be carefully observed.
Learn: studieren, wohnen, lernen
ist *(is)*, sind *(are)*, hat *(has)*, haben *(have)*

IV. Collect all the nouns from the text, arrange them according to gender and learn them in the given pattern:
der Hafen, Häfen;   das Land, Länder;   die Stadt, Städte

C

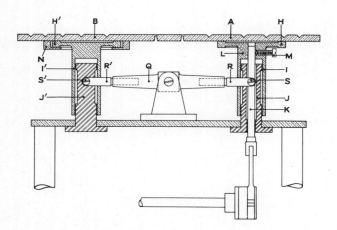

Mechanisches Modell eines
Cyclotrons nach F.A.B. Ward

Universität Hamburg   *Institut für Physik*

Montagmorgen, zehn Uhr. Die Studenten gehen in das Institut. Sie
haben eine Physikvorlesung. 10 c. t., Viertel nach zehn[1]: Der Professor
und der Assistent kommen. Das Vorlesungsthema heisst: Trägheit und
Gravitation. Nun beobachten die Studenten das Experiment. Das Gerät
arbeitet. Die Messgeräte zeigen das Ergebnis. Sie sind sehr genau; das
genaue Messen[2] verlangt exaktes Arbeiten, denn der Mechanismus ist
sehr empfindlich. Die Studenten schreiben das Ergebnis in die Hefte.
Der Assistent zeigt Lichtbilder, die Bildqualität ist gut. Es ist elf Uhr. Der
Professor beendet die Vorlesung.

Die Studenten diskutieren das Ergebnis. Sie stellen Fragen. Der Professor
antwortet und erklärt das Problem. Sie wiederholen das Experiment. Der
Professor geht in das Laboratorium. Die Studenten gehen in das Bibliothekszimmer. Sie studieren das "Handbuch für Physik" und vergleichen
die Verfahren. Nun gehen die Studenten. Sie lernen sehr viel, denn bald
haben sie Examen.

---

[1] c.t. means cum tempore = with time, i.e. 15 minutes later, the opposite is s.t., sine tempore, e.g. 11 s.t. means 11 o'clock
sharp, used frequently in university time tables.
[2] das ... Messen = a verb functioning as a noun.

C

The Noun and Its Plural _____ 2
The Verb: Present Tense, 3rd Person Singular and Plural

I. The plural of nouns

There is no fixed rule for the formation of the plural. Therefore the plural form of each noun must be learned together with the word and its gender:

das Institut, Institute
(The plural article (nominative) is always "die")

However, four main groups in the formation of the plural can be observed:

a) The (nominative) plural adds the ending **–en** or **–n**. These nouns are frequently of feminine gender:
die Universität, Universitäten;   die Industrie, Industrien;
die Vorlesung, Vorlesungen;   die Schule,   Schulen.

b) The (nominative) plural has the ending **–e** with some words, sometimes the stem vowel changes into an Umlaut:
das Heft, Hefte;   das Problem, Probleme;   die Stadt, Städte

c) The (nominative) plural has the ending **–er,** in some cases the stem vowel changes into an Umlaut. This is the smallest group:
das Licht, Lichter;   das Bild, Bilder;   das Land, Länder

d) The (nominative) plural is identical with the singular, sometimes the stem vowel changes into an Umlaut. The words are frequently masculine or neuter.
der Rechenschieber, Rechenschieber;   das Zimmer, Zimmer;
der Hafen,   Häfen;   der Ofen,   Öfen

II. Compound nouns

Physikvorlesung (lecture in physics), Vorlesungsthema (subject of the lecture), Messgeräte (measuring instruments), Lichtbilder (slides), Bildqualität (quality of the slides), and Bibliothekszimmer (liberary room) are examples for compound nouns, which are frequent in Science German (see also L. 7).

III. 3rd person singular and plural of the present tense of the verbs

"gehen". Plural: die Studenten gehen, sie gehen
"erklären", Singular: der Professor erklärt, er erklärt
Form similar examples with: kommen, beobachten[3], zeigen, diskutieren, antworten, beenden, vergleichen, lernen, studieren, heissen, verlangen.   (Note: haben – er hat)

3rd person	*singular:* $\left.\begin{array}{l} m \text{ er} \\ f \text{ sie} \\ n \text{ es} \end{array}\right\}$ geht	*plural:* sie geh**en**

---

[3] If the stem ends –t or –d (beobachten, beenden) the ending of the 3rd person singular is –et instead of –t (beobachtet, beendet).

C

Der Professor schreibt das Thema an die Tafel: "Die Temperatur ändert die Eigenschaften". Er erklärt das Problem. Die Studentin stellt eine Frage. Der Professor antwortet. Wir schreiben die Antwort in die Hefte. Jetzt kommt eine andere Frage. Dieser Student hat dafür eine Antwort. Jener Student hat eine andere Erklärung. Der Professor löst das Problem. Er verbessert die Fehler. Das Seminar dauert eine Stunde. Nachher gehe ich in die Bibliothek.

Freie Universität Berlin, Hörsaal für Anatomie

Ich bin ein Student und komme aus Berlin. Ich werde Chemiker. Mein Freund ist auch Student. Er wird Physiker. Er kommt aus Hamburg. Wir sind gute Freunde.
Dort sitzt eine Studentin. Sie und ihre Freundin werden Ärztinnen.
Wir haben jetzt Unterricht. Mein Freund hat morgen eine Prüfung. Er ist sehr nervös. Ich habe auch bald eine Prüfung.

Das Examen ist schwierig. Es beginnt um zehn Uhr. Kein Student ist unvorbereitet. Die Studenten sind pünktlich. Sie haben für die Aufgaben zwei Stunden Zeit. Jeder Student hat Rechenschieber und Logarithmentafel.

c

Female Nouns Derived From Masculine Forms,
Some Pronouns
Present-Tense, 1st and 3rd Persons, Singular and Plural

I. 1. Again there is no simple rule for the determination of the gender of a noun, therefore the article should always be learned together with the noun and its plural form. The gender, however, is irrelevant for the plural form, as the plural article (nominative) is always "die" for all genders (compare L. 1/I).

In a few cases the gender is determined by the suffix, e. g.:

a) –ich, –ig, –ling, –ismus, –or, which are typical for masculine nouns.
(der Bottich, –e; der Essig, no pl.; der Zwilling, –e; der Mechanismus, Mechanismen; der Motor, –en)

b) The ending –tel, –ma, –ment as well as the diminutive endings –chen and –lein are typical for neuter nouns.
(das Viertel, –; das Thema, Themen; das Experiment, –e; das Zimmer –chen; das Stift –lein (see also L. 17) Verbs used as nouns are also of neuter gender: das Messen)

c) The endings –heit, –keit, –schaft, –ung, –ion, –tät, –ur, are typical for feminine nouns.
(die Trägheit, –en; die Genauigkeit, –en; die Eigenschaft, –en; die Vorlesung, –en; die Gravitation, –en; die Qualität, –en; die Temperatur, –en.)

Collect further examples of these rules from your text.

2. Female versions of masculine words:

der Student,	Studenten	der Arzt	Ärzte
die Student**in**,	Student**innen**	die Ärztin	Ärztinnen
der Jurist,	Juristen	der Koch	Köche
die Jurist**in**,	Juristinnen	die Köch**in**	Köch**innen**

3. Some pronouns *also called pronouns by IRA, but generally DETERMINERS in Hammer 8.6.2*

der Freund	*(m)*	jeder, dieser, jener Freund
das Heft	*(n)*	jedes, dieses, jenes Heft
die Frage	*(f)*	jede, diese, jene Frage
die Probleme	*(pl!)*	diese, jene Probleme
		mancher; ein anderer, solcher; welcher.

also:
Mein Freund, mein Buch, meine Frage; ihr Freund, ihr Buch, ihre Frage; kein Freund, kein Buch, keine Frage.

II. The present-tense, 1st and 3rd persons, plural and singular

	plural	*singular*
1st *3rd*	wir lern**en** sie lern**en**	ich lern**e** er lern**t**
1st *3rd*	wir sind, haben, werden sie sind, haben, werden	ich bin, habe, werde er ist, hat, wird

C

1. Definite and indefinite article

a) **der** Fehler, **ein** Fehler; . . . Professor
Assistent, Student, Ausländer, Freund, Mechanismus, Rechenschieber, Hafen, Arzt, Jurist, Motor, Essig.

b) **das** Land, **ein** Land; . . . Institut, . . . Institut
Thema, Experiment, Ergebnis, Gerät, Problem, Zimmer, Verfahren, Examen, Heft, Lichtbild.

c) **die** Universität, **eine** Universität; . . . Stadt, . . . Stadt
Vorlesung, Tafel, Antwort, Erklärung, Prüfung, Stunde, Hochschule, Eigenschaft, Qualität.

d) Die Prüfungen sind schwer. Viele (manche, einige wenige, alle) Prüfungen sind schwer. Prüfungen sind schwer.
Form similar examples with:
Probleme, Experimente, Antworten, Eigenschaften, Studenten, Freunde, Bilder, Länder, Themen —
neu, teuer, schön, gross, jung, wichtig, leicht, schwierig, richtig, klein.

2. The plural of nouns

a) Der Professor beendet die Vorlesung / Die Professor**en** beenden die Vorlesung**en**
Der Student stellt eine Frage / Die Student**en** stellen Frag**en**
Ich habe eine Tafel / Wir haben Tafel**n**
Die Industrie ist wichtig / Die Industrie**n** sind wichtig

b) Er löst ein Problem / Sie haben viele Problem**e**
Der Tisch ist gross / Die Tisch**e** sind lang
Der Draht ist zu _(too)_ kurz / Die Dräht**e** sind zu _(too)_ schwach
Sie geht in die Stadt / Sie besuchen die Städt**e** Hamburg und Bremen.

c) Ich erkläre das Bild / Wir vergleichen die Bild**er**
Dieses Buch ist wichtig / Die Büch**er** sind sehr teuer

d) Ich werde Lehrer / Wir werden Lehrer (!)
Das Zimmer hat ein Fenster / Mein Zimmer hat zwei Fenster
Der Hafen von Hamburg ist weltbekannt / Deutschland hat viele Häfen

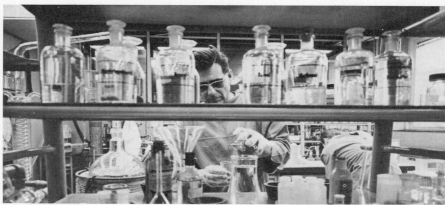

Vakuumlabor

E

3. Compound nouns

die Vorlesung + **das** Thema = **das** Vorlesungsthema, die Vorlesungsthemen
die Bibliothek + das Zimmer = . . . Bibliothekszimmer, . . . –zimmer
der Logarithmus + die Tafel = . . . Logarithmentafel, . . . –tafeln
die Übung + der Raum = . . . Übungsraum, . . . –räume
das Licht + das Messen (L 2 note 2) + das Gerät = . . . Lichtmessgerät, . . . –geräte

4. Some pronouns

d**er** Freund, ein gut**er** Freund d**ie** Freunde, gute Freunde	dies**er** Freund diese Freunde
d**ie** Studentin, ein**e** junge Studentin d**ie** Studentinnen, junge Studentinnen	jene Studentin jene Studentinnen
d**as** Experiment, ein wichtig**es** Experiment d**ie** Experimente, wichtige Experimente	jed**es** Experiment all**e** Experimente

das (dies. .) Zimmer; die (jen. .) Ergebnisse; das (jed. .) Buch;
der (dies. .) Student; der (jed. .) Mechanismus; die (jen. .) Antworten;
die (dies. .) Assistenten; das (jed. .) Ergebnis.
Form similar examples with the nouns you have learned.

der Tisch,	**ein** Tisch grosse Tische	mein Tisch meine Tische
die Hand,	eine Hand reine Hände	deine Hand deine Hände
das Buch,	**ein** Buch schöne Bücher	**sein** Buch *(his)* seine Bücher
der Brief,	**ein** Brief lange Briefe die Antwort, eine Antwort	**ihr** Brief *(her, their)* ihre Briefe ihre Antwort
der Fehler,	**ein** Fehler einige Fehler	**kein** Fehler keine Fehler (!)

Complete the following:
Mein Rechenschieber, dein . . . . *and so on*
Meine Erklärung . . . .
Mein Examen, ...
Meine Fragen, ...
and form similar examples.

5. Female versions of masculine words

Der Student und die Student**in** gehen in das Institut. Dort sind schon viele Studenten und Student**innen**. Ich werde Jurist; sie wird Jurist**in**. In Deutschland gibt es mehr Juristen als Jurist**innen** (more — than). Der Arzt kommt in das Haus. Wir rufen eine **Ärztin**. Die Ärzte sind überlastet. Es gibt immer mehr **Ärztinnen**.

6. Article, adjective, noun (to be completed)

Masculine gender:
der kurze Draht, ein kurzer Draht
die kurzen Drähte, kurze Drähte

der, die	grosse, grosser, grossen	Hafen, Häfen
ein	jung	Student, Studenten
—	lang	Tisch, Tische
	weltbekannt	Versuch, Versuche

Neuter gender:

das neue Institut, ein neues Institut
die neuen Institute, neue Institute

das, die	bekannte, bekanntes, bekannten	Verfahren, Verfahren
ein	schwierig	Thema, Themen
—	gross	Seminar, Seminare
	deutsch	Land, Länder

Feminine gender:

die wichtige Frage, eine wichtige Frage
die wichtigen Fragen, wichtige Fragen

die	richtige, richtigen	Antwort, Antworten
eine	alt	Universität, Universitäten
—	europäisch	Stadt, Städte
	gut	Vorlesung, Vorlesungen

Collect opposites from the word-material given so far and extend if necessary:

gross	—	klein	schwer	—	leicht
schwarz	—	weiss	schwierig	—	leicht (!)
jung	—	alt	bekannt	—	**un**bekannt

wichtig, viel, genau, empfindlich, gut, nervös, pünktlich, neu, teuer, schön, richtig, schwach, lang _and others._

7. The verb

There are two general categories of verb forms. **Infinite** forms are the infinitive itself (under which the verb is listed in the dictionary, e. g. _to go_) and the present and past participle (e. g. _going, gone_).
Finite forms are those which indicate by their endings number, person and tense (e. g. _goes_ = 3rd person singular, present tense).
The differentiating endings of the various verb forms have, to a certain extent, worn off in the course of time — in English more than in German — so that e. g. _went_ is a "specific" that is: finite form for use in the past tense though person and number can no longer be discerned by the verbal form alone.
The squares contain subjects (nouns and pronouns) -a-, verbs -b-, and objects -c- in different finite forms (singular or plural, 1st or 3rd persons), which have to be arranged to form short, grammatically correct sentences:

E

a	b	c
der Hafen	sind	Chemiker
wir	werden	keine Zeit
die Studenten	haben	ein guter Freund
die Ergebnisse	ist	Studenten
ich	werden	die richtige Antwort
sie (plural)	bin	Prüfung
mein Freund	habe	Physiker
ich	werden	gross
er, sie	wird	ein Haus
wir	werde	richtig
die Studentinnen	sind	Ärzte
ich	hat	Lehrerinnen

a	b	c
der Professor	prüfe	die Ergebnisse
wir	verbessert	das Messgerät
ich	vergleichen	die Temperatur
der Doktorand	heisse	einige Fehler
ich	beendet	die falschen Antworten
wir	geht	die Vorlesung
ein Ausländer	verbessern	Richard
der Assistent	beobachtet	in das neue Institut

Compare the finite forms of those verbs listed above with their infinitive ("dictionary") form!

E

1. Cardinal Numbers

1 — eins
2 — zwei
3 — drei
4 — vier
5 — fünf
6 — sechs
7 — sieben
8 — acht
9 — neun
10 — zehn
11 — elf
12 — zwölf
13 — dreizehn
14 — vierzehn
15 — fünfzehn
16 — sechzehn
17 — siebzehn
18 — achtzehn
19 — neunzehn
20 — zwanzig
21 — einundzwanzig
22 — zweiundzwanzig
23 — dreiundzwanzig
30 — dreissig
40 — vierzig
50 — fünfzig
60 — sechzig
70 — siebzig
80 — achtzig
90 — neunzig
100 — hundert
175 — (ein)hundertfünf-
undsiebzig

2. Ordinal Numbers

der 1. Juni (der **erste** Juni)
der 2. Band (der **zweite** Band)
die 3. Lektion (die **dritte** Lektion)
das 4. Buch (das vier**te** Buch)
das 5. Experiment (das fünf**te** Experiment)
die 6. Studentin (die sechs**te** Studentin)
. . .
. . .

die 18. Lektion (die achtzehn**te** Lektion)
der 19. Tag (der neunzehn**te** Tag)
der 20. Dezember (der zwanzig**ste** Dezember)
das 21. Jahr (das einundzwanzig**ste** Jahr)
das 22. Gerät (das zweiundzwanzig**ste** Gerät)
. . .
der 30. Student (der dreissig**ste** Student)

1000 = tausend
1.000.000 = eine Million
1.000.000.000 = eine Milliarde
∞ = unendlich
0 = Null
einfach, zweifach, fünffach
einmal, dreimal, sechsmal.

E

3. Ein Tag hat 24 Stunden (Std./h), eine Stunde hat sechzig Minuten, eine Minute (min) hat sechzig Sekunden (sec).
Die Tageszeiten sind der Morgen, der Vormittag, der Mittag, der Nachmittag, der Abend und die Nacht.
Man sagt: "Guten Morgen", "Guten Tag", "Guten Abend" und "Gute Nacht".
Eine Woche hat sieben Tage: Montag, Dienstag, Mittwoch, Donnerstag, Freitag, Sonnabend (oder Samstag), Sonntag.
Ein Jahr hat 365 Tage oder 52 Wochen oder 12 Monate, nämlich Januar, Februar, März, April, Mai, Juni, Juli, August, September, Oktober, November, Dezember.
Die Jahreszeiten sind der Frühling, der Sommer, der Herbst und der Winter.

4. Time

10.00 — zehn Uhr

10.30 — zehn Uhr dreissig, halb elf

10.15 — Viertel nach zehn

10.45 — Viertel vor elf

The date:

Hamburg, den 5. 11. 1968

5. Terms

1% — ein Prozent	$\frac{2}{4}$ — zwei Viertel
36% — sechsunddreissig Prozent	$\frac{5}{27}$ — fünf Siebenundzwanzigstel
12°C — zwölf Grad Celsius	$\frac{3}{4}$ l — drei viertel Liter
1 km — ein Kilometer	0,27 — null Komma zwei sieben
15 m — fünfzehn Meter	3,7g — drei Komma sieben Gramm
$\frac{1}{2}$ — ein Halb	73.568,2 (dt.) = 73,568.2 (engl.)
$\frac{1}{3}$ — ein Drittel	(Note the change of comma and point)

5^7 — fünf hoch sieben

$\sqrt{a}$ — Wurzel aus a

( ) — Klammer

Quadrat, Kubik, Potenz
addieren, subtrahieren
multiplizieren, dividieren

$$\frac{a^2 + b^2 - c^3}{z \cdot b^2} = x$$

a-Quadrat plus b-Quadrat minus c hoch drei durch z mal b-Quadrat gleich x

$\frac{\text{Zähler}}{\text{Nenner}} = $ Bruch

$=$ ist gleich

$\approx$ ungefähr

See also Conversion Tables T 5

E

Wir besuchen unser Physik-Laboratorium. Es ist ein grosser und heller Raum, es hat viele Fenster. Hier ist mein Arbeitsplatz, dort sind unsere Experimentiertische. Sie sind neu. Dort steht eine Waage, aber sie ist alt. Wir haben auch eine neue Waage, sie ist sehr genau.
Hier ist das Professorenzimmer. Auch die Assistenten haben ein Zimmer, aber es ist klein. Die Assistenten sind jetzt nicht hier. Sie hören die Vorlesung von Professor Müller.
Hier ist unser Chemielabor. Der Student prüft eine Metallprobe. Er giesst eine Lösung in das Reagenzglas. Ihre Farbe ist blau. Der Student analysiert die Substanz. Ihre Formel ist $CuSO_4$. Er schreibt das Ergebnis in sein Heft.
Dort arbeitet ein anderer Student. Seine Analyse ist schwierig. Er arbeitet täglich 4 Stunden hier. Nachmittags studiert er die chemischen Fachzeitschriften.
Acht Studenten sind hier. Ihr Arbeitsgebiet ist die anorganische Chemie. Sie arbeiten vormittags und nachmittags. Abends lesen sie. Manchmal spielen sie dann auch gemeinsam Schach oder Tischtennis.

Innere Ansicht des Analytischen Laboratoriums von Liebig in Gießen, 1842

C

The Position of Verb and Subject in Main Clauses _____ 6
The Possessive Pronoun

I. **Word-order** (Position of the verb and the subject)
In a German main clause the **finite verb** is always in the **second position** (not counting conjunctions).

1st position	2nd position	
Die Assistenten	sind	nicht hier,
(auch) sie . . .	hören	die Vorlesung von Professor M.
Die Assistenten	haben	ein Zimmer,
(aber) es . . .	ist	klein.
Der Prof. u. d. Ass. . . .	erklären . . .	das Problem.

In the first position there may be either a single word or a rather lengthy statement. The syntax rule only requires an integrated statement which, as a whole, can be replaced by a personal pronoun.
Das grosse und helle Physiklaboratorium
mit seinen vielen Experimentiertischen. . . **ist** ganz modern.
Es . . . **ist** ganz modern.

Contrary to English the position of the **subject** may change according to the emphasis of the statement.
If the subject is not in the first position, it is always found **following** the verb.
This **inversion** indicates a shift of the emphasis.

Ich	arbeite	hier,
dort	arbeitet	ein anderer **Student**.
Mein **Freund** . .	lernt	täglich vier Stunden.
Täglich	lernt	mein **Freund** vier Stunden.
Ich	schreibe . . .	das Ergebnis in mein Heft.
Das Ergebnis . . .	schreibe . . .	**ich** in mein Heft.
Subject or object or adverbial expression	**verb**	*subject or object or adverbial expression*

Note: the position of the verb changes in a question or a command. See L 8 III.

II. **The possessive pronoun:**

(Personal Pronoun)	(ich)	(er)	(es)	(sie)	(wir)	(sie) *(pl.)*
Possessive *S* Pronoun	mein	sein	sein	ihr	unser	ihr Bleistift *(m)*
	mein	sein	sein	ihr	unser	ihr Zimmer *(n)*
Pl	meine	seine	seine	ihre	unsere	ihre Waage *(f)*
	meine	seine	seine	ihre	unsere	ihre Lösungen

The possessive pronouns correspond not only to the gender of the possessor, but also to the object possessed:

The possessor determines the type of pronoun:	The object possessed determines the ending of the pronoun:
der Student *(m)*	sein Heft *(n)*
der Student *(m)*	seine Arbeitszeit *(f)*
die Studentin *(f)*	ihre Arbeitszeit *(f)*
die Studentin *(f)*	ihr Buch *(n)*

C

Essen, 7. Februar 1972

Lieber Herr Chawla!

Wir arbeiten jetzt in Deutschland. Wir sind Praktikanten. Die Stadt heisst Essen. Hier ist es sehr kühl, aber wir haben warme Kleidung, einen Wintermantel, einen Schal und Handschuhe. Wir gehen schon früh in die Fabrik, denn die Arbeit beginnt um sieben Uhr. Es ist eine Werkzeug-maschinenfabrik. Wir studieren den Arbeitsprozess, das Produktions-verfahren und die Arbeitsverhältnisse.

Für das technische Studium braucht man in Deutschland eine Prakti-kantenzeit. Auf diese Weise lernt man sowohl die Praxis als auch die Theorie.

Viele deutsche Studenten arbeiten hier auch als Werkstudenten und verdienen damit das Geld für ihr Studium.

Die Leute arbeiten hart, aber sie verdienen gut. Viele Arbeiter haben einen Wagen. Alle haben Krankenversicherung, Arbeitslosen- und Unfall-versicherung. Wir arbeiten 40 Stunden pro Woche. Bald haben wir 14 Tage Urlaub. Dann reisen wir in die Berge, besuchen dort unseren deutschen Freund und laufen Ski. Udham putzt schon jetzt unser Motor-rad für den Urlaub.

Freundliche Grüsse!
Ihre
P. K. Bhargava und Udham Peker

P. S. Unsere neue Adresse ist: 43 *Essen*-5, Mozartstr. 12/II

C

I. The accusative:

Only with the masculine nouns does the accusative singular differ from the nominative singular; with neuter and feminine nouns there is no change. The plurals of all three never change at all.

		m	n	f
S.	No:	der Mantel ein	das Motorrad ein	die Fabrik eine
	Acc:	den Mantel ein**en** Mantel	das Motorrad ein	die Fabrik eine
Pl.	No:	die Mäntel	die Motorräder	die Fabriken
	Acc:	die Mäntel	die Motorräder	die Fabriken

Corresponding to the definite and indefinite articles the possessive and demonstrative **pronouns** also have a different form for the accusative singular of the masculine gender; for neuter and feminine genders nominative and accusative are always alike:

Acc:	(den)	meinen	seinen	ihren,	seinen	unseren	ihren Freund	*(m)*
	(das)	mein	sein	ihr,	sein	unser	ihr Motorrad	*(n)*
	(die)	meine	seine	ihre,	seine	unsere	ihre Arbeit	*(f)*

Acc:	(den)	diesen	jenen	welchen	Freund	*(m)*
	(das)	dieses	jenes	welches	Motorrad	*(n)*
	(die)	diese	jene	welche	Arbeit	*(f)*

II. Compound nouns

Compound nouns are typical for written German, particularly for scientific and technological German. In these compounds, which may have more than two components, the basic noun is always at the end. It gives the basic meaning of the whole word, determines its gender and should be translated first. The others add a specification to the basic meaning.

der Winter	+	der Mantel	=	**der** Winter**mantel**
die Arbeit	+	der Prozess	=	**der** Arbeits**prozess**
das Werkzeug	+ die Maschine + die Fabrik =			**die** Werkzeugmaschinen**fabrik**

III. Learn as a phrase
man braucht: *one needs*
auf diese Weise: *this way, thus*
sowohl . . . als auch: *as well as*

In Deutschland sagt man "Guten Morgen" oder "Guten Tag" oder "Guten Abend". Das ist die Begrüssung. Der Abschiedsgruss ist "Auf Wiedersehen".
Eltern und Kinder und Freunde sagen immer "du".

_F._ "Guten Morgen, Karl, wie geht's (geht es)?"

_K._ "Danke, Fritz, gut!"

_F._ "Hast du jetzt Vorlesung?"

_K._ "Ja, sie beginnt um 9 Uhr".

_F._ "Dann hast du ja noch etwas Zeit. Fährst du heute abend in die Stadt?"

_K._ "Nein, leider habe ich keine Zeit, ich gehe heute nachmittag heim".

_F._ "Um 1 Uhr gehe ich in die Mensa. Kommst du mit?"

_K._ "Ja, gern! Ich glaube, wir treffen dort dann auch Hans und seinen Freund. Aber ich gehe bald wieder fort, denn ich habe nachmittags Seminar. Wann kommst du heute abend zurück?"

_F._ "Ich komme erst sehr spät wieder."

Auch für den Brief an seine Freunde oder an die Verwandten nimmt man das "Du" oder "Ihr". Sonst sagt man immer "Sie"[1] und nennt den Namen, z. B.:

_D._ "Guten Tag, Herr Doktor Müller!"

_M._ "Guten Tag, Herr Dreyer! Gehen Sie jetzt in die Vorlesung?"

_D._ "Ja, in fünf Minuten. Leider habe ich keine Zeit, der Professor beginnt seine Vorlesung immer pünktlich. Er fängt genau um Viertel nach neun an. Auf Wiedersehen!"

_M._ "Auf Wiedersehen, Herr Dreyer!"

Die deutschen Studenten haben eine alte Begrüssungssitte. Der Professor kommt in das Auditorium, dann klopfen die Studenten auf die Tische. Der Professor beginnt seine Vorlesung: "Meine Damen und Herren! Ich spreche heute über den Hochofenprozess . . . ."
Der Professor beendet die Vorlesung. Dann klopfen die Studenten noch einmal.

---

[1] "Sie" is used as a polite form for addressing one or several persons in letters and speech. It corresponds to the personal pronoun for the 3rd person plural and has in this case a capital first letter. The verb going along with this polite "Sie" has consequently the ending of the 3rd person plural. "Man" is used frequently in German, it is always the subject of a sentence.

C

I. The present tense: conjugation:

	Singular	Plural
1st pers.	ich sage	wir sagen
2nd pers.	du sagst	ihr sagt
3rd pers.	er sagt	sie sagen

A certain number of so-called strong verbs with **e** or **a** as stem-vowel change their stem-vowel in the 2nd or 3rd person singular:

ich fahre	wir fahren	ich spreche	wir sprechen
du fährst	ihr fahrt	du sprichst	ihr sprecht
er fährt	sie fahren	er spricht	sie sprechen

The same change can be observed with the verbs:
messen, sehen, lesen, helfen, nehmen, treffen, wachsen, halten, fallen, fangen, lassen, tragen and others.

Learn also:

ich habe	wir haben	ich bin	wir sind	ich werde	wir werden
du hast	ihr habt	du bist	ihr seid	du wirst	ihr werdet
er hat	sie haben	er ist	sie sind	er wird	sie werden

a) Du kennst das Problem; ich, er, wir, ihr . . .
Ich beginne das Experiment; du, sie *(she, they)* . . .

b) Ich trage die Waage, du trägst . . ., er . . .,
Ich halte eine Vorlesung, du hältst . . ., er . . .,
Ich messe die Temperatur, du misst . . ., er . . .,
Ich sehe das Problem, du siehst . . ., er . . .,
Ich nehme das Buch, du nimmst . . ., er . . .,

c) Du bist krank, ihr . . .,   Er ist klug, sie *(they)* . . .,
Er hat Urlaub, sie *(they)* . . .   Ihr werdet müde, du . . .,

II. Separable verbs.

A certain number of German verbs are found combined with separable prefixes, e. g. "heimkommen" *(to come home)* or "zurückkehren" *(to return* [re+turn!]*)*.

In main clauses (in the present and past tenses of the active voice) **these prefixes are found at the end of the sentence:**

heimgehen:	ich	**gehe** . . . . . heute nachmittag . . . **heim.**
fortgehen:	ich	**gehe** . . . . . bald wieder . . . . **fort.**
mitkommen:		**kommst**. . . du . . . . **mit?**
zurückkommen:	Wann	**kommst** . . du heute abend . . . . **zurück?**
wiederkommen:	ich	**komme** . . . erst sehr spät . . . . . . **wieder.**
anfangen	er. . .	**fängt** . . . . genau um 9.15 . . . . **an.**
abschliessen:	er. . .	**schliesst** . . das Zimmer . . . . **ab.**

As these prefixes extend or change the meaning of the basic verb, they must be observed carefully and translated only together with the basic verb. The dictionary quotes them only in their combined, i. e. infinitive form.

The prefix of the separable verb carries the emphasis in pronunciation: **an**fangen, **fort**gehen.

35   C

III. Word-order (syntax)

Instead of using the misleading and dangerous word-for-word translation method you can improve not only the speed but particularly the accuracy of your translation by applying the few basic principles of German word-order (syntax).

Verb and subject are the most important parts of any sentence. Therefore these should be traced and translated first. As their position within a German sentence is determined by the syntax rules, application of these rules will reveal them immediately.

A. Verb

a) It always occupies the **second position** in a German main clause. The prefixes of separable verbs are found at the end of a present- or past-tense sentence in the active voice:

Die Messgeräte **zeigen** das Ergebnis. Jetzt **zeigen** die Messgeräte das Ergebnis. Mein Freund **kommt** heute aus Hamburg. Heute **kommt** mein Freund aus Hamburg. Wir **teilen** unseren Tageslauf genau **ein.** Ich **komme** bis zehn Uhr **zurück.** Bis zehn Uhr **bin** ich **zurück.**

b) In a command or a **question** the verb occupies the **first position** (interrogative pronouns not counted).

The prefixes of separable verbs are also found in the end-position (present and past tense, active):

Misst du die Temperatur? Wie **misst** du die Temperatur? **Fährst** du heute in die Stadt? Wohin **fährt** dieser Omnibus? **Beginnt** die Vorlesung um neun Uhr? Wann **beginnt** die Vorlesung? Wann **kommt** ihr **wieder**? **Lest** ihr den Text auch genau **durch**? **Untersuche** die Statistik in Lektion 22! Was **zeigt** die Statistik? **Berechnet** die prozentualen Verhältnisse! **Vergleiche** die Relationen! **Hat** deine Universität die gleichen Relationen? **Erkläre** den Unterschied!

Note: In the English translation of a German question *to do* must be used, if the verb is not a form of "sein". *(Do you have a lecture? Are you tired?)*

B. Subject

The subject either occupies the **first position** (conjugations not counted) **or follows the verb.**

In cases in which the articles of both the nouns preceding and following the verb are identical and common sense does not solve the problem of which is which, e. g.:

Die Assistentin untersucht die Ärztin,

the subject is the first noun, (in this case the lady-assistant).

The word "man" is always the subject, whenever it occurs.

The subject is always found in the nominative case and defines the verb in number (singular or plural):

Viele Arbeiter haben einen Wagen. **Der Assistent** überprüft die Ergebnisse. Heute beginnt **die Vorlesung** erst um 11 Uhr. Vormittags haben **wir** immer Vorlesungen. **Der Student** analysiert die Substanz. **Die Studentin** erwartet eine Freundin. Zuerst untersucht **man** die Lösung. Wo findet **man** hier noch einen Arbeitsplatz? **Man** wendet hier bereits eine andere Methode an.

Georg und Franz suchen ein Zimmer. **Der Professor, die Assistenten und die Studenten** lösen das Problem gemeinsam.

C

IV. Translation procedure:

1. Trace the verb (second position in a main clause or first in a question), check the end of the sentence for verbal extensions, such as prefix of the separable verbs.
   Check the person the verb applies to. In order to look the word up you need the infinitive form.)

2. Trace the subject by checking the nouns or personal pronouns in the first position or those following the verb as to the nominative and correspondence to the person the verb applies to.

3. First translate subject and verb, then the remainder of the sentence.

Example:

a) Der Professor kommt pünktlich um 16 Uhr heim.

kommt _____ heim
(3rd pers. sing.)
heimkommen
to come home

der Professor (Nom. sing.)
the professor

the professor comes home *(subj. + verb)*

punctually at 4 p.m.

Punctually at 4 p.m. the professor comes home.

b) Für den Brief an unsere Freunde nehmen wir das "du".

nehmen
(1st or 3rd pers. pl.)
to take, use

wir
(1st pers. pl.)
we

(subj. + verb) we use

For the letter to our friends   the "du".
(When writing to our friends)

In a letter to our friends we use "du".

V. To improve your pronunciation of German you should read the dialogue of L. 8 together with a friend.

C

Metalle glänzen. Sie leiten Strom und Wärme. Das Kupfer ist hellrot, sehr dehnbar und hart. Es ist ein guter Leiter für Wärme und Elektrizität. Silber ist ein weisses Metall. Es ist sehr dehnbar und weich. Sein Schmelzpunkt liegt bei 961°C. Gold ist weicher als Blei. Es ist das dehnbarste Metall. Kohle ist z. Z. noch der wichtigste Brennstoff. Es gibt in Deutschland mehr Kohle als in Italien, aber weniger Erdöl als in den USA.

Die Elemente, die Verbindungen und die Gemische sind die drei Stoffklassen der Chemie. Es gibt mehr als 100 Elemente. Die Aufstellung des Periodischen Systems der Elemente verdanken wir den Chemikern L. Meyer und D. J. Mendelejew. Dieses System zeigt dem Chemiker vor allem die Verwandtschaft chemischer Elemente. Das ist für die Arbeit des Chemikers oft wichtig. Ein Element hat bestimmte Eigenschaften, eine dieser Eigenschaften ist z. B. der Siedepunkt.
Ähnlich den Elementen haben auch die Verbindungen bestimmte Eigenschaften. Die Verbindungen enthalten Elemente in einem bestimmten Verhältnis. Sie sind mit physikalischen Mitteln nicht trennbar. Das Gemisch ist eine physikalisch trennbare Mischung von Elementen oder Elementen und Verbindungen. Die chemischen Eigenschaften des Gemisches wechseln mit dem Anteil der verschiedenen Substanzen.
Überall begegnet man Elementen, Verbindungen und Gemischen. Gold kommt nur selten in Verbindungen vor; es ist häufig elementar und widersteht den meisten chemischen Reaktionen. Dagegen bestehen die organischen Substanzen meist aus Verbindungen. Die Böden sind häufig Gemische.

H 1,008																	He 4
Li 7,03											Be 9,1	B 11	C 12	N 14,04	O 16,00	Fl 19	Ne 20
Na 23,05											Mg 24,36	Al 27,1	Si 28,4	P 31,0	S 32,06	Cl 35,45	A 39,9
K 39,15	Ca 40,1	Sc 44,1	Ti 48,1	V 51,2	Cr 52,1	Mn 55,0	Fe 55,9	Co 59,0	Ni 58,7	Cu 63,6	Zn 65,4	Ga 70	Ge 72	As 75,0	Se 79,1	Br 79,96	Kr 81,8
Rb 85,4	Sr 87,6	Y 89,0	Zr 90,7	Nb 94	Mo 96,0	–	Ru 101,7	Rh 103,0	Pd 106	Ag 107,93	Cd 112,4	In 114	Sn 118,5	Sb 120	Te 127,6	J 126,85	X 128

Cs 133	Ba 137,4	La 138	Ce 140	Nd 143,6	Pr 140,5	–	Sa 150,39	Eu 151,79	Gd 156	Tb 160	Ho 162	Dy 162,79	Er 166	n.Yb 170	Tu 171	Lu 174	–	–	Ta 183	W 184,0	–	Os 191	Ir 193,0	Pt 194,8	Au 197,2	Hg 200,3	Tl 204,1	Pb 206,9	Bi 208,5	–	–	–
–	Ra 225	La₂ ?	Th 232.5	–	–	–	–	U 239.5	–	–	Ac ?	–	–	–	–	–	–	–	–	–	–	–	–	–	–	–	–	Pb₂ ?	Bi₂ ?	Te₂ ?	–	–

Periodisches System der Elemente nach Alfred Werner, 1904

C

I. Nominative, accusative, dative and genitive:

	m	n	f
	singular		
No.	der neue Versuch ein neuer Student	das neue Gemisch ein neues	die neue Kraft eine neue Verbindung
Acc.	den neuen Versuch einen neuen Studenten	das neue Gemisch ein neues	die neue Kraft eine neue Verbindung
Dat.	dem neuen Versuch einem neuen Studenten	dem neuen Gemisch einem neuen	der neuen Kraft einer neuen Verbindung
Gen.	des neuen Versuch(e)s eines neuen Studenten	des neuen Gemisches eines neuen	der neuen Kraft einer neuen Verbindung
	plural		
No.	die neuen Versuche neue Studenten	Gemische	Kräfte Verbindungen
Acc.	die neuen Versuche neue Studenten	Gemische	Kräfte Verbindungen
Dat.	den neuen Versuchen neuen Studenten	Gemischen	Kräften Verbindungen
Gen.	der neuen Versuche neuer Studenten	Gemische	Kräfte Verbindungen

(see also declension table in the appendix and compare L. 2 I, b, c, d, for plural forms of nouns)

1. There are two types of declension in German:

a) nouns with the so-called strong declension carrying –(e)s in the **genitive singular** masculine and neuter gender and –(e)n in the **dative plural** of all genders:
der Versuch, des Versuch(e)s, den Versuchen;
der Chemiker, des Chemikers, den Chemikern;
Der Professor fragt nach dem Kern des Problems. Die Qualität dieses Bildes ist schlecht. In den Städten sind die Zimmer meistens nicht billig. Die Vorlesungszeiten stehen auf den Tafeln in den Instituten.
Dort steht der Leiter der Bibliothek *(gen. sing. fem.!)*.

b) Nouns with the so-called weak declension add –(e)n to **all cases except the nominative singular masculine gender and all cases of singular feminine gender:**

der Student, den Studenten, die Studenten;
die Tafel, die Tafel, die Tafeln;

Heute haben sie nur zwei Vorlesungen, aber drei Übungen. Die Studenten helfen dem Assistenten bei der Vorbereitung der Analysen.

C

c) A few German nouns are found with the strong declension in the singular and the weak declension in the plural, carrying the corresponding endings:
der Professor, des Professors, die Professoren;
Die Kraft des Motors misst man in PS. Der Mechaniker repariert die alten Motoren.

2. The **declension of adjectives** accompanied by articles generally follows the so-called weak declension. One has to keep in mind, however, that their nominative and accusative are identical in the neuter and feminine gender forms (which is also the case with the corresponding definite and indefinite articles). But adjectives accompanied by articles hardly ever constitute grammatical translation difficulties.

Morgen beziehen wir die neuen Räume des Instituts. Ich habe einen deutschen Freund. Der neue Assistent ist ein junger Mediziner. Hier liegt **ein kleines** Reagenzglas *(nom!)*. Ich nehme **ein kleines** Reagenzglas *(acc!)*.

If however the article is dropped — which frequently is the case when the noun is used in an abstract way (e. g. "Gold", "Kohle"), the adjective carries the corresponding case-ending:

Wir untersuchen die Wirkung der chemischen Verbindungen.
Wir untersuchen die Wirkung chemischer Verbindungen.
Den ausländischen Studenten fällt die Verständigung in der deutschen Sprache manchmal schwer (Ausländischen Studenten . . .).

Learn as a pattern-drill, keeping the difference of meaning in mind:

das System der	chemischen Elemente
das System	chemischer Elemente
es widersteht den	chemischen Reaktionen
es widersteht	chemischen Reaktionen

3. The **declension** of the **demonstrative pronouns dieser, jener,** and **jeder** a. o. corresponds to the definite article with regard to case-endings:

Wo findet man diese (die) Tabelle? Der Assistent hilft jedem (dem) Studenten. Jenes (das) Gebäude ist das Physikalische Institut.

The **possessive pronoun.** (see also L. 6 II)

The declension of the possessive pronoun follows that of the definite article with the exception of the nominative singular, which follows the indefinite article:

(ein — mein Versuch, *m;* ein — dein Experiment, *n;* eine — seine Stadt, *f)*

The possessive pronoun 3rd pers. pl. written with a capital letter is a polite form: Ihr Buch, Ihre Bücher (see L. 8, text note).

das Haus des Professors	sein Haus
die Vorlesung des Professors	seine Vorlesung (eine V.)
das Zimmer der Studentin	ihr Zimmer
die Arbeit der Studentin	ihre Arbeit (eine Arbeit)

C

die Wohnung	der Studenten der Studentinnen	ihre Wohnung (eine W.)
der Vorschlag	der Professoren der Assistentinnen	ihr Vorschlag
die Zeugnisse	des Studenten der Studentin der Studenten der Studentinnen	seine ihre ihre Zeugnisse ihre

Exercise:

Substitute definite or indefinite articles for the possessive pronouns:
Wir verbessern unsere Fehler. Heute sind wir in eurem Labor. Ich arbeite an einem Sonderauftrag meines Professors. Wann hast du deinen Prüfungstermin? Renate schreibt fleissig an ihrer Dissertation. Professor Huber gibt sein Vorlesungsthema für das nächste Semester bekannt. Jede Fakultät hat ihren eigenen Dekan. Fräulein Mohn, Ihre Analyse stimmt genau. Unser Versuch braucht viel Zeit.

Can you substitute corresponding possessive pronouns for the definite or indefinite articles used in the text on page 38?

II. Comparative and superlative

Similar to English, the German comparative and superlative have the endings —er and —st:
Blei ist weich, aber Gold ist weicher, Kalium ist eines der weichsten Metalle.
Note that adjective endings frequently camouflage the comparative and superlative endings:
Gold ist ein weicheres Metall, Kalium eines der weichsten Metalle. Kohle ist noch der wichtigste Brennstoff.
The comparative is often used with "als", (corresponding to "than" in English):
Gold ist weicher als Blei, Erdöl wichtiger als Erdgas.
And sometimes the superlative is found with "am":
Dieser Brennstoff ist am wichtigsten.
Am häufigsten findet man NaCl im Meerwasser.

There are some exceptions to the otherwise regular forms:

gross, grösser, am grössten;	gut, besser, am besten;
hoch, höher, am höchsten;	viel, mehr, am meisten;
nah, näher, am nächsten;	gern, lieber, am liebsten;

C

[handwritten notes: Sentence dwelling - what re-ordering is as good or nearly as good. (maybe more so!)]

Viele Faktoren charakterisieren das Klima eines Ortes bzw. Landes. Die Klimacharakteristika entstehen besonders durch die Temperatur und durch den Niederschlag mit ihren Maxima und Minima. Den Niederschlag berechnet man nach der Wassermenge pro cm². Die Temperatur messen wir heute allgemein nach dem Celsiussystem. Für die einzelnen Monate errechnet man Mittelwerte. Das Januarmittel liegt in Deutschland bei −1°C. Das Julimittel ist +17°C.

Ohne die Berücksichtigung der Temperaturschwankungen zeigt der Vergleich der Jahresmittel aber möglicherweise ein falsches Bild. Gegenüber dem feuchten Tropenklima weist z. B. das trockene Wüstenklima grosse Schwankungen während eines Tages auf. Dagegen stimmen die Jahresmittel der Temperaturen beim Tropen- und Wüstenklima aber ungefähr überein.

Neben der Temperatur und dem Niederschlag spielen noch andere Faktoren eine Rolle. So hängt z. B. die Hitzeempfindung u. a. von der relativen Feuchtigkeit ab. In einem feucht-heissen Klima transpiriert der menschliche Körper wegen der hohen relativen Luftfeuchtigkeit nur mit grossem physischen Kraftaufwand. Trockene Luft ist daher trotz höherer Temperaturen oft erträglicher als feuchte Luft mit etwas geringeren Temperaturen.

Im Gegensatz zu den Monsungebieten gibt es in Deutschland keinen Wechsel zwischen einer Regen- und Trockenzeit, es regnet zu jeder Jahreszeit (ca. 750 mm p. a.).

Auch die Höhenlage wirkt auf das Klima eines Ortes ein. Den Berechnungen nach verliert die Luft mit dem Höhenanstieg am Berg auf 100 m 0,5°C. Die Temperatur sinkt also mit der Höhe, die Regenmenge steigt dann häufig an, bes. auf den Bergen regnet es daher mehr. Die feuchte Luft steigt in die Höhe, verliert an Temperatur und kondensiert über den Bergen zu Wolken. Die Wolken ziehen über die Berge und geben ihre Feuchtigkeit in Form von Regen wieder ab.

C

I. Prepositions

Prepositions always determine cases in German, except the nominative.

1. **Accusative** e. g. "durch den Niederschlag" *all always Acc*
   für, durch, gegen, ohne, um, wider u. a. m.
2. **Dative** e. g. "nach dem System"   *~ oß Gen.*
   aus, ausser, bei (beim), entgegen, entlang, gegenüber, gemäss, mit, nach, seit, trotz, zu, von u. a. m.
3. **Genitive** e. g. "während eines Tages", "trotz hoher Temperaturen" *m Dat.*
   außerhalb, bezüglich, entsprechend, infolge, innerhalb, mittels, (an)statt, trotz, während, wegen u. a. m.
4. **Dative** in rest (location): "über den Bergen" or
   Accusativ in movement (direction): "über die Berge"
   an, auf, hinter, in, neben, über, unter, vor, zwischen

schreiben an + ACC (but also plain Dat.) other verbs of addressing vary denken/lächeln etc über + ACC

Contraction of preposition and article:
   beim = bei + dem (also: vom, zum, am, u. a. m.)
   zur = zu + der   and other combinations.
Combination of prepositions with "da" and "wo":
   dagegen, dafür, dadurch, dabei, damit, danach usw.
   wogegen, wofür, wodurch, wobei . . . . usw.
"Postpositions" "gegenüber" and "nach"
   gegenüber dem Haus   — dem Haus gegenüber
   nach den Berechnungen — den Berechnungen nach
   (also frequent: den Berechnungen zufolge)
"von" with dative instead of a genitive: "in Form von Regen" frequently with genitive plural without article: *just*
   eine Gruppe von Studenten; die Auswertung von Ergebnissen.
Change of meaning of a verb, when combined with a particular preposition:
   bestehen auf — bestehen aus : *to insist on* — *to consist of* → *Valency — best learn all at once.*

Note: mit grossem physischen(!) Kraftaufwand
Both adjectives carry the dative case-ending because the article has been dropped (L. 9 1,2), but for reasons of fluent pronunciation the second —m converts into —n, whenever two or more adjectives accompany one noun.

II. Abbreviations (see also "List of common abbreviations in German T. 4")

bzw. (beziehungsweise); u. a. (unter anderem); p. a. (per annum, pro Jahr); u. a. m. (und andere mehr); ca. (circa); z. B. (zum Beispiel); bes. (besonders), usw. (und so weiter); s. S. (siehe Seite); vergl. (vergleiche); u. U. (unter Umständen).

III. Klimadaten von Berlin: *Normalnull*

Geogr. Breite	Höhe über N.N.	Lufttemperatur in C°			Niederschlag in cm		
		Durchschn.	Min.	Max.	Jahr	Max.	Min.
52,2° N	57 m	8,4	−0,6; Jan.	18; Jun.	59	8; Jul.	3; Febr.

Welche Klimadaten hat Ihr Heimatort? Vergleichen Sie die metereologischen Daten Ihres Heimatortes mit den Daten von Berlin! Schreiben Sie einen kleinen Bericht in deutscher Sprache!

Für die Umrechnung in F° vergl. T. 5

The following article dealing with three methods used in radio-navigation is slightly more difficult than the previous texts and meant to practise the grammatical and syntactical information obtained on a linguistically rougher ground.

I. **1.** Unsichtbare Leuchtfeuer wachen heute an allen Küsten über die Sicherheit in der Schiffahrt. Sie senden statt Lichtzeichen elektromagnetische Wellen. Diese Funkstationen sind seit dem letzten Krieg das wichtigste Hilfsmittel für die Navigation. Mit einfachen Radioempfängern bestimmt heute jedes Fischerboot in der Nordsee und Ostsee seinen Standort durch Anpeilen der Funkfeuer, und es findet so die besten Fangplätze oder den schnellsten Weg in den Heimathafen.

2. Die Funkfeuer sind die älteste und einfachste Form der Funkhilfe für die Schiffahrt. Sie senden ihre "Kennung" gleichmässig in alle Richtungen. Die Konsol-Funkfeuer sind der zweite Typ: Sie senden verschiedene Zeichen in verschiedene Richtungen. Die Schiffe empfangen die Funksignale mit einfachen Radioempfängern. Sie bestimmen ihren Standort durch Ortung von zwei oder besser drei (zur Kontrolle) Konsol-Funkfeuern. Der Standort ist der Kreuzungspunkt der Sektorstrahlen. Diese Methode hat eine Genauigkeit bis auf wenige Seemeilen.

3. Die Standortbestimmung eines Schiffes nach der Hyperbel-Methode ist nicht einfach. Diese Methode verlangt besondere Geräte und funktechnische Kenntnisse. Die Hyperbel-Methode arbeitet mit der Interferenzerscheinung der Wellen. Zwei Sender mit verschiedenen Standorten senden Wellen gleicher Frequenz. Diese Wellen interferieren, d. h. sie verstärken bzw. verringern einander in gleichen Abständen. Sie bilden Zonen mit regelmässigen, fixierten Maxima und Minima. Diese Zonen mit den gleichen Interferenzmustern liegen wie Hyperbelfiguren um den Standort des Senders. Das erklärt den Namen "Hyperbelnavigation". Man bestimmt auf dem Schiff seinen Standort durch die Beobachtung der Interferenzerscheinungen.

E

4. Die Reichweite dieser drei Methoden in der Funknavigation ist verschieden. Das einfache Funkfeuer reicht 250 Seemeilen über die See, das Konsolfeuer etwa 1000 Seemeilen. Die Schiffe navigieren noch mit 1200 Seemeilen Abstand von der Küste mit der Hyperbelmethode.
Die Funktechniker verbessern besonders das Konsolfeuer. Es gibt heute Transistorenfilter für die Störungen. Mit diesen neuen Geräten empfängt man Funkzeichen über eine Entfernung von 2600 Seemeilen.

II. Check the marked endings and identify their grammatical meaning:

1. **–en**
Zwei Assistent**en** *(nom. pl.)* erklär**en** *(3rd. pers. pl.)* d**en** Student**en** *(dat. pl. m.)* ein**en** wichtig**en** Versuch *(acc. sing. m.)*
Verbindung**en** hab**en** bestimmte Eigenschaft**en**. Wir untersuchen die Interferenzerscheinung bestimmt**er** Well**en**. Die Kohle zählt immer noch zu d**en** wichtig**sten** Brennstoff**en**. Mein Bruder arbeitet mit einem deutsch**en** Freund zusammen. Ich schreibe meinem Freund ein**en** Brief. In unser**en** Zon**en** hab**en** wir gemässigtes Klima. Als Werkstudent**en** verdien**en** wir während der nächst**en** Semesterferi**en** unser Geld für das Wintersemester.

2. **–er**
Dies**er** Rechenschieb**er** ist genau**er** als jen**er**. Der Professor bespricht mit sein**er** Assistentin uns**er** Examensthema. In ein**er** Woche endet das Sommersemest**er**. Der Fachmann misst dies**er** Erscheinung grosse Bedeutung bei. Viele Radioempfäng**er** arbeiten heute mit hochempfindlichen Transistoren. Ein klein**er** Fehl**er** hat oft grosse Folgen. An den deutschen Hochschulen nimmt die Zahl ausländisch**er** Studenten ständig zu.

3. **–es**
Der Aufbau dies**es** Werk**es** erfolgt schnell. Dies**es** Experiment erfordert grossen Aufwand. Die meisten Unfälle dies**es** Jahr**es** sind Auffahrunfälle. Gold ist ein überaus weich**es** Metall.

III. **Word-order exercise**

Richard kauft heute das Handbuch für Physik.
Heute   kauft Richard das Handbuch für Physik.
Wo   kauft Richard heute das Handbuch für Physik?

1. Das einfache Funkfeuer reicht ungefähr 250 Meilen über die See.
Ungefähr . . . / Wieviel Seemeilen . . . ?

2. Wir arbeiten seit Jahren in Deutschland.
Seit . . . / Seit wann . . . (ihr) . . . ?

Die Vorlesung   fängt genau um 9 Uhr 15 an.
Genau um 9 Uhr 15 fängt die Vorlesung an.
Wann   fängt die Vorlesung an?

3. Dieses schlechte Wetter hält schon mehrere Tage an.
Schon mehrere Tage . . . / Wie lange . . . ?

4. Das Wasser geht im Überschwemmungsgebiet nur allmählich zurück.
Nur allmählich . . . / Wo . . . ?

E

Section II

Hamburger Hafen

Die Oxydation von Phosphor

Ich fülle eine flache Glasschale mit Wasser. In diese Schale lege ich ein Stück gelben Phosphor[1], das auf einem Korken ruht. Über die Schale stülpe ich eine Glasglocke, die eine Öffnung am oberen Ende hat.

Nun wärme ich einen kupfernen Draht in einer Bunsenbrennerflamme, bis er glüht. Diesen heissen Draht stecke ich durch die Öffnung der Glasglocke. Auf diese Weise entzünde ich den Phosphor. Der Phosphor, der eine niedrige Entzündungstemperatur hat, brennt sofort. Danach schliesse ich die Öffnung, damit keine Luft in die Glasglocke dringt.

Wir beobachten, dass der Phosphor ein Oxyd bildet, denn es entsteht Nebel in der Glasglocke. Das Produkt dieses Oxydationsvorganges heisst Phosphorpentoxyd: $4 P + 5 O_2 = 2 P_2O_5$.

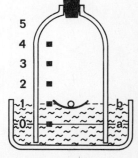

Wenn jedoch nur wenig Sauerstoff (O_2) im Glas ist, dann entsteht die Verbindung Phosphortrioxyd: $4 P + 3 O_2 = 2 P_2O_3$.

Wir stellen fest, dass das Wasser steigt. Der Sauerstoff, den die Oxydation verbraucht, verschwindet, und das Wasser steigt in der Glasglocke hoch, aber $\frac{4}{5}$ des Gasvolumens bleiben. Was für ein Gas ist das? Die Flamme einer Kerze verlischt darin, und Tiere ersticken in diesem restlichen Gas, dessen Name daher "Stickstoff" (N_2) ist. Aber es ist trotz seines Namens nicht giftig, denn wir atmen es zusammen mit der Luft ein. Die Lebewesen sterben darin aus Sauerstoffmangel.

Wir prüfen das Wasser mit einem Indikator und beobachten, dass das Oxyd mit dem Wasser eine Säure bildet: $P_2O_5 + 3 H_2O = 2 H_3PO_4$.

Orthophosphorsäure, wie man diese Verbindung nennt, entsteht nur, wenn viel Wasser vorhanden ist. Die Metaphosphorsäure, deren Formel HPO_3 ist, entsteht nur bei geringer Wassermenge.

---

[1] An older form would be "ein Stück gelben Phosphors", indicating the genitive: a piece of phosphorus.

The Simple Subordinate Clause, Conjunctions 12
The Relative Pronoun and the Relative Clause

I. 1. Position of the verb and subject in German subordinate clauses

The verb is always at the end of the subordinate clause. (Compare L. 6). The subordinate clause is always separated from the main clause by a comma and usually introduced by a conjunction or a relative pronoun. The subject is in the first position (excluding conjugations or relative pronouns).

Conjunction

$$(,) \left(\begin{array}{c} \textit{Conjunction} \\ \textit{rel. pronoun} \end{array} \right) \text{subject} ----- \text{verb. (,)}$$

—, das auf einem Korken . . . . ruht.
—, dessen Name Stickstoff (N_2) . . . . ist.
—, dass der Phosphor ein Oxyd . . . . bildet.
Wenn jedoch nur wenig O_2 im Glas . . . ist, —

2. Subordinating conjunctions link a subordinate clause to a main sentence and thus demand the change of the word-order within the subordinate clause:

—, **dass** der Phosphor ein Oxyd bildet.
—, **wenn** nur wenig O_2 im Glas ist.
—, **indem** es das Oxyd löst.
—, **weil** Lebewesen darin ersticken.

Learn:
als *(when)*, ausser dass *(except that)*, bevor *(before)*, bis *(until)*, da/weil *(because)*, damit *(so that)*, dass *(that)*, ehe *(before)*, falls *(in case)*, indem *(while)*, nachdem *(after)*, ob *(whether)*, obgleich/obwohl *(though)*, ohne dass *(without —ing)*, seit *(since)*, sobald wie/als *(as soon as)*, so dass *(so that)*, statt dass *(instead of)*, während *(during, while)*, weil *(because)*, wenn *(if, in case)*, wie *(as)* u. a. m.

3. Co-ordinating conjunctions either link two main clauses or two subordinate clauses:

Der Sauerstoff verschwindet, **und** das Wasser füllt seinen Platz,
aber es ist . . . nicht giftig . . . . . . , **denn** wir atmen es . . . ein.
Es ist keine Lauge . . . . , **sondern** wir stellen eine Säure fest.
Learn:
aber *(but)*, denn/weil *(because)*, entweder — oder *(either — or)*, oder *(or)*, sondern *(but)*, sonst *(otherwise, else)*, sowohl — als auch *(as well as)*, trotzdem *(nevertheless, although)*, und *(and)*, weder — noch *(neither — nor)*, wie *(as)*, nicht nur — sondern auch *(not only — but also)* u. a. m.

II. A frequent type of subordinate clause is the **relative clause,** introduced by the relative pronoun: *(who, which, that)*

EXPLAIN

Treat as Interrogative

		m	n	f	m	n	f
S.	No.	der	das	die	welcher, wer	welches, was	welche
	Acc.	den	das	die	welchen, wen	welches, was	welche
	Dat.	**dem**	**dem**	**der**	**welchem, wem**	**welchem**	welcher
	Gen.	dessen	dessen	deren	dessen, wessen	dessen	deren
Pl.	No.		die			welche	
	Acc.		die			welche	
	Dat.		denen			welchen	
	Gen.		deren			deren	

C

eine Glasglocke	, **die** eine Öffnung	hat.
der Phosphor	, **der** eine niedrige Entzündungstemperatur hat, . . .	
der Sauerstoff	, **den** die Oxydation	verbraucht, . . .
ein Gas	, **dessen** Name daher Stickstoff	ist, . . .
Die Metaphosphorsäure,	**deren** Formel HPO$_3$	ist, entsteht, . . .

"der" etc. is more frequently used, "welcher" etc. is less usual. Use "welcher" etc. instead of "der" etc., in the given examples and the following text.

The **relative pronoun in the nominative,** introducing a subordinate clause, is the **subject** of the clause!

III. Exercise (see notes):

Die Struktur des Atomkerns, der aus verschiedenen Elementarteilchen besteht, ist relativ einfach.[1] Er besteht nur aus zwei verschiedenen Arten von Elementarteilchen.[2] Das eine Elementarteilchen ist das Proton, das gleichzeitig der Atomkern des Elements ist.[3] Das andere heisst Neutron, es ist ein Teilchen, das ungefähr die gleiche Masse wie das Proton hat und ausserdem elektrisch neutral ist.[4] Man charakterisiert daher jeden Atomkern durch die Anzahl von Protonen und Neutronen, aus denen er besteht.[5] Der gewöhnliche Kohleatomkern z. B. besteht aus sechs Protonen und sechs Neutronen.[6] Es gibt aber auch andere Kohleatomkerne, die etwas seltener sind — sie heissen Isotope im Vergleich zu den anderen — und aus sechs Protonen und sieben Neutronen bestehen, usw.[7] So kommt man schliesslich zu einer Beschreibung der Materie, in der man statt der vielen verschiedenen Elemente nur die drei Grundeinheiten, drei fundamentale Bausteine braucht — das Proton, das Neutron und das Elektron.[8] Alle Materie besteht aus Atomen und damit letzten Endes aus diesen drei Bausteinen.[9]

(nach Heisenberg, Physik und Philosophie, S. 123)

1. Relative clause, inserted between a genitive object and the verb of a main clause:
. . . des Atomkerns, **der** . . . **besteht,** ist . . .

2. a) The ending "–chen" in Elementarteil**chen** constitutes a diminutive form and should be learned as such. It will be fully covered in L. 17.
b) Note by comparing sentences 1 and 2, that the verb "bestehen" is **inseparable,** as you will find it in the same form in a main as well as in a subordinate clause. Verbs with the prefixes "be–", "ent–", "er–" and "ver–" are always inseparable. Remember the following verbs as examples:
bedeuten, beenden, begegnen, bemerken, beobachten, berechnen, besuchen, entwickeln, entzünden,
erforschen, erklären, erläutern, errechnen, ersticken, erwärmen, erwarten,
verdanken, verbrauchen, verschwinden, verlöschen.
c) Compare sentences 1 and 2 to the following phrase, in which a separable verb (zusammenstellen) is used:
"Das Modell des Atomkerns, das wir aus zwei verschiedenen Arten von Elementarteilchen **zusammenstellen,** ist relativ einfach."
"Wir **stellen** das Modell des Atomkerns aus zwei verschiedenen Arten von Elementarteilchen **zusammen.**"

C

3. A simple sequence of main- and subordinate clause, easily recognized by the position of the same verb "ist" in both the sentences.

4. A sequence of two main clauses, followed by two relative clauses each tied to the same relative pronoun:

ein Teilchen, **das** ⎧ die gleiche Masse **hat** und
⎩ elektrisch neutral **ist.**

A different version would be: ". . . , es ist ein Teilchen, das ungefähr die gleiche Masse **hat** wie das Proton und **das** elektrisch neutral ist."
In this case the relative pronoun "das" need not be repeated.

5. "man" is always the subject.
The verb "charakterisieren" belongs to an important group of verbs used particularly in Science German. They have non-German — mostly Latin or Greek — roots and have the ending "–ieren", such as **definieren, systematisieren, studieren, diskutieren, analysieren, transpirieren.** (Compare also L. 13 I c)

6. "der Kohleatomkern": die Kohle, das Atom, **der** Kern: the last of the nouns in a compound noun is the most important one; it gives the gender and should be translated first. (See also L. 7 II)

7. es gibt = *there is, there are.*
The subordinate, relative clause introduced by "die" is split into two parts and encloses an additional main clause:

⎧ . . . sind, — sie heissen . . . — und
Es gibt . . . , **die**
⎩ . . . **bestehen.**

8. According to the rules the words "— das Proton, das Neutron und das Elektron," should be before the verb "braucht" in the subordinate clause. In order to emphasize a certain point, the author deviates from this rule. However, as the verb "brauchen" is not before or after the subject "man" as would be the rule for a main clause (compare L. 6), the clause is still clearly a subordinate one.

9. This is an example of two contracted main clauses:
Alle Materie besteht   aus Atomen und
(alle Materie besteht) damit letzten Endes aus diesen drei Bausteinen.

Städtisches Kraftwerk, Frankfurt am Main

C

"Physik" bedeutete ursprünglich: Die Wissenschaft der Natur. Dieser griechische Begriff führte zu den beiden Bezeichnungen "Physik" und "Physiologie". In alter Zeit trennte man also den anorganischen Bereich nicht von dem organischen.

Im Laufe der Entwicklung aber trennte man die organische Sphäre (Biologie) von dem anorganischen, unbelebten Bereich. Man definierte die Physik als die Wissenschaft von der unbelebten Natur.

Die Physik systematisierte die Naturerscheinungen, sie erforschte Zusammenhänge. Die Physik arbeitete vorwiegend quantitativ, d. h. sie untersuchte messbare Dinge und Vorgänge. Dabei entwickelten die Physiker ein System logischer Deduktionen.

Illustration aus Guerickes Experimenta nova Magdeburgica de vacuo spatio, 1672.
Otto von Guericke (1602–1686) is known today chiefly for the air pump or vacuum pump which he invented, and for striking experiments demonstrating the extreme force of air pressure.

Die Grundlage dieser Wissenschaft war schon in alter Zeit die Mathematik. Man definierte daher die Physik auch als Wissenschaft der strikten Kausalität. Aber im subatomaren Bereich beobachteten die Forscher des 20. Jahrhunderts nur die sogenannte statistische Kausalität. Diese Phänomene hatten interessante Konsequenzen, sie waren — und sind — Objekte vieler Untersuchungen.

Im Laufe der Zeit löste man vom Gesamtbereich der Physik verschiedene Sonderdisziplinen ab, z. B. Chemie oder Astronomie. Sie entwickelten eine eigene Terminologie und Forschungsmethodik. Sie haben heute ihre eigene Bedeutung innerhalb der Wissenschaft.

C

I. Past-tense conjugation of so-called weak verbs:

ich wohn**te**	wir wohn**ten**
du wohn**test**	ihr wohn**tet**
er wohn**te**	sie wohn**ten**

(handwritten: if ich arbeite(te) + Pres 1)

a) Past participle:

führen, führ**te**, **ge**führt;   lösen, lös**te**, **ge**löst;
atmen, atme**te**, **ge**atmet;   reisen, reis**te**, **ge**reist;

aa) of separable verbs:

einatmen, atme**te** ein, ein**ge**atmet; einführen, führ**te** ein, ein**ge**führt; auflösen, lös**te** auf, auf**ge**löst; zurückkreisen, reis**te** zurück, zurück**ge**reist.

(handwritten: INSEP.)

b) Verbs with prefixes, such as **be–**, **emp–**, **ent–**, **er–**, **ge–**, **ver–**, **wider–**, **zer–**, prevent the addition of the normal participial prefix (compare also L. 12 III 2b); they are inseparable:
bedeuten, bedeutete, bedeutet;   erklären, erklärte, erklärt;
entzünden, entzündete, entzündet;   verbrauchen, verbrauchte, verbraucht.

(handwritten: 2)

c) verbs ending in **–ieren** have no **ge–** in their past participle
studieren, studierte, studiert;   charakterisieren, charakterisierte, charakterisiert;
analysieren, analysierte, analysiert;   diskutieren, diskutierte, diskutiert.

II. Past tense and past participle of "haben", "sein" and "werden".

haben		sein		werden	
ich hatte	wir hatten	ich war	wir waren	ich wurde	wir wurden
du hattest	ihr hattet	du warst	ihr wart	du wurdest	ihr wurdet
er hatte	sie hatten	er war	sie waren	er wurde	sie wurden
gehabt		gewesen		geworden	

(handwritten: ③)

III. The genitive object:

die Erforschung   des . . . . Vorgangs *(m)*
die Forscher   des . . . . 20. Jahrhunderts *(n)*
die Wissenschaft   der . . . . Natur *(f)*
die Beobachtung   der . . . . Experimente *(pl)*
die vielen Beobachtungen der zahlreichen . . Experimente *(pl)*
die vielen Beobachtungen   zahlreicher . . . Experimente
ein System   des logischen . . . . Denkens *(n)*
ein System   logischen . . . . Denkens
ein System   der logischen . . . . Deduktionen *(pl)*
ein System   von logischen . . . . Deduktionen (compare L. 9/I/2)
ein System   logischer . . . . Deduktionen
das Resultat   aller . . . . Experimente *(pl)*

(handwritten: [4])

noun	*of the (adj.)*	*noun*

with double object: . . . das grundlegende System logischer Deduktionen aller exakten Wissenschaften . . .

Can you deduce logically the system underlying the formation of the genitive object?

Während einer Sonnenfinsternis erkennt man am Rand der Sonne einen Strahlenkranz, der Korona heisst. Die äußere Grenze der Korona wächst oder schwindet im Rhythmus der Sonnenfleckenintensität.

Die Korona hat keine feste Struktur, sondern eine grosse Zahl von veränderlichen Bögen und Strahlen. Die Sonnenprotuberanzen verursachen die langen äusseren Strahlen; die innere Korona dagegen steht im Zusammenhang mit den Sonnenflecken.

Die Korona besteht aus einer dünnen, isothermen Substanz. Untersuchungen weisen auf eine Temperatur von 1,2 bis $1,5^6$ Grad Celsius hin. 99% des Koronalichts entsteht durch die Sonne, nur ein Anteil von 1% des Lichts entfällt auf die Korona selbst.

Man mass besondere Emissionslinien, die man vorher nicht kannte. Die Forscher sahen sie zum ersten Mal in der Korona. Bei näherer Untersuchung stiess man auf die Spektrallinien von 9 bis 15fach ionisierten Atomen des Eisens, Calciums und Nickels. Dieser hohe Ionisierungsgrad wies auch auf sehr hohe Temperaturen in der Korona hin.

Ein interessantes Problem ist die Frage, wie die hohe Temperatur der Korona konstant bleibt. Zu diesem Problem gibt es viele Theorien. Nach einer dieser Theorien schiessen Wasserstofferuptionen aus der Sonne heraus, dringen fast mit Schallgeschwindigkeit in die Korona ein und treffen dort auf Materie. Hier liegt, so scheint es, eine Erklärungsmöglichkeit für die Erhaltung der hohen Koronatemperatur. Untersuchungen der Radioastronomie beweisen diese Theorie.

Die Corona am 28.5.1900 bei geringer Fleckentätigkeit, aufgenommen mit dem 40-Zöller der Yerkes-Sternwarte

C

I. There are more than 150 verbs in German which change their root-vowel in conjugation. The English-speaking reader is familiar with this phenomenon: *to eat, take, fall, blow, shine, bear, forget, swim,* change their root-vowel in different patterns.

The German strong verbs:

a) Past tense and past participle have a different root-vowel

e. g. **ei — ie — ie**   bleiben,   blieb,   geblieben;
　　ie — o — o   giessen,   goss,   gegossen;

(See L. 15 A, compare with *hide* and *shine*)

b) or infinitive and past participle have the same root-vowel, the past tense, however, differs:

e. g. **e — a — e**   sehen,   sah,   gesehen;
　　a — u — a   fahren,   fuhr,   gefahren.

(See L. 15 B, compare example with *eat, dare, (durst!)*)

c) or all three root-vowels are different:

e. g. **e — a — o**   helfen,   half,   geholfen;
　　i — a — o   beginnen,   begann,   begonnen;
　　i — a — u   finden,   fand,   gefunden;
　　i(ie) — a — e   liegen,   lag,   gelegen.

(See L. 15 C)

The difficulty encountered with strong verbs cannot be mastered without a certain effort, and the verbs listed overleaf should be learnt by heart.

II. a) The **present tense conjugation** follows the pattern outlined in L. 8, i. e. a certain number of verbs, namely those strong verbs with -a- or -e- in their stem, show a change in the 2nd and 3rd person singular, present tense:

　　　　　　fahren,   du fährst,   er fährt
　　　　　　sprechen,   du sprichst, er spricht.

This change is shown in L. 15.

b) Past tense conjugation of strong verbs:

bleiben — blieb — geblieben   ich blieb   wir blieben
　　　　　　　　　　du bliebst   ihr bliebt
　　　　　　　　　　er blieb   sie blieben
messen — mass — gemessen   ich mass   wir massen
　　　　　　　　　　du massest   ihr masset
　　　　　　　　　　er mass   sie massen

c) The **past participle** of simple strong verbs is formed with **ge–** as the typical past participle prefix and **–en** (**–n**) as the ending:

helfen, half, **ge**holf**en**　　fahren, fuhr, **ge**fahr**en**
sehen, sah, **ge**seh**en**　　　gehen, ging, **ge**gang**en**

d) The **rules regarding separable and inseparable weak verbs** (mentioned in L. 8 II, L. 12 II 2b and L. 13 I aa and b) **apply in the same way to strong verbs:**

C

Separable verbs "enclose" the past participle ending:

heimgehen,   ging heim,   heim**ge**gangen
mitkommen,   kam mit,   mit**ge**kommen
anfangen,   fing an,   an**ge**fangen
abschliessen,   schloss ab,   ab**ge**schlossen

Inseparable verbs with prefixes, such as be–, emp–, ent–, er–, ge–, miss–, ver–, wider–
and zer– do not have the usual "ge" participal prefix (see L. 13 I b and L. 12 III 2 b)

beginnen,   begann,   begonnen   misslingen,   misslang,   misslungen
empfangen,   empfing,   empfangen   verlieren,   verlor,   verloren
entkommen,   entkam,   entkommen   widersprechen,   widersprach,   widersprochen
erfinden,   erfand,   erfunden   zerschlagen,   zerschlug,   zerschlagen
gewinnen,   gewann,   gewonnen.

III. Irregular verbs:

A small group of important verbs change their stem-vowel despite weak conjugation.
(See L. 15 E)

e. g. kennen, kannte, gekannt;
    nennen, nannte, genannt.

ich kenne   wir kennen   ich kannte   wir kannten
du kennst   ihr kennt   du kanntest   ihr kanntet
er kennt   sie kennen   er kannte   sie kannten

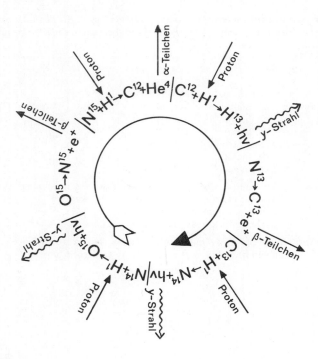

Diagramm zur Illustration
der Energieumwandlung
in der Sonne nach C. F.
v. Weizäcker

C

I. The verbs given cover about one third of the German strong verbs and constitute, when learnt, a good basis for further studies.
The groups listed have been restricted to a minimum, covering the important groups only. That leaves a certain number of strong verbs unmentioned, which are to be found in the alphabetical list. Their inclusion would have made this list too complicated. A complete list of strong verbs is given in the appendix (T. 3).

A) The root-vowel of the past tense and past participle is the same:

ei — i(ie)
bleiben   — blieb   — geblieben
steigen   — stieg   — gestiegen
schreiben — schrieb — geschrieben
scheinen   — schien — geschienen
greifen   — griff   — gegriffen
weisen   — wies   — gewiesen
leiden   — litt   — gelitten
gleichen   — glich   — geglichen
(ver)gleichen

ie — o — o
giessen   — goss   — gegossen
schiessen — schoss — geschossen
verlieren — verlor — verloren
schliessen — schloss — geschlossen
ziehen   — zog   — gezogen
fliegen   — flog   — geflogen
fliessen   — floss   — geflossen
biegen   — bog   — gebogen

B) Infinitive and past participle root-vowel remain the same:

e — a — e
messen (i) — mass — gemessen
sehen (ie) — sah   — gesehen
geben (i) — gab   — gegeben
lesen (i) — las   — gelesen

a — u — a
wachsen (ä) — wuchs — gewachsen
fahren (ä) — fuhr — gefahren
laden   (ä) — lud   — geladen
tragen (ä) — trug — getragen

a — i(ie) — a
halten (ä) — hielt — gehalten
fallen (ä) — fiel — gefallen
lassen (ä) — liess — gelassen

C) All the three root-vowels are different

e — a — o
helfen   (i) — half   — geholfen
nehmen   (i) — nahm   — genommen
sprechen (i) — sprach — gesprochen
sterben (i) — starb — gestorben
treffen (i) — traf   — getroffen
gelten   (i) — galt   — gegolten
werfen   (i) — warf   — geworfen

i — a — u
dringen   — drang   — gedrungen
finden   — fand   — gefunden
schwingen — schwang — geschwungen
sinken   — sank   — gesunken
binden   — band   — gebunden
gelingen — gelang — gelungen
schwinden — schwand — geschwunden

i — a — o
beginnen — begann — begonnen
gewinnen — gewann — gewonnen
schwimmen — schwamm — geschwommen

i(ie) — a — e
liegen — lag — gelegen
sitzen — sass — gesessen
bitten — bat — gebeten

D) Some verbs which do not belong to the above groups:

stossen (ö) — stiess — gestossen   heissen — hiess — geheissen
rufen   — rief   — gerufen   gehen   — ging — gegangen
kommen   — kam   — gekommen

E) Irregular verbs have a change in the root-vowel, but follow the conjugation of weak verbs:

brennen — brannte — gebrannt
kennen — kannte — gekannt
nennen — nannte — genannt
rennen — rannte — gerannt
senden — sandte — gesandt
wenden — wandte — gewandt

denken — dachte — gedacht
wissen (weiss) — wusste — gewusst
bringen — brachte — gebracht

Two further irregular verbs:

spalten — spaltete — gespalten
mahlen — mahlte — gemahlen

II. Translation exercise (simple, inseparable and separable strong verbs).

Repeat the syntax rules and study the position of the verb.

1. Simple verbs

a) Wir gossen die Flüssigkeit in ein kleines Reagenzglas. Die Arbeiter luden die Maschine auf ein Auto. Ich bat ihn um sein Kollegheft. Am Berg fuhr unser Wagen sehr langsam. Ihr gingt sehr schnell.

b) Das gegossene Modell stand in der Vitrine. Die gemessenen Fallgeschwindigkeiten trafen annähernd den genauen Wert. Ein gebranntes Kind scheut das Feuer.

c) Mit wem sprachst du vorhin? Wo ludest du die Batterie? Warum nahmt ihr nicht ein stärker geschwungenes Rohr? Wo fandet ihr Hilfe?

d) Ich wusste nicht, wie der Fachausdruck im Deutschen hiess. Man gab uns einen Betriebsausweis, der für acht Tage galt. Die Fontäne schoss weit in die Höhe und bot einen herrlichen Anblick.

e) Form sentences from the table below and identify tense, number and person of the **verb,** the **subject** and the **object,** their case and number:

(Example: Der Student *(subj. nom. sing.)* las *(simple verb, past tense, 3rd pers. sing.)* das Buch *(obj. acc. sing.)*

Wann	fuhren	ihr zu spät?
Der Professor	fand	du diesen Brief?
Warum	sprach	wir nach München.
Gestern	schriebst	die Lösung nicht.
Ich	kamt	mit dem Assistenten.

2. Inseparable verbs

a) Das Schiff versank gleich nach der Kollision. Heute morgen erfuhren wir die Themen für unsere Diplomarbeiten. Du vertrugst die Dämpfe nicht. Die Studenten entwarfen gemeinsam mit ihrem Professor das Versuchsmodell. Ihr verschlosset den Unterdruckzylinder nicht sorgfältig genug.

b) Das vergossene Quecksilber entwickelte gefährliche Dämpfe. In dem verlassenen Bergwerk förderte man früher Eisenerz. Ich brachte meinem Freund die erbetenen Bücher.

c) Von wem erfuhrst du die Nachricht? In welcher Höhe durchbrach das Flugzeug die Schallmauer? Es war eine grosse Leistung, dass er den Wettbewerb gewann. Ich staunte, wie gut du die Wunde verbandest. Es war schon neun Uhr, als sie endlich erschienen.

E

e)	Er	verflogen	du meinen Plan?
	Die Stunden	vermasset	schnell.
	Warum	verwarfst	ihr das Gelände?
	Wann	verbog	er die Rechnung.
	Heute	beglich	das Leitungsrohr.

3. Separable verbs

a) Er sah seinen Fehler ein. Die Behälter flossen aus. Du trafst zu spät ein. Ich bog mit dem Auto nach links ab. Ihr masset die Strecke nicht richtig ab. Wir trugen unsere Bitte vor. Die Reaktion liess allmählich nach.

b) Die eingetroffene Ware war leicht beschädigt. Wir pumpten das eingedrungene Wasser wieder hoch. Die abgemessene Strecke durchliefen wir in 16 Minuten.

c) Wann kamst du zurück? Wo stiessen die beiden Wagen zusammen? Warum griff die Polizei nicht ein?

d) Der Student, der vor kurzem einzog, kommt aus Indien. Als die Dämme einbrachen, drohte den Dörfern eine Katastrophe. Es war wichtig, dass sie den verletzten Arm sorgfältig abbanden.

e)	Ich	rief	ihr sehr früh heim.
	Der Prüfer	gingt	die Zeitung vor.
	Wir	las	die Geräte zurück.
	Neulich	bandest	den Prüfling auf.
	Womit	gaben	du die Wunde ab?

E

The following two lessons give you an opportunity to try your knowledge of German yourself. If you are able to translate the texts you have made a good progress in your efforts to study German.

Frankfurt

Frankfurt ist nicht die grösste Stadt der Bundesrepublik. Sie ist auch nicht die Hauptstadt. Aber sie ist eine sehr wichtige Stadt in Deutschland. Wegen ihrer zentralen Lage zwischen Nord und Süd ist sie eine der bekanntesten Städte der Bundesrepublik. Besucher aus Europa, Asien und Amerika landen auf dem Weltflughafen Rhein-Main, bevor sie weiterfahren oder weiterfliegen. Frankfurt ist durch seine Lage seit Jahrhunderten ein Zentrum für Verkehr, Handel und Finanzwesen. Die bekannte Frankfurter Messe besteht schon seit 1240.

Heidelberg

Ich fuhr mit meinem Wagen nach Heidelberg. Ich blieb einige Tage dort. Ich habe viele Freunde in Heidelberg. Sie wohnen in einem Studentenheim. Da sie nicht zu Hause waren, ging ich ins Gasthaus. Es war zwischen zwölf und ein Uhr und ohnehin Zeit zum Essen. Ich hatte Glück. Dort sassen nicht nur meine Freunde, sondern auch andere Ausländer. Heidelberg ist wegen seiner Universität sehr bekannt. Die Bibliothek mit ihren seltenen Büchern und Manuskripten ist besonders gut. Heidelberg hatte schon im Jahre 1400, vor der Zeit Gutenbergs, mehr als eintausend mit der Hand geschriebene Bände.
Am Abend sassen wir zusammen in einem Studentenlokal und sprachen von der Universität und vom Studium, von Professoren und Studenten. Ich blieb drei oder vier Tage dort, bevor ich nach München fuhr.

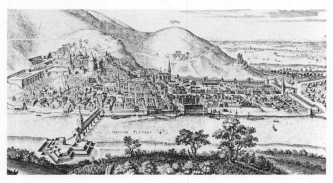

Heidelberg 1645 (Stich von Merian).

E

Mr. R. Sen
277, Lorus Ave.
KANSBIR

München, den 20. Oktober 1971

Lieber Ravi!

Du schreibst, dass Du die deutsche Sprache lernst. Deshalb schreibe ich dieses Mal in Deutsch.

Hier in München gibt es viele ausländische Studenten, so dass ich auch zu Anfang nicht allein war. Nun habe ich auch schon viele deutsche Freunde. Sie sind sehr interessiert, wenn ich von der Heimat erzähle. Wir diskutieren oft, und auf diese Weise erfahre ich auch viel über Deutschland.

An der TH arbeiten die Studenten sehr intensiv, der Unterricht ist aber anders als zu Hause. In Deutschland sind die Studenten älter, denn sie haben eine längere Ausbildung, bevor sie in das Examen gehen.

Hier gibt es auch keine vorgeschriebenen Lehrbücher. Man lernt nicht nach irgendeinem Buch, das Arbeitsziel ist die Beherrschung des Fachgebiets. Das bedeutet, dass man als ausländischer Student an einer deutschen Universität seine Arbeitstechnik umstellt. Das Studium verlangt hier viel eigene Initiative. Es dauert einige Zeit, bis man diese Art des Studierens beherrscht.

München hat ein sehr reges Musik- und Theaterleben. Ich gehe oft abends mit Freunden aus. Am interessantesten ist aber für einen Studenten der Ingenieurwissenschaften das Deutsche Museum in München. Es zeigt die Entwicklung der verschiedensten Zweige der Technik und Naturwissenschaften.

Schreibe bitte bald wieder!

Herzliche Grüsse!
Dein Vinu.

E

Heute besichtigen wir eine Werkstatt. Der Werkstattleiter begrüsst uns am Eingang. Wir gehen durch ein grosses Tor in die Halle hinein.
''Das hier ist die Modellwerkstatt des Aeronautischen Instituts'', sagt er zu mir. ''Wir bauen Modelle für Windkanalversuche. Aber wir bilden auch Studenten aus. Unter Leitung eines erfahrenen Meisters nehmen sie an einem Kursus für Flugmodellbau teil.'' Der Leiter fragt mich, ob ich Kenntnisse im Modellbau habe. Ich verneine das.
An den Wänden sind Regale, dort bewahrt man Werkzeug auf: Hämmer, Zangen, Sägen, Bohrer, Hobel, Meissel, Schraubenzieher, Messzirkel. Verschiedene Schubladen enthalten Nägel, Schrauben und Muttern. Für kleine Stifte, Dichtungsringe und Schräubchen gibt es besondere Kästchen.
Wir beobachten einen Studenten. Er holt eine Blaupause aus dem Schrank heraus, rechnet einige Masse mit einem Rechenschieber nach, trägt die Ergebnisse in ein Heft ein und vergleicht sie mit den Daten der Blaupause. Er bespricht mit dem Meister einige Probleme, denn die Blaupause gibt verschiedene Toleranzen an. Wenn die Masse von den Daten der Blaupause abweichen, dann treten Fehler im Windkanal auf.
Der Student tritt jetzt wieder an den Schrank heran und holt einen Stahlbohrer heraus. Er schraubt ihn im Bohrfutter der Bohrmaschine fest und schaltet die Maschine ein. Langsam zieht er den Hebel herunter, der Stahlbohrer dringt in das Werkstück ein.

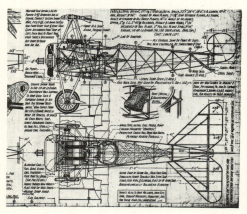

Fokker F I (1918) Dreidecker
(Technische Zeichnung)

Zwei andere Studenten arbeiten an der Drehbank. Wir sehen ihnen noch eine Weile zu. Aber dann verlassen wir die Werkstatt, denn wir haben keine Zeit mehr. Die nächste Vorlesung fängt in zehn Minuten an.

C

I. 1. Declension of personal pronouns

	1st. sing.	2nd. sing.	3rd. sing.			1st. pl.	2nd. pl.	3rd. pl.
Nom.	ich	du	er	sie	es	wir	ihr	sie
Acc.	mich	dich	ihn	sie	es	uns	euch	sie
Dat.	mir	dir	ihm	ihr	ihm	uns	euch	ihnen
Gen.	meiner	deiner	seiner	ihrer	seiner	unser	euer	ihrer

Complete the following sentences:
Gestern traf ich . . . *(acc.)* nicht an der verabredeten Stelle.
Das Experiment gelang . . . *(dat.)* ausgezeichnet.

(The genitive case is rarely used.)

2. Position of personal pronouns

Whereas nouns used as accusative objects follow the dative object, the personal
pronoun used as an accusative object precedes the dative object:

Ich leihe		meinem Freund	das Handbuch der Physik.
Ich leihe		ihm	das Handbuch der Physik.
Ich leihe	es	meinem Freund.	
Ich leihe	es	ihm.	

Transform in the same way: Wir gaben dem Assistenten unsere schriftlichen Arbeiten.
Der Professor zeigte den Studenten ein Modell. Ich schrieb meiner Mutter einen Brief.

Wir führen		den Kommilitonen	einen Versuch	vor.
Wir führen		ihnen	einen Versuch	vor.
Wir führen	ihn	den Kommilitonen		vor.
Wir führen	ihn	ihnen		vor.

Transform in the same way: Ich schrieb der Studentin die Messungen ihres Versuchs
auf. Der Lehrer sprach dem Schüler den deutschen Satz vor. Er zeichnete dem Besucher
die Lage des Hotels auf.

II. The diminutive is recognized by the endings **–chen** or **–lein**. Sometimes the root-vowel
changes into an Umlaut. Diminutives always have the neuter gender and have no special
plural form.

das Zimmer — das Zimmer**chen**   die Schraube — das Schräub**chen**
der Stift   — das Stift**lein**   der Kasten   — das Käst**chen**
der Platz   — das Plätzchen *(sing.)* — die Plätzchen *(plural)*
die Frau   — das Fräulein *(sing.)* — die Fräulein *(plural)*

C

III. Separable verbs (repetition):

The prefixes of separable verbs (generally formed by adverbs or prepositions) are found at the end of the clause in a main sentence of present or past tense, active voice (compare L. 6). The remaining verb of the separable compound occupies the normal second position (compare L. 6):

ausbilden: Wir **bilden** Studenten **aus**.
abweichen: Die Daten **wichen** von der Blaupause **ab**.

If the sentence contains more than one verb, the separated prefix precedes the following verb:
festschrauben + einschalten: Er **schraubt** ihn im Bohrfutter **fest** und **schaltet** die Maschine **ein**.

In subordinate clauses these compound-verbs occupy the end position and are unseparated:

Wenn die Masse von den Daten der Blaupause **abweichen**, dann . . . ,
. . . dass er ihn im Bohrfutter **festschraubt** und die Maschine **einschaltet**.

Some typical prefixes of separable verbs are:
an–, auf–, aus–, gegenüber–, mit–, nach–, vor–, zu–, bei–, ein–, ab–, davon–, entgegen–, fort–, her–, hin–, los–, nieder–, überein–, umher–, weg–, weiter–, u. a. m. herab–, herauf–, heraus–, hinab–, hinauf–, hinaus–, voran–, voraus–, vorbei–, vorher–, zurück–, zusammen–, u. a. m.

Do not try to translate these prefixes separately, because prefix and simple verb form new verbs which frequently have another meaning.

All the following verbs belong to "geben":

angeben	hergeben	mitgeben	zugeben
aufgeben	hingeben	vorgeben	zurückgeben
eingeben	nachgeben	weitergeben	zusammengeben
freigeben	preisgeben	wiedergeben	weggeben
herausgeben			

Find their meanings with the help of your dictionary and note the considerable differences these meanings have.
Checking the sentence for separated prefixes of separable verbs is therefore a basic precaution in translation.

IV. Einige Hinweise für den Gebrauch des Lexikons

The following article is meant as a translation exercise as well as a source of information on the use of the dictionary.

Die Übersetzung eines wissenschaftlichen oder technischen Texts ist nur dann gut, wenn sie exakt ist. Für die sorgfältige Kontrolle der Wortübertragung braucht man Lexika. Auch solche Leute, die berufsmässig allgemeine oder spezielle Übersetzungen anfertigen, arbeiten immer mit vielen Lexika.

C

Wichtig für die Arbeit mit dem Lexikon ist Genauigkeit und Sorgfalt.

Wie sieht so eine Stelle im Lexikon aus und welche Informationen enthält sie?

Schraub—e *f (—en)* screw, bolt *(mit Mutter)*, airscrew Propeller; *Doppel—e* doublethreaded screw; *linksgängige —e*, left-handed screw; *eingelassene —e*, countersunk screw; *—e ohne Ende*, endless, it's a vicious circle; **—en**, *reg, tr. & itr.* to screw; *(drehen)* to turn, to twist; *seine Forderungen herab—*, to lower (scale down) o.'s demand; *die Preise in die Höhe —*, to force up the prices; *geschraubt fig.* (Stil, Sprechweise), affected, unnatural; **—artig** *a*, helical, helicoidal, spiral; **—bakterie**, *f* spirillum; **—feder** *f*, coil spring; **—förderer** *m*, screw conveyer; **—gang** *m*, screw thread; **—getriebe** *n*, worm gear; **—zieher** *m*, screw driver; **—stock** *m*, vice; **—verschluss** *m*, threaded cock, screw plug

Wir stellen fest, dass viele Wörter — Substantive, Verben, Kombinationen, oft auch Adjektive u. a. m., auch bestimmte Ausdrücke und Formulierungen — hier gemeinsam erscheinen.

Das Bezugswort — hier **Schraub—e** — hat das Zeichen *f* (manchmal *w*) für "feminin" oder "weiblich". Das bezeichnet das Geschlecht des Substantivs (also **die** Schraube). *m* steht für "maskulin" oder "männlich", *n* oder *s* für "neutral" bzw. "sächlich". Die Endung in der Klammer *(—en)* gibt die Pluralform an (also die Schraube, die Schrau**ben**).

Das Bezugswort hat einen Bindestrich im Wort (Schraub—e). Ein wenig weiter unten in der Spalte finden wir —en. Jetzt kombinieren wir schraub+en = schrauben und bekommen damit das Verb. Viele Lexika geben dazu die Zeichen *tr.* bzw. *itr.* für "transitiv" bzw. "intransitiv" d. h., dass man dieses Verb auch im Passiv benützt bzw. nicht benützt. (I screw a bolt, a bolt is screwed.)

Manchmal findet man auch die Zeichen **reg.** und **irreg.**

reg. bedeutet, daß der Stammvokal des Verbs gleich bleibt ("schrauben [schraubt], schraubte, geschraubt"); das Verb "sehen (sieht), sah, gesehen" hat dagegen dann das Zeichen **irreg.** Wir beobachten, dass das Lexikon z. B. für das Verb "schrauben" mehrere englische Versionen aufführt. Die Verwendung eines allgemeinen Worts hängt oft sehr stark vom Zusammenhang ab, den es mit den anderen Wörtern des Satzes hat. Manchmal hat es sogar verschiedene Bedeutungen oder eine Variationsbreite in der Bedeutung, die das Wort der anderen Sprache in manchen Fällen nicht hat.

Dagegen haben die Fachausdrücke in allen Sprachen die gleiche Bedeutung und darum genaue Äquivalente.

Alle Verben findet man nur im Infinitiv. Wenn Sie die Infinitivform nicht wissen, dann suchen Sie sie zunächst in der Liste der starken Verben im Anhang.

Trennbare Verben findet man unter den ersten Buchstaben der Vorsilbe, wenn Vorsilbe und Verb zusammen eine besondere Bedeutung haben.

Für wissenschaftliche und technische Übersetzungen braucht man neben dem allgemeinen Lexikon auch ein gutes **Speziallexikon** des Fachgebiets, denn das Wortmaterial eines Textes besteht sowohl aus den Wörtern des allgemeinen Wortschatzes als auch aus den "termini technici" — den Fachausdrücken.

Die meisten Universitätsbibliotheken haben eine gute Sammlung von Fachlexika. Im Anhang finden Sie eine Liste der wichtigsten Fachlexika.

C

Kernspaltung

Im Jahre 1939 entdeckte Professor Otto Hahn zusammen mit Dr. Strassmann die Kernspaltung und die Kettenreaktion. Diese Entdeckungen
veränderten unser Weltbild grundlegend. Die Ausnutzung der Bewegungsenergie und die Radioaktivität der Spaltprodukte bietet uns neue Möglichkeiten der Energieversorgung. Überall entstehen Atomreaktoren. Als
Spaltmaterial verwendet man im allgemeinen das Uranisotop 235 U oder
Thorium. Es gibt schon heute eine grosse Zahl verschiedenster Reaktor-
typen, bei denen meistens langsame Neutronen zum Spalten dienen.
Ausser Spaltmaterial benötigt man einen Moderator zum Verzögern aller
schnellen Neutronen, die bei der Kernspaltung entstehen.

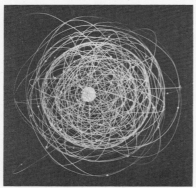

Die reinen Brennstoffkosten sind bei
einem Reaktor, dessen Brennstoff
Uran ist, kleiner als bei einem Kohle-
kraftwerk. 1 g Uran liefert bei seiner
vollständigen Spaltung die gleiche
Energie von 24 000 kwh wie 2,5 t
Kohle bei ihrer Verbrennung. Der
Preis des radioaktiven Brennstoffs
ist gering im Vergleich zu den Erstel-
lungskosten der Reaktoranlage.

Modell des Uranatoms.

Kernverschmelzung

Die Kernverschmelzung hat gegenüber der Atomspaltung einige Vorteile,
so ist z. B. ihre Energieausbeute etwa zehnmal höher als bei der Atomspaltung, und Schweres Wasser (D_2O), das man als Rohstoff dazu
benötigt, kommt überall im Meer vor.
Eine Tonne Meerwasser enthält davon etwa 15 Gramm. Vielleicht braucht
man künftig Uran und Plutonium nicht mehr als Ausgangsprodukte für
jene Art von Energiegewinnung.
In Deutschland studiert eine Gruppe von Hamburger Atomphysikern,
deren Leitung Dr. Kurt Diebner hat, den Atomverschmelzungsprozess.
Auch in München arbeiten Professor Werner Heisenberg und seine Mitarbeiter an dem schwierigen Prozess der Kernverschmelzung.

C

I. Declension of article, adjective and noun

(See also the complete declension tables in the appendix.)

		m		n		f	
S.	*Nom.*	der neue / ein neue**r**	Reaktor	das gute / ein gute**s**	Bild	die hohe / eine hohe	Energie
	Acc.	den neuen / einen neuen	Reaktor	das gute / ein gute**s**	Bild	die hohe / eine hohe	Energie
	Dat.	dem neuen / eine**m** neuen	Reaktor	dem guten / eine**m** guten	Bild	der / eine**r**	hohen Energie
	Gen.	des neuen / eine**s** neuen	Reaktors	des guten / eine**s** guten	Bilde**s**	der hohen / eine**r** hohen	Energie

		n	
Pl.	*Nom.*	die neuen / — neue	Reaktoren / Bilde**r** / Energie**n**
	Acc.	die neuen / — neue	Reaktoren / Bilde**r** / Energie**n**
	Dat.	den neuen / — neuen	Reaktoren / Bilder**n** / Energie**n**
	Gen.	der neuen / — neue**r**	Reaktoren / Bilde**r** / Energie**n**

1. Compare the tables and notes on noun endings in L. 9. Masculine and neuter monosyllabic nouns ending in −d have −**es** in the genitive instead of −**s**.
2. The genitive object is frequently used without an article, the case being indicated by the adjective ending (zum Verzögern aller schnellen Neutronen). Refer to L. 9, I 2 and L. 13, III.
3. Comparative and superlative are to be recognized by −**er** and −**st**− (grosse, kleine**re**, verschieden**ste** Typen) see also L. 9, II. The case endings added after −**er**/−**st** remain those of the declined adjective as outlined above.

Complete the endings:

Wir besichtigen eine modern. Fabrik, in der ein neu.. Reaktor steht. Dieser Versuch wirft gross. Probleme auf, denn wir arbeiten mit sehr hoh.. Temperaturen. Die Physik arbeitet mit ein.. System logisch.. Deduktionen. Mit der wichtig.. Entdeckung der Kernspaltung gewann die Wissenschaft eine neu. Möglichkeit der Energieversorgung. Wir erproben eine neu.. Verfahren. Es regnete den ganz.. Tag. Wie hoch sind die Kosten des geplant.. Reaktors?

II. Pronouns

1. The **relative pronouns** (see L. 12, II) do not differ from the definite article except in the *m, n, f,* genitive singular and plural and the dative plural:
   Gen. m: der Mann, **dessen** Kind . . .   *f:* die Frau, **deren** Kind . . .
   n: das Institut, **dessen** Dach . . .   *pl:* die Häuser, **deren** Dächer . . .
   Dat. pl: Die Studenten, **denen** die Bücher gehören, . . .

C

Complete the sentences:

Die Werkstatt, ... wir heute besuchen, ist sehr geräumig. Die Studenten, ... Ausbildung ich leite, bauen Flugmodelle. Ihr erzieltet Leistungen, mit ... *(dat.)* ich zufrieden bin. Unter welchen Bedingungen entsteht die Metaphosphorsäure, ... *(gen. f)* Formel HPO_3 ist? Der Assistent bringt ein Modell, an ... *(dat.)* er den Vorgang schematisch vorführt.

adj. + noun.

2. The **demonstrative pronouns** (dieser, etc.) as well as the interrogative pronouns (welcher, etc.) and some numerals (alle, manche, jeder) have the case endings of the definite article:
Jeder Prozess *(m)*, manches Seminar *(n)*, diese Entdeckung *(f)* alle Verbindungen *(pl!)*
Complete the endings:
An dies.. *(dat. f)* Entdeckung wirkten mehrere Wissenschaftler mit. Durch dies.. *(acc. f)* Schaltung erhöht man die Präzision des Messgerätes. Jen.. *(m)* Versuch kostete uns sehr viel Zeit. Mit jed.. *(dat. m)* Tag kommen wir dem Ziel näher. Eine Ausklammerung all.. *(gen.)* Fehlerquellen ist kaum möglich. Manch. *(f)* Entdeckung geschah rein zufällig.

3. In the singular the **possessive pronouns** follow the indefinite article and in the plural the definite article with regard to their case endings (compare L. 9). The stem of the pronoun refers to the "possessor", the ending indicates the gender of the noun it stands with (the "possessed").
der Brennstoff *(m)* ——— sein Verhalten *(n)*
das Uran *(n)* ——— seine Verbrennung *(f)*
die Verbindung *(f)* ——— ihr Verhalten *(n)*
die Substanzen *(pl)* ——— ihre Verbrennung *(f)*
ihre Eigenschaften *(pl)*
Wir lernen die Position der **Elemente** im Periodischen System.
Wir lernen **ihre** Position im ...
Also:
Dieses Modell gibt Auskunft über den Aufbau **des Atomkerns.** ...
Was erkennen wir aus dem Verhalten **jener Substanz?** ...
Wie heissen die Bausteine **des Atoms?** ...
Der Anteil **der verschiedenen Substanzen** bestimmt die Eigenschaften eines Gemisches. ...
Die Vorlesung **von Professor Neuhaus** fällt heute aus. ...

4. **Personal pronouns:**

	1st.	3rd. (m)	(f)	(n)	1st.	3rd.
No.	ich	er	sie	es	wir	sie
Acc.	mich	ihn	sie	es	uns	sie
Dat.	mir	ihm	ihr	ihm	uns	ihnen
Gen.	meiner	seiner	ihrer	seiner	unser	ihrer

Wir verglichen **unsere Ergebnisse.** Wir verglichen **sie.**
Also:
Ich half **meinem Freund** bei der Arbeit. ...
Der Versuch lief gut ab. ...

C

Die Physik ist eine Wissenschaft der strikten Kausalität. . . .
Wir rechnen **mit eurer Hilfe.**
Die Assistenten arbeiten **mit den Studenten** zusammen. . . .
Die Aufführung gefiel **mir** . . . (and so on)
Ich führe **dich** (. . . and so on) in unseren Kreis ein.

(Repeat the position of the personal pronouns you find explained in L. 17/I/2.)

III. Prepositions

Complete the list according to L. 10:

with *accusative:* für
with *dative:* mit, zu (zur, zum) bei, unter, gegenüber
with *genitive:* wegen, ausser, (both also with dative)
with *accusative* (in action) or dative (in rest): in, an.
It is important to remember that prepositions determine all cases **except the nominative,** therefore nouns or pronouns linked with prepositions are never subjects!
Translation of prepositions is sometimes a rather delicate problem, because there are certain verb-preposition combinations in which the preposition specifies a particular meaning of the verb. Example: bestehen auf *(insist on);* bestehen aus *(consist of).* The translator should never learn just one meaning of a preposition. Only frequent consultation of a dictionary when learning German and experience later on will help.

Aus dem Arbeitsheft des Nobelpreisträgers Prof. Otto Hahn: Berechnungen über den Indikatorversuch, 1953.

C

The following three texts are originals from "Deutscher Forschungsdienst" and "Inter Nationes Kulturnachrichten". They are only partly revised with regard to grammatical constructions not yet dealt with. Annotations are not given so that you are able to practice your skill in using the dictionary.

Biologische Uhren

(A report about the research on the feeling for time of human beings and animals is given below. We seem to have "inner clocks" in our bodies):

(df) Soweit bisher bekannt, verfügen alle Tiere und wohl auch die meisten Pflanzen über einen mehr oder weniger ausgesprochenen Zeitsinn, eine "innere Uhr", wie man das sehr treffend nennt. Auch der Mensch, obschon sein Zeitsinn infolge langjähriger Gewöhnung an technische Hilfsmittel ziemlich verkümmerte, verfügt über solche inneren Uhren, und zwar insgesamt an die vierzig. In seinen einzelnen Organen und Systemen, die in ihren Funktionen nicht dem Willen unterliegen, erkennt man eine ausgesprochene Tagesrhythmik. So hat z. B. die Körpertemperatur des gesunden Menschen im Laufe des Tages ganz bestimmte, gleichmässige Schwankungen. Einem ähnlichen Auf und Ab unterliegen auch die Funktionen der Verdauung, des Herzens, der Niere, der Drüsen und vieler anderer Organe mehr. Die 'Zeitansage" für alle diese inneren Uhren aber gibt der Tagesrhythmus selbst. Auf ihn müssen wir uns immer wieder einstellen.

Natürlich vitaminiertes Mehl

(Since white flour contains very little vitamins the process of adding natural vitamins to it is discussed here.)

(df) Die hellen, schalenfreien Mehle weisen nur einen sehr geringen Vitamingehalt auf, weil man die wasserlöslichen B-Vitamine vor allem in den eiweissführenden Aleuronzellen der Randschichten des Getreidekorns konzentriert findet. Über die Möglichkeit, helle Mehle auf natürliche Weise, also nicht durch Zusatz synthetischer Vitamine, zu verbessern, berichtet Professor Dr. Matei Rohrlich (Bundesforschungsanstalt für Getreideverarbeitung, Berlin) in der "Umschau in Wissenschaft und Technik". Wenn man Getreide in kaltem Wasser einweicht und mit Dampf behandelt oder in Wasser von 60° C zwei bis drei Stunden einweicht, dann treten die Vitamine durch hydrothermische Diffusion vom Rand des Korns ins

E

Innere über. Dieses Verfahren erhöht den Vitamin-B-1-Gehalt des Mehles von 50 bis 70 auf 150 bis 200 (Millionstel Gramm) in 100 g Mehl je nach dem B-1-Gehalt des Weizens; der Nicotinsäureanteil erreicht statt 800 bis 1000 mg einen Wert von 2000 bis 2800 mg.   (df 3/50/62)

Biologische Anstalt Helgoland

(The tiny German isle of Helgoland in the North Sea has become an important research-centre for sea-biology.)

Den Zielen der modernen Meeresbiologie dient als grösste deutsche Meeresstation die Biologische Anstalt Helgoland. Sie enthält umfangreiche technische Einrichtungen. Der Direktor ist Professor Brickmann, der als Ordinarius für Fischerei-Biologie an der Universität Hamburg wirkt. Für ausländische Wissenschaftler, die als Gäste in der Station arbeiten, stehen auch Wohnräume und Werkstätten zur Verfügung. Zu dem Rüstzeug moderner meeresbiologischer Forschung gehören Labors für Arbeiten mit radioaktiven Elementen, temperaturkonstante Räume und viele andere Instrumente und Apparate. Helgoland ist der einzige Ort an der deutschen Nordküste, der außerhalb des salzarmen Mündungswassers von Elbe und Weser liegt. Die Anstalt, deren Wiederaufbau man jetzt abschloss, besteht seit dem Jahre 1829. Hier auf Helgoland brachte man zum ersten Mal die empfindliche Heringsbrut über die kritische Zeit nach dem Verbrauch des Dotters hinweg und zog die jungen Fische auf. Auch die Entwicklung der Austern verfolgte und beschrieb man hier zum ersten Mal.   (IN. April 1961)

Freie Universität Berlin

Section III

Kohle und Erdöl sind die wichtigsten Energiequellen. Die Atomenergie hat heute wirtschaftlich noch keine grosse Bedeutung.

1. Entstehung

Kohle und Erdöl sind während eines Zeitraums von etwa 500 Mill.[1] Jahren entstanden. Sie haben daher den Namen "fossile Brennstoffe" bekommen. Im Zeitalter des Karbons sind grosse Wälder versunken, und Erdmassen haben sie bedeckt. Nach langer Zeit war die Kohle entstanden. Druck und Temperatur hatten aus Holz die Kohle gebildet. Für die Entstehung des Erdöles hat die Forschung noch keine eindeutige Erklärung gegeben. Vermutlich ist Erdöl aus fettreichen Algen entstanden, denn man hat Reste von Chlorophyll im Erdöl gefunden.

2. Energieverbrauch

Die Länder der Erde hatten 1932 Energie im Wert von 10 200 Mrd.[2] kwh, 1957 in Höhe von 27 000 Mrd. kwh verbraucht, und für das Jahr 2000 hat man einen Bedarf von 84 000 Mrd. kwh errechnet. Seit 1900 haben die Industrieländer bereits über 80% der vorhandenen Brennstoffe an Kohle und Erdöl ausgebeutet. Wenn wir also den Weltdurchschnitt nehmen, wird der Kohlevorrat noch bis zum Ende des Jahrhunderts reichen. Die Erdölvorräte sind in spätestens 30 Jahren verschwunden, wenn man bis dahin keine neuen Erdölvorkommen gefunden hat.

3. Atomenergie

Nach vorsichtigen Schätzungen reichen die Rohstoffe für Atomenergie — Uran und Thorium — für etwa 1500 bis 2300 Jahre aus. Zur Zeit gewinnt man Atomenergie durch Atomspaltung. Viele Länder haben bereits Atomkraftwerke gebaut. Aber die Atomphysiker haben erkannt, dass die Kernverschmelzung eine grössere Energieausbeute ergibt. Schon vor 1956 hatte man explosive, unkontrollierte Kernfusionen durchgeführt; die Kontrolle dieses Prozesses ist bislang gescheitert. Wenn man aber einmal die Beherrschung der Kernverschmelzung erreicht hat, dann gibt es keine Energiesorgen mehr, da der Rohstoff der Kernverschmelzung, Deuterium, ein Bestandteil des Wassers ist. Dann ist das Problem der Energieversorgung gelöst, und die Sorgen der Menschheit sind geringer.

_____

[1] Mill. = Millionen (10^6), [2] Mrd. = Milliarden (10^9)

Perfect and Past Perfect
Auxiliary Verbs "sein" and "haben"
Word Order of Compound Verbal Coustructions

I. Repeat the conjugation of "haben", "sein" and "werden"
   (L. 8 for present tense, L. 13 for past tense)

II. The German **perfect tenses** (present perfect and past perfect) are formed by the **combination of the past participle** (see L. 13 and 14) of the respective verb **and an auxiliary verb,** either "sein" or "haben"; both translated by *have.*

> Kohle und Erdöl **sind** .... während 500 Mill. Jahren ... **entstanden.**
> Sie **haben** ... daher den Namen .... **bekommen.**
> Im Zeitalter des Karbons **sind** .... grosse Wälder .... **versunken,**
> und Erdmassen **haben** ... sie .... **bedeckt.**
> Die Länder der Erde **hatten**... Energie .... **verbraucht.**

	haben			perfect act.
a finite form of	or	+ **past participle**	=	or
	sein			**past perf. act.**

always translate into English with   *to have*   + past participle

ich	**habe** ... gesehen		sie	**hatten** ... gesehen
I	**have** *seen* ...		*they*	**had** *seen* ...
sie	**sind** ... gekommen		sie	**waren** ... gekommen
they	**have** *come* ...		*they*	**had** *come* ...
wir	**sind** ... geblieben		ich	**war** ... geblieben
we	**have** *remained*		*I*	**had** *remained* ...

"haben" is found with transitive, some intransitive and reflexive verbs (L 28):

perfect

ich habe gefunden	wir haben gefunden
du hast gefunden	ihr habt gefunden
er hat gefunden	sie haben gefunden

past perfect

ich hatte gefunden	wir hatten gefunden
du hattest gefunden	ihr hattet gefunden
er hatte gefunden	sie hatten gefunden

"sein" is found with most of the intransitive verbs. Always translate "sein" with *to have* in these cases. Translating with *am, is* etc., could give am erroneous passive construction. (see L. 26)

perfect

ich bin gelaufen	wir sind gelaufen
du bist gelaufen	ihr seid gelaufen
er ist gelaufen	sie sind gelaufen

C

past perfect

ich war gelaufen	wir waren gelaufen
du warst gelaufen	ihr wart gelaufen
er war gelaufen	sie waren gelaufen

III. If however, the past participle has the function of an adjective, indicating a certain state of affairs, use the corresponding form of *to be*. You will find an example in the last sentence of the previous text (das Problem ist gelöst). Note the difference:

Das Problem ist gelöst   = *The problem is solved*
Ich habe das Problem gelöst = *I have solved the problem*

Exercise: transform L. 12/1 into the past tense and L. 19 into the perfect tense.

Elektrizitätserzeugung in der Bundesrepublik Deutschland 1965: insgesamt 171,5 Mrd. kWh, davon 61% aus Steinkohle, 26% aus Braunkohle, 9% aus Wasserkraft, 4% aus Gas, Erdöl, Abhitze u. a. m.

IV. The word order in compound verbal constructions.

a) Contrary to English, the German compound forming the verbal construction is separated in a main clause:

Sie **haben** daher den Namen . . . **bekommen.**
Therefore they **have got** *the name* . . .

This separation, though it may seem confusing at the beginning, does however follow the basic German syntax rule which allots the **second** and the **last** position of a main sentence to the verbal construction.

This is the same principle as explained in connection with the separable verbs (see L. 8 and 10) and it applies to all other compound tenses, such as the passive voice or the subjunctive.

Regarding the **position of the subject**, the same rules as outlined in L. 6 apply: it is either found in first position or, due to a change in emphasis, following the verb or the part of the verbal construction occupying the second position.

Change of the position of the subject (inversion):

pres.	Acht Studenten	**arbeiten**	hier.	
perf.	Acht Studenten	**haben**	hier	**gearbeitet.**
pres.		Hier	**arbeiten**	acht Studenten.	
perf.		Hier	**haben**	acht Studenten	**gearbeitet.**

C

	1st pos.	2nd pos.		final pos.
	Subj. or obj. or adverb. express.	**verb or aux. verb**	subj. or obj. or adverb. expr.	**sep. prefix and/or past participle**
pres.	Die Assistenten	**hören**	die Vorlesung.	
perf.	Die Assistenten	**haben**	die Vorlesung	**gehört**
past	Der Professor	**erklärte**	das Problem.	
past perf.	Der Professor	**hatte**	das Problem	**erklärt.**
pres.	Die Assistenten	**bleiben**	nicht	
perf.	Die Assistenten	**sind**	nicht hier . . .	**geblieben.**

Separable verbs:

pres.	Ich	**gehe**	heute nachmittag	**heim.**
perf.	Ich	**bin**	heute nachmittag	**heimgegangen.**
past	Er	**schloss**	das Zimmer	**ab.**
past perf.	Er	**hatte**	das Zimmer	**abgeschlossen.**
	1st pos.	2nd pos.		final pos.

b) In a **question** only the auxiliary verb occupies the first position, the past participle remains at the end; (see also L. 8, III b).

(pres.) (Gehen	Sie	in die Vorlesung?)	
(perf.) **Haben**	Sie	die Vorlesung . . .	**gehört?**
(perf.) **Sind** .	die Studenten . .	nicht hier	**geblieben?**
(past. p.) **Hatte**	der Assistent . .	das Zimmer schon	**abgeschlossen?**
	1st pos.	2nd pos. (subj.!)		final pos.

c) In a **subordinate clause, the full verbal construction appears at the end,** the auxiliary verb being the last. Here, too, the word order regarding subordinate clauses as outlined in L. 12, remains basically the same.

Wenn man keine neuen Erdölvorkommen . . .	**gefunden**	**hat,** . . .
. . . , dass der Phosphor ein Oxyd	**gebildet**	**hat.**
. . . , das auf einem Korken	**geruht**	**hatte.**
Weil nur wenig O_2 im Glas	**gewesen**	**ist,** . . .
. . . , dass der Assistent das Zimmer	**abgeschlossen**	**hat.**
obwohl ich spät	**heimgegangen**	**bin.**
	past participle	auxiliary verb
		final position

Translation exercise

First read the sentence from beginning to end, mark and underline the verb(s) or verbal construction(s). The position of the verb (verbal construction) indicates whether a main or subordinate clause is used. This should be marked, too. Then the subject (in the nominative case, corresponding in number to the verb, and fixed in its position; "man", or the relative pronoun in the nominative case introducing a relative clause) should be traced and underlined.

(M) Auf einem fast 1300 Meter hohen Berg bei Freiburg steht ein sechs Meter hoher Betonturm mit einem Durchmesser von 15 Metern (M), (S) der den ersten Radiospektrographen Europas trägt (S).

Translate subject and verb (verbal construction) of the main clause first, then those of the subordinate clause, preferably together with their conjunctions.

M-M: a concrete tower (6 m high) . . . stands,
S-S: which carries . . .

Then translate the remainder while carefully observing "links" to references, such as genitive objects or relative pronouns.

(M) auf einem fast 1300 Meter hohen Berg bei Freiburg
(M) mit einem Durchmesser von 15 Metern
(S) den ersten Radiospektrographen Europas

Radiospektrographen in der Astronomie

Auf einem fast 1300 Meter hohen Berg bei Freiburg steht ein sechs Meter hoher Betonturm mit einem Durchmesser von 15 Metern, der den ersten Radiospektrographen Europas trägt.
Die Aufgabe des Radiospektrographen ähnelt der eines Radioteleskops. Solche Radioteleskope hat man in den letzten Jahren an vielen Orten zur Erforschung der sogenannten "Radiowellen" aufgestellt. Seit etwa 20 Jahren weiss man, dass von den Sternen aus dem Weltall nicht nur Lichtwellen, sondern auch Wellen mit erheblich grösserer Wellenlänge auf die Erde kommen. Da der Bereich dieser Wellen ungefähr dem Wellenbereich entspricht, den man für die Rundfunksendungen verwendet, erhielten die geheimnisvollen Strahlen aus dem Weltall den Namen "Radiowellen". Ihre Erforschung hat einen ganz neuen Zweig der Astronomie, die "Radioastronomie", ins Leben gerufen. Die Radiowellen aus dem Weltall sind allerdings sehr schwach, so dass man immer grössere Radioteleskope erbaute.

E

In der "Korona"[1], der einige Millionen Kilometer hohen und sehr heissen Atmosphäre der Sonne, finden häufig Eruptionen statt. Da die üblichen Radioteleskope für das genaue Studium dieser Erscheinungen nicht ausreichen, erhielt das Fraunhofer Institut in Freiburg mit finanzieller Unterstützung der Deutschen Forschungsgemeinschaft einen Radiospektrographen.
In Europa war dieser Radiospektrograph das erste Gerät dieser Art.

Die deutsche Forschungsgemeinschaft

Für die gesamte deutsche Forschung erfüllt die "Deutsche Forschungsgemeinschaft" (DFG) eine Reihe von wichtigen Aufgaben. Als zentrale Organisation fördert sie Forschungsarbeiten auf allen Gebieten durch finanzielle Unterstützung. Die Forschungsgemeinschaft berät ferner die Parlamente und die staatlichen Behörden in wissenschaftlichen Fragen und pflegt die Verbindung zur ausländischen wie zur deutschen Wirtschaft. Auch die Förderung und Ausbildung des wissenschaftlichen Nachwuchses gehört zu ihrem Programm.
Zu den Aufgaben der DFG gehört auch der Austausch wissenschaftlicher Bücher und Zeitschriften mit dem Ausland, sowie die Förderung des wissenschaftlichen Bibliothekswesens.
Mitglieder der Deutschen Forschungsgemeinschaft sind alle wissenschaftlichen Hochschulen der Bundesrepublik und Westberlins, die Akademien und die grösseren wissenschaftlichen Verbände.
Auf zahlreichen Gebieten fördert die Deutsche Forschungsgemeinschaft durch "Schwerpunktprogramme" die Zusammenarbeit im Dienste bestimmter Projekte. Diese Programme reichen von den Problemen der Archäologie und Vorgeschichte, der Sprachgeschichte und der Wirtschaftswissenschaften bis zur Luftfahrtforschung, der Hochfrequenzphysik und der Ernährungsforschung. Für spezielle Aufgaben bestehen auch einige Kommissionen, z. B. für Fragen der Lebensmittelkonservierung, der Erforschung des Berufskrebses oder des Pflanzenschutzes.

Transform the tenses of the German sentence into other tenses.
(past): _stand, trug_   (perfect): _hat . . . gestanden, der . . . getragen hat_.

---

[1] vergl. L.14

Die akademische Freiheit ist ein charakteristisches Merkmal der deutschen Universität. Forschung und Lehre sind frei, d. h. die Universität und ihre Professoren bestimmen selbst ihre Forschungsaufgaben und den Inhalt ihrer Vorlesungen.

Auch für die Studenten gilt die akademische Freiheit. Wenn auch für Examina bestimmte Vorschriften und Anforderungen gelten, z. B. ein Minimum an Vorlesungen, Übungen und Seminaren, so hat doch jeder Student eine freie Wahl zwischen den verschiedenen Vorlesungen aller Fachrichtungen.

Ein berühmter Professor wird daher viele Hörer in seinen Vorlesungen haben, und umgekehrt wird ein Student seinen Studienplan so zusammenstellen, dass er einmal den Anforderungen der Examensordnung genügen wird, zum anderen wird er aber auch solche Vorlesungen belegen, die ihn interessieren.

Genauso wie es Studenten gibt, die nur aus Interesse studieren und die kein Examen machen werden, so gibt es natürlich auch Studenten, die ausschliesslich für ihr Examen arbeiten. Aber in den meisten Fällen wird ein Student sein Studium so einrichten, dass er beide Möglichkeiten nützt.

Er wird erst dann sein Examen machen, wenn er die vorgeschriebenen Anforderungen der Examensordnung erfüllt und seine eigenen Vorbereitungen abgeschlossen haben wird, denn es gibt wohl eine vorgeschriebene Mindestzahl von Semestern, aber kein Examenssemester.

Diese akademische Freiheit, die den Studenten nicht in ein festes System von Pflichtvorlesungen, Pflichtübungen und Zwischenexamen zwingt, hat natürlich auch ihre Probleme. Der Student ist, besonders in den Anfangssemestern, seiner eigenen Verantwortung überlassen, eine Orientierung in der Freiheit ist schwerer als in einem festen System. Andererseits wird diese akademische Freiheit dann, wenn der Student diese Anfangsschwierigkeiten überwunden hat, Verantwortung, Interesse und Selbständigkeit fördern, denn das Ziel eines Studiums ist nicht nur die Erziehung des jungen Akademikers zu einem fachlich ausgebildeten Wissenschaftler und Techniker, sondern auch zu einer verantwortungsbewussten und selbständigen Persönlichkeit.

C

The **future tense** is formed by a combination of the **infinitive form of the respective verb and the auxiliary verb "werden"**:
Ein Student . . . . **wird** . . seinen Studienplan **machen.**
Ältere Kollegen . . . . **werden** ihm dabei . . . . . . **helfen.**
Ein berühmter Professor **wird** . . viele Hörer . . . . . . **haben.**
Die akademische Freiheit **wird** . . das Interesse . . . . **fördern.**
Consequently, the auxiliary verb "werden" (L. 13), when connected with the infinitive form of a verb, is to be translated by the corresponding forms of *shall* or *will*.

a finite form of	werden	+	infinitive	=	future
translation: *shall / will*	+	infinitive			

The **word order** of the verbal construction in a **main clause** follows the pattern outlined in L. 20. The auxiliary verb occupies the second, the infinitive form the final position:

1st pos.	2nd pos.		final pos.
Er	**wird**	sein Examen im nächsten Jahr	**ablegen.**
Im nächsten Jahr	**wird**	er sein Examen	**ablegen.**
Sein Examen	**wird**	er im nächsten Jahr	**ablegen.**
Wird	er	im nächsten Jahr sein Examen	**ablegen?**
Werden	sie	kein Examen	**machen?**

Accordingly the **subordinate clause** shows the order outlined in L. 20, i. e. the **verbal construction** is found **at the end,** the auxiliary being last:
. . ., dass er den Anforderungen **genügen wird.**
. . ., die kein Examen   **machen   werden.**
. . ., welche Bücher er   **brauchen wird.**
The future II (future perfect)
"er **wird** die Vorbereitungen . . . **abgeschlossen haben;**

he **will have finished** *the preparations*"
is a combination of future and perfect, indicating completion in the future. Consequently it combines the future and perfect tense verbal construction. "Werden" retains the second position as finite verb, "haben" or "sein" go to the end in their infinitive form (because the future requires an infinitive.); the principal verb, however, is in its past participle form (because the perfect requires it):

MAIN CLAUSE	SUBORDINATE CLAUSE
Ich . . . **werde** . . . . es . . . **gemacht haben.**	., dass ich es **gemacht haben werde.**
Er . . . . **wird** . . . . . es . . . **gemacht haben.**	
Wir . . . **werden** . . . es . . . **gemacht haben.**	
Ich . . . **werde** . . . . dann . **gegangen sein.**	., dass ich dann **gegangen sein werde.**
Er . . . . **wird** . . . . . . dann . **gegangen sein.**	
Sie . . . **werden** . . . dann . **gegangen sein.**	

1. Die Organismen stehen nicht erst seit heute unter der Einwirkung radioaktiver Strahlen. Seit der Entstehung des Lebens wirkten die natürlichen radioaktiven Elemente auf sie ein.

2. Da sind z. B. radioaktive Elemente, u. a. Kalium- und Kohlenstoffisotope. Da wir Kalium und Kohlenstoffverbindungen in unserem Körper haben, ist auch ein Bruchteil unserer Körpersubstanz radioaktiv. Die Organismen werden durch die Aufnahme von Wasser und Nahrungsmitteln radioaktiv. Allerdings war die Belastung durch diese radioaktive Strahlung minimal, sie lag noch unter einem Prozent der maximal zulässigen Dosis.

3. a) Die Atombombenversuche haben diese Bilanz jedoch geändert. Durch diese Explosionen sind *radioaktive Elemente* entstanden, sie haben die radioaktive Materie in unserer Umgebung vermehrt, und künstliche radioaktive Elemente sind in unser Trinkwasser und unsere Nahrung gelangt.
Nun hatte man schon früher festgestellt, dass bei stärkerer radioaktiver Strahlung körperliche Schäden eingetreten waren. Heute ist besonders das Strontium 90 gefährlich.
b) Wegen seiner langen Halbwertszeit wirkt es lange im Körper und führt daher zu Schäden. Aus diesem Grunde untersucht man Luft, Trinkwasser und Nahrungsmittel sorgfältig und regelmässig auf Strontium 90.
c) Man nimmt an, dass Gefahren eintreten werden, wenn die Strahlenbelastung 1 millionstel Curie überschritten haben wird.

4. 1 Curie ist die Aktivität von einem Gramm Radium. Obwohl die Menge der radioaktiven Substanzen in unserer Umgebung grösser geworden ist, ist diese Gefahrengrenze jedoch noch nicht erreicht.

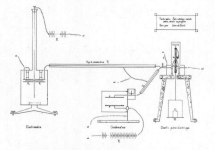

Messung der Radioaktivität nach der Methode von Marie Curie

C

I. 1. The weak verb (L. 8, 13):
wirken – wirkte – gewirkt

The strong verb (L. 14):
stehen – stand – gestanden

(present)	*(past)*			*(present)*	*(past)*
ich wirke	ich wirkte	*1st*	*sing.*	ich stehe	ich stand
er wirkt	er wirkte	*3rd*		er steht	er stand
sie wirken	sie wirkten	*3rd pl.*		sie stehen	sie standen

Note the separable verbs: wirkte — ein = einwirken;
nimmt — ab = abnehmen
Note the change of the vowel: nimmt *(3rd pers. s. pres. tense)*, infinitive "nehmen"! (compare L.14)

Ich **fülle** die Lösung in das Reagenzglas. Ich **füllte** die Lösung in das Reagenzglas. **Füllen** Sie die Lösung in das Reagenzglas! Warum **füllst (fülltest)** du die Lösung in das Reagenzglas? Ich bemerke, dass er die Lösung in das Reagenzglas **füllt** (bemerkte, **füllte**).

Form similar sentences with: Der Arzt kauft ein Haus. Der Professor gibt (gab) dem Studenten ein Thema für seine Diplomarbeit. Du nimmst (nahmst) Rücksicht. Sie arbeiten sorgfältig.

Er **legt** den Hörer **auf**. Er **legte** den Hörer **auf**. **Lege** den Hörer **auf**! **Legst (legtest)** du den Hörer **auf**? Du siehst (sahst), dass er den Hörer **auflegt (auflegte)**.

Form similar sentences with: Wir bauen eine Versuchsreihe auf. Der Assistent rechnet das Ergebnis nach. Wir senden (sandten) dir den Brief nach. Ihr gebt (gabt) ihm das Handbuch zurück.

2. The verbs **"haben"**, **"sein"**, **"werden"** (L. 8, 13):

haben – hatte – gehabt   sein – war – gewesen   werden – wurde – (ge)worden

(present)	*(past)*	*(present)*	*(past)*	*(present)*	*(past)*
ich habe	ich hatte	ich bin	ich war	ich werde	ich wurde
er hat	er hatte	er ist	er war	er wird	er wurde
sie haben	sie hatten	sie sind	sie waren	sie werden	sie wurden

Note that they are used as proper verbs, as demonstrated in section 2 of the opposite text, as well as auxiliary verbs as demonstrated in section 3 and 4 of the text.

Er **wird** krank. Er **wurde** krank. Wann **wurde** er krank? Weisst du, dass er krank **ist**? Er **hat** eine schwere Krankheit. Er **war** bisher kaum jemals krank. Was für eine Krankheit **hat** er **gehabt**? Plötzlich **war** er krank **geworden**. Gestern **war** er noch bei mir **gewesen**.
Er war nicht zum Examen gekommen, weil er krank **gewesen war**. Er hatte an unserer Zusammenkunft nicht teilgenommen, da er keine Zeit **gehabt hatte**. Er **war** überraschend schnell Ordinarius **geworden**.

3. The compound tenses:
  a) **Perfect and past perfect** (L. 20) are to be recognized by the combination of **"haben"** or **"sein"** (finite) and the **past participle of the respective verb**. Both auxiliary verbs must be translated with *have*! (But compare I 4)

C

(perfect)	*(past perfect)*
ich habe geändert	ich hatte festgestellt
er hat geändert	er hatte festgestellt
sie haben geändert	sie hatten festgestellt
ich bin gelangt	ich war eingetreten
er ist gelangt	er war eingetreten
sie sind gelangt	sie waren eingetreten

Note the position of the past participle prefix "ge-" in separable verbs (fest**ge**stellt, ein**ge**treten).

Ich **habe** die Lösung in das Reagenzglas **gefüllt**. Mein Freund **war** zum Flughafen **gekommen,** aber wir **haben** uns **verfehlt**. In welchem Zeitraum **sind** Kohle und Erdöl **entstanden**? Deine Voraussage **ist** nicht **eingetroffen**. Wir **haben** das Buch **durchgearbeitet.**
Die Wissenschaft **hat** viele Fragen noch nicht **gelöst**. Hast du schon deinen Termin für das Rigorosum **erfahren**? — Nein, ich **habe** aber auch noch nicht **angefragt.**
b) The **future tense** (L. 22) can be recognized by the combination of "werden" **(finite)** and the **infinitive of the respective verb.** Translation of the auxiliary verb "werden" must be *shall / will.*

ich werde führen; er wird führen, sie werden führen

Du **wirst** die Prüfung **bestehen**. Wisst ihr, wann der Professor unser Studentenwohnheim **besuchen wird**? Morgen **werde** ich **zurückkommen**. Wann **werden** Sie die ersten Resultate **haben**? Das Experiment **wird** ein grosser Erfolg **werden.**
c) **Future II** (future perfect) (L. 22) can be recognized by the combination of "**werden**" **(finite),** the **past participle of the respective verb** plus the **infinitive "sein"** or "**haben**". Translation of "werden" is *shall / will;* of "sein" or "haben" *have.*

ich werde eingetreten sein	*ich werde überschritten haben*
er wird eingetreten sein	*er wird überschritten haben*
sie werden eingetreten sein	*sie werden überschritten haben*

Morgen werde ich gegen 20 Uhr nach Köln kommen, aber um diese Zeit **wirst** du schon nach Berlin **abgeflogen sein.**

4. "**sein**" **(finite)** plus a **past participle** of a **transitive verb, functioning as an adjective,** indicates a certain state of affairs, and is translated by *to be* plus past participle of the respective verb (compare also L. 20).
Das Problem ist gelöst.
The problem is solved.

II. Word order

Applying the distinction between
      finite verb (e. g. "geh**t**" *(3rd. p. sing. present tense)* and
      infinite form (e. g. infinitive "gehen" and past participle "gegangen")
the word-order regarding verbs / verbal compounds, through which the type of clause can be discerned, can be summarized for all tenses as follows:

C

1. Main clauses:

The finite verb occupies the **second,** infinite forms (and prefixes of separable verbs) take the **final** position.

Der Student	geht	in die Vorlesung.	
Der Student	ging	nach der Vorlesung	heim.
Nach der Vorlesung	ging	der Student	heim.
Der Student	ist	in die Vorlesung . .	. . . gegangen.
Der Student	war	nach der Vorlesung	heimgegangen.
Nach der Vorlesung	wird	der Student	heimgehen
Der Student	wird	in die Vorlesung . .	. . . gegangen sein.

2. Imperatives and Questions

The finite verb occupies the **first,** infinite forms (and prefixes of separable verbs) the **final** position.

Geh	nach der Vorlesung	heim!
Geht	der Student in die Vorlesung?	
Ging	der Student nach der Vorlesung	heim?
Ist	der Student in die Vorlesung . .	. . . gegangen?
Wird	der Student nach der Vorlesung	heimgehen?

III. Subordinate clauses:

The finite verb occupies the **final** position, preceded by the infinite form(s).

. . ., wenn der Student in die Vorlesung . . .	. . . . geht.
. . ., obwohl der Student nach der Vorlesung	. . . . heimging.
. . ., obwohl der Student in die Vorlesung . .	. . . . . gegangen ist.
. . ., dass der Student in die Vorlesung	. . . . gehen wird.
. . ., dass der Student in die Vorlesung	. gegangen sein wird.

C

Die Lage

Deutschland liegt im Zentrum Europas. Diese Lage hat seine Geschichte, seine Struktur und seine politischen Probleme von jeher mitbestimmt.
Im Norden hat Deutschland Zugang zur Nordsee und zur Ostsee. Diese beiden Meere haben seinen Handel und seine Wirtschaft beeinflußt: die Ostsee mehr in der Vergangenheit, die Nordsee mit ihrem Zugang zum Atlantik mehr in der Gegenwart.
Die Agrarländer Dänemark und Holland sind seine Nachbarn im Norden und Nordwesten. Beide Länder haben mit dem nördlichen Teil Deutschlands durch Sprache und Kultur manche Gemeinsamkeit. Im Westen schließt Belgien und Frankreich an. Im Süden ist Deutschland über das deutschsprachige Österreich und über die Schweiz an den Kulturraum des Mittelmeeres geknüpft. Schon seit der Zeit der Römer steht Deutschland in engster Verbindung mit seinen südlichen Nachbarn; römisches Geistesgut und mit ihm die Gedankenwelt Griechenlands, aber auch italienische Kunst und Musik haben ihren Weg über die Alpen genommen und die deutsche Kultur nachhaltig beeinflußt. Die östlichen Nachbarn Deutschlands sind Polen und die Tschechoslowakei.
Durch diese Lage im Zentrum Europas ist eine Kultur entstanden, die in regem Kontakt und Austausch mit den Kulturen seiner Nachbarn steht. Deutschlands Kultur ist gleichzeitig deutsch und auch europäisch. Ihre Wurzeln reichen in die römische und griechische Geschichte zurück. Tausend Jahre Christentum haben sie geprägt, Humanismus und Aufklärung haben sie geformt.
Diese Mittellage Deutschlands hat aber nicht nur den kulturellen Kontakt mit allen Ländern Europas erleichtert, sie hat auch Probleme heraufbeschworen, die zu furchtbaren Kriegen führten. Im Guten wie im Bösen ist sie Deutschlands Schicksal geworden. Dieses Land ist nach dem Krieg 1945 nicht nur fast völlig zerstört und verwüstet gewesen, es wurde auch in zwei Staaten geteilt.
Darum ist die Definition des Begriffs "Deutschland" mit nationalstaatlich-geographischen Kriterien allein heute so gut wie unmöglich. Der sehr schwierige und komplexe Versuch einer solchen Definition schließt neben geographisch-politischen Merkmalen auch sprachliche, kulturelle und historische Kriterien ein.

E

Die Sprache

Die deutsche Sprache gehört zu den indogermanischen Sprachen. Sie ist eng verwandt mit den Sprachen, die in Nord- und Nordwest-Europa gesprochen werden, also mit dem Holländischen und Flämischen, mit den skandinavischen Sprachen und auch mit dem Englischen.
In Deutschland gibt es eine Reihe von Dialekten, die man heute noch spricht. Aus der Vielzahl dieser Dialekte entstand im Laufe der Jahrhunderte eine allgemeine Verkehrs- und Schriftsprache, die jeder Deutsche spricht und versteht.
Deutsch spricht und schreibt man auch in Österreich und in einem Teil der Schweiz. Hochdeutsch als Umgangs- und Schriftsprache sprechen und verstehen alle Deutschen, Österreicher und viele Schweizer. Für sie ist es die Schrift- und Unterrichtssprache.
Viele Menschen in Skandinavien, in Holland und Nordbelgien, in Polen und der Tschechoslowakei, in Russland und den Balkanländern verstehen die deutsche Sprache.

Städte und Landschaften

Zentren deutscher Kultur sind von alters her die Städte. Alte Dome und Rathäuser legen noch heute Zeugnis davon ab. Die freien Städte des Mittelalters, von den Bürgern selbst regiert, sind das Kennzeichen dieser Epoche.
Nicht minder wichtig sind heute die modernen Städte. Fast alle sind wirtschaftlich orientiert, die einen sind Schwerpunkte jeweils besonderer Industrien, andere wiederum mehr Handels- und Verkehrsstädte. Mehr als ein Drittel aller Deutschen wohnen in Großstädten, nur ein Viertel auf dem Lande.
Die Wohnviertel umgeben im allgemeinen das historische Stadtzentrum, das durch alte Kirchen, Marktplätze und Rathäuser gekennzeichnet ist. Neben diesem liegt meist das Geschäfts-, Einkaufs- und Verwaltungszentrum mit modernen Hochhäusern und dichtem Verkehr. Die Industrie liegt häufig am Rand der dichtbebauten Stadtkerne, daneben ziehen sich Siedlungen mit Reihen- und Einfamilienhäusern weit in das Land hinein.
Im Norden ist Deutschland weit und eben. Größere Ebenen wechseln mit flachen, weiten Hügeln ab. Dieses Norddeutsche Flachland liegt kaum höher als 50 bis 100 m über dem Meeresspiegel. Felder, Wiesen und Wälder bestimmen den landschaftlichen Charakter dieses nördlichen Teils von Deutschland. Nach Süden schließen sich Mittelgebirge an. Hier findet man bewaldete Berge von 500–1000 m Höhe, zu deren Füßen

E

breite, fruchtbare Täler liegen. Die Bäche und Flüsse führen das ganze Jahr hindurch Wasser. Die Dörfer und Städte liegen meist in den Tal- ebenen. Die bekanntesten deutschen Mittelgebirge sind der Harz und der Schwarzwald.

Südlich an diese Mittelgebirge schließt eine Hochfläche an, die zu den Alpen hinführt. Hier ragen hohe, steile Grate auf, die teilweise ständig mit Schnee bedeckt sind. Tief unten ziehen sich Täler hin, durch die man nach Österreich und weiter nach Italien gelangt.

Landschaftsgeographisch ist Deutschland von Norden nach Süden ge- gliedert: Auf das Norddeutsche Flachland folgen die Mittelgebirge. Im Süden Deutschlands liegt eine Hochebene, dann folgt ein Hochgebirge, nämlich die Alpen.

Klima und Vegetation

Deutschland hat ein gemäßigtes Klima mit Niederschlägen zu allen Jahreszeiten. Die Winter sind kühl und bringen Schnee, der Sommer ist warm mit Mittagstemperaturen von 20–30° Celsius. Die vier Jahres- zeiten Winter, Frühling, Sommer und Herbst sind deutlich ausgeprägt, weniger durch die Niederschläge, die zu allen Monaten fallen (insgesamt etwa 700 mm/Jahr), als durch die Temperaturunterschiede. Während der Wintermonate Dezember, Januar und Februar fällt immer wieder Schnee, der besonders im Mittel- und Hochgebirge längere Zeit liegen- bleibt. Der Frühling, der in Deutschland etwa im März beginnt, ist die Zeit der Aussaat und der Baumblüte. Diese Zeit, in der nach dem langen Winter alles wieder lebt und blüht, gilt als die schönste Zeit des Jahres.

Im warmen Sommer reifen Getreide und Früchte, der Herbst ist die Erntezeit. Im Oktober wechseln die Blätter der Bäume ihre Farbe. Die grünen Wälder werden rot und gelb und leuchten in den zarten Farben der langen Abenddämmerungen. Aber schon im November macht der beginnende Winter mit seinen langen Nächten diesem Herbstzauber ein Ende.

Bemerkenswert ist im Gegensatz zu den tropischen Gebieten ein auf- fälliger Wechsel der Tageshelligkeit im Laufe des Jahres. Die Sonne geht im Winter spät auf und früh unter, dagegen sind die Nächte im Hochsommer relativ kurz; nur im Herbst und Frühling gibt es eine Tag- und Nachtgleiche.

Mitteleuropa kennt keinen Wechsel zwischen Trocken- und Regenzeit. Hier setzen die niedrigen Wintertemperaturen dem Pflanzenwachstum ein Ende. Die Vegetationszeit ist darum auf die übrigen Jahreszeiten

E

beschränkt; viele wärmeliebende Pflanzen Südeuropas oder gar der Tropen können hier nicht mehr gedeihen.

Roggen, Weizen und Kartoffeln, Rüben und Futterpflanzen für die Viehzucht sind die hauptsächlichsten Feldfrüchte. Obstbäume findet man überall in Deutschland. Äpfel und Birnen, Kirschen und Pflaumen sind sehr beliebt.

Die Wälder sind weitgehend wirtschaftlich benutzt (Nutzwald). Nadelbäume, wie Fichte und Kiefer, wechseln mit Laubbäumen, wie Buche, Eiche und Birke, miteinander ab. Die Wälder sind ebenso wie die Felder und Wiesen meist sorgfältig gepflegt und genutzt. Urwälder und ungenutztes Land (Ödland) gibt es kaum.

Landwirtschaft

Neben der Stadt ist die normale Siedlungsform in Deutschland das Dorf, nur im Norden Deutschlands liegt der Bauernhof häufig allein inmitten der Felder, oft weit entfernt vom nächsten Nachbarn.

Typisch für die deutsche Landwirtschaft ist der mittlere Bauernbetrieb mit etwa 5–50 ha. Der Bauernhof gehört meist einer Familie und wird auch von ihr mit Hilfe von Maschinen bewirtschaftet. Die Anwendung

WIRTSCHAFTSFLÄCHE 1968 NACH NUTZUNGSARTEN

100%

10% **Sonstige**
5% **Öd-u. Unland, Moore, Gewässer**

29% **Wald**

3% Garten- u. Rebland u. dgl.

23% Dauergrünland

Landwirtschaftliche Nutzfläche

30% Ackerland

WIRTSCHAFTSFLÄCHE 24,7 Mill. ha

E

von künstlicher Düngung, die weitgehende Benutzung von Motor und Maschine und eine sorgfältige Anbauplanung verlangen eine gründliche Ausbildung der bäuerlichen Bevölkerung.

Nach wie vor sind Brotgetreide und Kartoffeln wichtige Agrarprodukte in Deutschland, daneben spielen Gemüseanbau (besonders in der Nähe großer Städte), Obst- und Weinbau, Zuckerrüben, Tabak und Ölsaat eine große Rolle. Dazu kommt der Anbau von Futtermitteln für eine hochentwickelte Viehzucht.

Der Bauer produziert in erster Linie für den Verkauf, weniger für die Eigenversorgung. Dabei spielen heute die landwirtschaftlichen Genossenschaften eine große Rolle. Sie wickeln für jeweils eine größere Gruppe von Betrieben Ein- und Verkauf, Lagerung oder Finanzierung ab.

Trotz hoher Hektarerträge deckt aber die Landwirtschaft in Deutschland den Lebensmittelbedarf der Bevölkerung nicht ganz. Ein umfangreicher Import landwirtschaftlicher Produkte füllt die Bedarfslücke. Dieser Import ist aber nur möglich, wenn Deutschland industrielle Güter exportiert.

Industrie, Handwerk, Öffentliche Dienste, Gewerkschaften

Obwohl die deutsche Landwirtschaft ein sehr wichtiger Wirtschaftsfaktor in diesem Lande ist, arbeiten nur etwa 10% aller Beschäftigten auf dem Lande (1966), jedoch nahezu die Hälfte in industriellen oder handwerklichen Produktionsbetrieben, etwa ein Viertel in Dienstleistungsbetrieben und knapp 20% in Handels- und Verkehrsbetrieben. Das zeigt, daß Deutschland in erster Linie ein Industrieland ist. Die Industrie ist am Volkseinkommen mit ca. 50% beteiligt, die Landwirtschaft mit nur etwa 5%.

Den Begriff „Industrie" verwendet man in Deutschland nur für solche Betriebe, die unter weitgehendem Einsatz von Maschinen und von halb- oder vollautomatisierten Betriebseinrichtungen standardisierte Massenprodukte in großem Umfang herstellen.

Der Handwerksbetrieb dagegen erfüllt innerhalb der deutschen Wirtschaft die Funktion der Produktion individueller Güter. Auch er ist heute mechanisiert. Das Handwerk stellt die in einer arbeitsteiligen Wirtschaft unerläßlichen Reparatur- und Ergänzungsbetriebe. Beide Betriebsformen, die Industrie und der mechanisierte Handwerksbetrieb mit 5 bis 50 Arbeitskräften, sind innerhalb der Volkswirtschaft aufeinander angewiesen und haben komplementäre Funktionen.

Wesentlich für den Ablauf der Wirtschaftsfunktionen sind auch die staatlichen Bahnen, die privaten oder städtischen Verkehrsbetriebe der Per-

E

sonen- und Güterbeförderung, die Spedition, Handelsbetriebe, Banken und Versicherungen, die, alle auf bestimmte Aufgaben spezialisiert, den relativ hohen Stand der deutschen Wirtschaft ermöglichen. Alle diese Sparten stellen untereinander einen hochgezüchteten Mechanismus dar, bei dem die Störung eines einzigen Teiles sofort Folgen für alle anderen hat. Ein gut entwickeltes Zusammenspiel von Unternehmern und Gewerkschaften, Staat und Gesellschaft ist darum in Deutschland eine Notwendigkeit für das reibungslose Funktionieren der Volkswirtschaft.

Die Industrialisierung setzte in Deutschland um 1870 ein. Heute herrscht in der Bundesrepublik der private, mittlere bis große Industriebetrieb vor. Die Industrie griff bei ihrer Entwicklung auf ein hochentwickeltes Handwerk zurück, dem die Industrie nicht zuletzt wegen des technischen Verständnisses und Geschicks der Arbeiter ihren Aufschwung verdankt. Die Industrie hat das handwerkliche System der Ausbildung übernommen und es in Zusammenarbeit mit den Erziehungsbehörden weiterentwickelt. Es ist heute mehr denn je die Voraussetzung der industriellen Leistungsfähigkeit. Der Ausbildungsstand des Ingenieurs, die Erfahrung des Meisters und das handwerkliche und technische Geschick des Arbeiters sind für eine Industrienation ebenso wichtig wie die materiellen Voraussetzungen.

Von sehr großer Bedeutung sind in Deutschland auch die sozialen Einrichtungen. Feste Löhne, bezahlter Urlaub, ein obligatorisches System der Kranken- und Altersversicherung gehen auf die Solidarität der Arbeiter zurück, die diese Errungenschaften mit ihren großen Gewerkschaften durchgesetzt haben. Die in erster Linie wirtschaftspolitisch orientierten Gewerkschaften haben heute einen festen Platz im Gefüge der deutschen Wirtschaft.

E

Section IV

Im folgenden werden wir Universitäten und Technische Universitäten in Deutschland betrachten:
Einige deutsche Universitäten können auf eine lange Geschichte zurückblicken. Sie sind nur wenig jünger als die ältesten europäischen Universitäten (Bologna 1119, Heidelberg 1385).
Andere, z. B. die Universität Bochum, sind erst in den letzten Jahren entstanden. Da die Zahl der Studenten in Deutschland ständig ansteigt, müssen neue Universitäten gebaut bzw. geplant werden.
Technische Universitäten sehen wir erst im 19. und 20. Jahrhundert entstehen. Die zunehmende Bedeutung von Technik und Naturwissenschaft ließ auch das Interesse an technischen und naturwissenschaftlichen Ausbildungsmöglichkeiten wachsen.
Man darf die akademische Ausbildung in Deutschland nicht mit der englisch-amerikanischen Universitätsausbildung vergleichen. Ein deutscher Student muss 18 Jahre alt sein, bevor er sein Universitätsstudium aufnehmen kann. Zu diesem Zeitpunkt hat er eine lange Schulausbildung absolviert, die er mit dem "Abitur" abgeschlossen haben muss.
Das Studium dauert etwa 5 bis 6 Jahre, bei einigen Fachrichtungen kann es auch länger dauern. Das akademische Jahr besteht aus zwei Semestern, dem Sommersemester von Mitte April bis Mitte Juli und dem Wintersemester von Mitte Oktober bis Mitte Februar. Erst nach dieser Studienzeit, die für jedes Fach vorgeschrieben ist, darf man ein Abschlußexamen machen. Man kann das Universitätsstudium mit dem Staatsexamen oder der Promotion oder – wenn man will – auch mit beiden Examen beenden.
Die Ausbildung an der Technischen Universität dagegen kann man mit dem Ingenieur-Diplom (Dipl.-Ing.) abschliessen. Dieses Examen entspricht etwa dem M. Sc. oder M. E. Man kann jedoch — wenn man mag — wie an der Universität weiterarbeiten und den Doktorgrad erwerben. Dazu gehört eine umfangreiche, selbständige wissenschaftliche Arbeit, die Dissertation, und eine Prüfung in drei Fächern, das Rigorosum. Für eine Dissertation aus dem naturwissenschaftlichen oder technischen Bereich muss man an deutschen Universitäten meist mehr als zwei Jahre wissenschaftlich arbeiten.

C

I. Modal auxiliaries

1. Similar to the pattern of the future tense, the modal auxiliary verbs:
sollen, wollen, können, mögen, dürfen, müssen
are always found together with the infinitive of the respective verb:

(Future with "werden": wir	*werden . . .*	*betrachten)*	
(dürfen)	man	darf	vergleichen
(müssen)	ein Student	muss	sein
(können)	die Universitäten	können . . .	zurückblicken
(sollen)	ein Student	soll	benutzen
(wollen)	der Student	will	wohnen

With the exception of "sollen" there are differences between the present tense singular and plural forms; they should be learnt together with the verb.

The translation of these auxiliaries is not always easy, it is, therefore, advisable to keep their general meanings in mind and adjust the translation accordingly:

sollen   (er soll)–sollte–(gesollt)   = obligation, order, duty
             ought to, shall, supposed to
wollen   (er will)–wollte–(gewollt)   = intention, wish
             to wish, to want, to intend to
können   (er kann)–konnte–(gekonnt)   = ability, permission, knowledge
             can, be able to, to know
mögen   (er mag)–mochte–(gemocht)   = inclination, liking
             to prefer, (er möchte) *he would like to*
dürfen   (er darf)–durfte–(gedurft)   = permission
             to be allowed, – permitted to, may
müssen   (er muss)–musste–(gemusst)   = obligation, necessity
             must, have to,

(see also Conjugation Tables T. 2 in the appendix.)

2. Like "werden", they are also used as principal verbs in their proper meaning:
Ich mag Tee lieber als Kaffee. Der Schüler hat seine Aufgabe gekonnt. Man kann nur etwas lernen, wenn man will. Ich komme, wenn ich darf, morgen zu dir.
3. for compound tenses with modal auxiliary verbs see L. 31.

II. Verbs with the infinitive

The following group of verbs is occasionally found in combination with an infinitive of another verb:
sehen, hören, helfen, lehren, lernen, lassen and a few others.
Wir sehen überall neue Fabriken entstehen. Wir sehen viele Menschen in diesen Fabriken arbeiten. Mein Freund hilft mir arbeiten. Die Studenten lernen zeichnen. Der Arzt fühlt den Puls des Patienten kräftig schlagen. Ich lasse meinen Freund gehen. Man lässt die Lösung im Reagenzglas abkühlen.
The infinitive is either translated into the present continuous *(we see many people working in these factories)* or into an English infinitive *(the solution is allowed to cool down in the test-tube)*.

III. Exercise:

Modal auxiliaries and verbs with the infinitive.

1. In main clauses

. . . . .	Wir	müssen	. . .	unsere Arbeiten morgen	abgeben.
Morgen	. . .	müssen	wir	unsere Arbeiten	abgeben.
Wann	. . .	müssen	Sie	Ihre Arbeiten	abgeben?
. . . . .	. . .	Müssen	wir	unsere Arbeiten morgen	abgeben?
. . . . .	Wir	lassen	. . .	die Lösung im Reagenzglas	abkühlen.
Im Rea-					
genzglas	. . .	lassen	wir	die Lösung . . .	abkühlen.
Worin	. . .	lasst	ihr	die Lösung . . .	abkühlen?
. . . . .	. . .	Lassen	Sie	die Lösung im Reagenzglas	abkühlen?
. . . . .	. . .	Lassen	Sie	die Lösung im Reagenzglas	abkühlen!

Form sentences:

a) Du sollst mit deinem Versuch bis morgen fertig sein. (Bis morgen . . . ; Mit deinem Versuch . . . ; Womit . . . ? Bis wann . . . ? Soll ich . . . ?)

b) Die Examenskandidaten durften die Logarithmentafel benützen. (Was . . . ? Wann . . . ? Durften die . . . ?).

c) Jeder Student kann seine Fächerkombination selbst wählen. (Die Fächerkombination kann . . . ; Was . . . ? Kann jeder Student . . . ?).

d) Die Studenten lernen die technischen Hilfsmittel richtig verwenden. (Lernen die Studenten . . . ? Warum . . . ? Lernen Sie . . . !).

e) Die Studenten sahen den Bus kommen (Was . . . ? Saht ihr . . . ?)

2. In subordinate clauses

Ich weiss nicht,	wann	er	zu mir	kommen	wollte
	ob	er	zu mir	kommen	wollte.
	wer	. . .	zu mir	kommen	wollte.
Franz glaubt,	dass	Paul	ihm	arbeiten	hilft.

Form sentences:

a) Die meisten Studenten wollen ihr Studium möglichst schnell abschliessen. (Es ist verständlich, dass . . .)

b) Erst nach der vorgeschriebenen Studienzeit darf man ein Abschlussexamen machen. (Wissen Sie, wann . . . ?).

c) Einige deutsche Universitäten können auf eine lange Geschichte zurückblicken (Ich las in einem Buch, dass . . .).

d) Du willst in Deutschland Medizin studieren. (Ich habe gehört, dass . . . ; ich weiss nicht, ob . . .).

C

A — Akademie
U — Universität
T — Technische Hochschule
M — Med. Hochschule

Ti — Tierärztliche Hochschule
L — Landwirtschaftliche Hochschule
W — Wirtschaftshochschule
B — Bauwesen

C

Vor einiger Zeit wurde im Münchner Dolmetscher-Institut eine Anlage für das "Tel-Interpret"-System vorgeführt. Mit diesem Gerät wird das Simultandolmetschen, das bei Kongressen mit Delegierten aus verschiedenen Nationen angewandt wird, jetzt auch für Telefonverkehr verwendet werden. Zwischen die Gesprächsteilnehmer war ein Übersetzer eingeschaltet worden, der schon während der Gespräche übersetzte. Mit diesem System ist die Möglichkeit geschaffen worden, daß zwei Menschen verschiedener Sprache direkt am Telefon miteinander sprechen.

Man hat auch Versuche mit datenverarbeitenden Maschinen unternommen, die besonders für wissenschaftliche Übersetzungen entwickelt worden sind. Die Maschine wird mit dem Vokabular einer fremden Sprache und mit der Grundstruktur ihrer Grammatik programmiert. Bislang aber waren die Übersetzungen noch grob und fehlerhaft. Die Leistung wird jedoch mit der Verfeinerung der Programmierungstechnik noch verbessert werden. Diese Methode kommt aber nur für wissenschaftliche und schriftliche Übersetzungen in Frage.

Für diese Aufgaben ist besonders die Programmierungstechnik wichtig. Die Probleme der Wortübersetzung hat man mehr oder weniger gelöst; die Schwierigkeiten, für die bislang nur Teillösungen gefunden worden sind, sind aber vor allem durch die Syntax verursacht worden.

Die "Empiriker" versuchen eine laufende Verbesserung, andere Forscher sind einen neuen Weg gegangen: sie versuchen die Lösung mit den Methoden der höheren Mathematik, d. h. durch mathematische Modelle einer künstlichen "Zwischensprache", die zwischen die Sprachen A und B eingeschaltet wird. Vorerst sind das theoretische Möglichkeiten, die technisch einwandfreie Lösung, d. h. eine korrekte, lesbare Übersetzung ist noch nicht gelungen.

Trotz dieser technischen Möglichkeiten wird aber die Bedeutung des Sprachunterrichtes grösser werden. Die Kenntnis wichtiger Fremdsprachen wird besonders für den Wissenschaftler und Techniker immer notwendiger werden.

C

The Passive Voice _____ 26

See also Conjugation table T. 3 in the appendix.

1. The text opposite contains verbal constructions in the **passive voice.** Arranged according to tenses there are:

in **main clauses:**

Pres.   (die Maschine) . . . . wird programmiert.
        (die Schwierigkeiten) . . . werden verursacht.

Past   (eine Anlage) . . . . wurde vorgeführt.

Fut.   (die Leistung) . . . . wird verbessert werden.
        (das S.-dolmetschen) . . . wird verwendet werden.

Perf.   (Schwierigkeiten) . . . . . . sind verursacht . . . worden.

Past Perf. (ein Übersetzer) . . . . war eingeschaltet worden.

in **subordinate clauses:**

Present: , das . . . angewandt wird.
Perfect: , die . . . entwickelt worden sind.

2. The interrelation of active and passive voice:

active:

| Er | . . . macht . . . . | eine Analyse. |
| Wir | . . . machen . . . | viele Analysen. |

passive:

| Eine Analyse | wird . . . . . | von ihm | . . . gemacht. |
| Viele Analysen | werden . . . | von uns | . . . gemacht. |

i. e. subject and object are changed, which however is only possible if their verb can be used in the active as well as in the passive voice (transitive verb, e. g. sehen, I see, I am seen). There are some verbs which can only be used in one voice (intransitive verbs, e. g. gehen, only active voice).

The "objective style" in science and technology is partly due to a frequent use of the passive voice, as the writer is primarily concerned with the matter described and avoids stressing the person acting or describing.

A good command of the grammatical construction of the passive voice is therefore necessary for the translation of German science papers.

3. The comparison of the passive-voice forms shows that the **verb** is always in its **past-participle form** and that always **a form of** the auxiliary verb **"werden"** is used, either as a finite form in present and past (wird programmiert/wurde vorgeführt[1]) or as infinitive in the future (wird verbessert werden) or as past-participle "worden" (a short form of "geworden") in the perfect and past perfect (ist gemacht worden).

The **past-participle-form of the verb** and the use of the **auxiliary verb "werden"** are therefore the criteria of the **passive voice.**

"werden" in any form of the passive voice must be translated by the corresponding form of *to be:*

wird . . . . programmiert	wird . . . verbessert . . . werden
is . . . . . . programmed	*will . . . . be . . . improved*
wurde . . . vorgeführt	ist . . . . gemacht . . . . worden
was . . . . demonstrated	*has . . . . been . . . made*

_____

[1] (a more exact translation would be: *is being programmed*)

4. Seen from an analytical point of view, the passive voice tenses are combinations of the respective active tense constructions with the criteria of the passive voice.

The present and past-tense active requires a finite verb. The passive demands the use of "werden" and a past-participle. Consequently "werden" turns finite, the verb becomes the past-participle: (wird programmiert/wurde vorgeführt).

The future tense active requires the use of "werden" + infinitive. The passive requires "werden" + past participle. Consequently we find "werden" being used both as a finite and infinite verb, and also as a past-participle:

wird *(will)* verbessert *(improved)* (past-p.) werden (infinitive) *(be)*; ist *(has)* verbessert *(improved)* worden (past-p.) *(been)*

Perfect and past perfect:

The passive voice can be formed only by transitive verbs. Only "sein" is used as the perfect auxiliary (see L. 20) in the passive. Combined with the passive criteria, two auxiliaries (sein und werden) and two past-participle forms are observed: ist *(has)* gemacht (past-p.) *(made)* worden (past-p.) *(been)*. Be careful and verify the actual verb. The last paragraph of the text contains two difficult forms, "grösser" and "notwendiger", which are not verbs. This shows, that "werden" is a full verb *(to become)* and not an auxiliary verb in this context.

5. **The passive voice, 3rd. pers. sing. and plural**

Pres.	Die Analyse . . . . . . **wird** . . von ihm . . . . **ge**mach**t**. Die Untersuchungen **werden** von ihm durch**ge**führ**t**.
Past	Die Analyse . . . . . . **wurde** von ihm . . . . **ge**mach**t**. Die Untersuchungen wurden von ihm durch**ge**führ**t**.
Perf.	Die Analyse . . . . . . **ist** . . . . von ihm . . . . **ge**mach**t worden**. Die Untersuchungen **sind** . . . von ihm durch**ge**führ**t worden**.
Fut. I	Die Analyse . . . . . . **wird** . . von ihm . . . . **ge**mach**t werden**. Die Untersuchungen **werden** von ihm durch**ge**führ**t werden**.
Past Perf.	Die Analyse . . . . . . **war** . . . von ihm . . . . **ge**mach**t worden**. Die Untersuchungen **waren** von ihm durch**ge**führ**t worden**.
Fut. II	Die Analyse . . . . . . **wird** . . von ihm . . . . **ge**mach**t worden sein**. Die Untersuchungen **werden** von ihm durch**ge**führ**t worden sein**.

. . ., dass die Analyse von ihm **ge**mach**t wird**.	*Pres.*
. . . . . . **ge**mach**t wurde**.	*Past*
. . . . . . **ge**mach**t worden ist**.	*Perf.*
. . . . . . **ge**mach**t werden wird**.	*Fut. I*
. . . . . . **ge**mach**t worden war**.	*Past Perf.*
. . . . . . **ge**mach**t worden sein wird**.	*Fut. II*

C

Borsigs Fabrik
im Jahr 1858 (Holzschnitt)

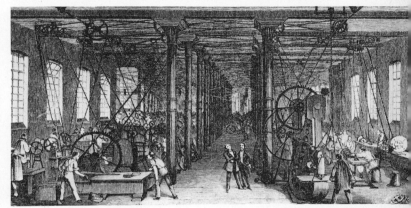

Dreherei in Borsigs Maschinenbauanstalt, 1848 (Holzschnitt)

Städtisches Kraftwerk in
Frankfurt/M.

Fertigung der Spider-Mo-
toren

Deutsche Industrie.

Deutschland ist ein Industrieland. Die Agrarproduktion kann den Nahrungsmittelbedarf der Bevölkerung nicht voll decken, die Industrie muss durch den Export eines Teils ihrer Produktion den Import von Nahrungsmitteln sichern.

Auch bestimmte Rohstoffe, industrielle Halbfertig- und Fertigprodukte werden importiert, so dass die deutsche Wirtschaft stark mit der ihrer Nachbarländer verzahnt ist. Der grössere Teil der deutschen Industrieproduktion wird aber vom Binnenmarkt aufgenommen.

1966 wurden mehr als 11 Millionen der insgesamt 26,77 Mill. Beschäftigten der Bundesrepublik Deutschland in über 500.000 Produktionsbetrieben, vor allem im Kohlenbergbau, in der eisenschaffenden Industrie, in der chemischen Industrie und im Fahrzeugbau, beschäftigt. Auch ausländische Arbeiter können in Deutschland arbeiten und werden in grosser Zahl, vor allem in grösseren Industriebetrieben, eingestellt. Ausländische Praktikanten können in Deutschland ausgebildet werden.

Eine grosse industrielle Produktion beruht nicht zuletzt auf der Grundstoffindustrie. In Deutschland gibt es wie in England ausgedehnte Abbaugebiete für hochwertige Kohle, besonders für Kokskohle im Ruhr- und Saargebiet. Dagegen fehlen ergiebige Eisenerzvorkommen.

Das Ruhrgebiet kann als eines der wichtigsten Kohlen- und Industriegebiete Europas bezeichnet werden. 1966 wurden in der Bundesrepublik Deutschland 125 Mill. t. Steinkohle gefördert, fast 35 Mill. t Koks produziert und etwa 35 Mill. t Stahl hergestellt.

Aus der Kohle werden auch zahlreiche neue Grundstoffe für die chemische Industrie gewonnen.

Die Eisenerze müssen aus verschiedenen Ländern eingeführt werden, besonders aus Nordschweden wird Magnetit (Fe_3O_4) in grossen Mengen per Schiff über Rotterdam ins Ruhrgebiet gebracht.

In den Maschinenfabriken des Ruhrgebiets werden Maschinen aller Art — von der kleinsten Rechenmaschine bis zur grössten Lokomotive — hergestellt, es werden landwirtschaftliche Maschinen, Druckerpressen, Textilmaschinen und vieles andere dort gebaut.

Die Städte Essen, Dortmund, Duisburg und Gelsenkirchen sind die wichtigsten Industriezentren des Ruhrgebiets. Die Stadt Solingen ist durch ihre Stahlwaren berühmt geworden.

E

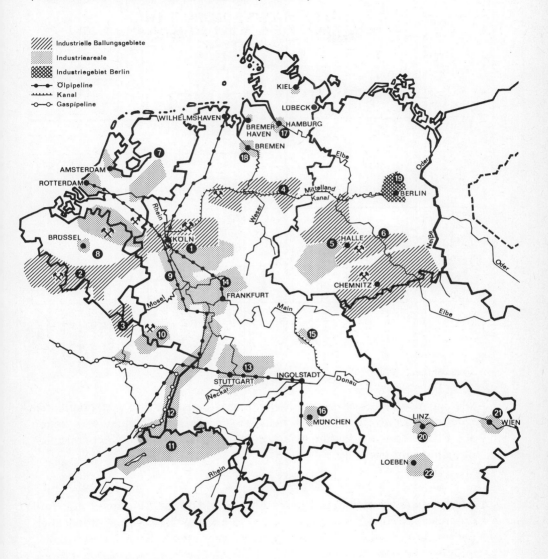

Mitteleuropa — wichtige Industriegebiete
Europäische Hauptproduktions- und Ballungsgebiete:
1. Ruhr-Aachener Industriegebiet und Kleinzentren des Sauerlandes   2. Nordfranzösisch-Belgisches Industriegebiet
3. Luxemburg-Lothringisches Industriegebiet 4. Niedersächsische Zentren 5. Sächsisches Industriegebiet (Elbe-Saale)
6. Sächsisch-Böhmisches Industriegebiet (Erzgebirge)

Weitere wichtige Industriegebiete
7. Holländische Industriezentren 8. Belgische Industriezentren 9. Isolierte Industriezentren der Rheinebene 10. Saargebiet 11. Nordschweizer Zentren 12. Elsässisches Industriegebiet 13. Württembergisches Industriegebiet 14. Frankfurt und hessische Zentren 15. Raum Nürnberg 16. Raum München 17. Raum Hamburg 18. Raum Bremen 19. Raum
Berlin 20. Raum Linz 21. Raum Wien 22. Steiermark

E

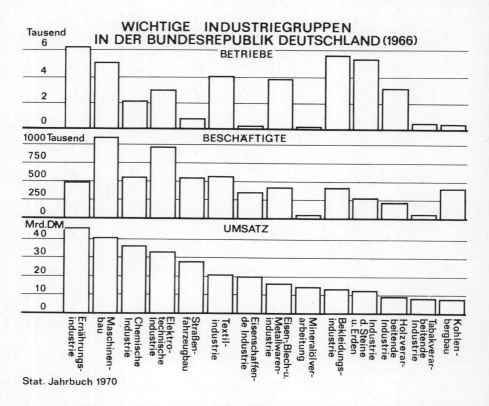

Tausend 6

WICHTIGE INDUSTRIEGRUPPEN
IN DER BUNDESREPUBLIK DEUTSCHLAND (1966)

BETRIEBE

1000 Tausend — BESCHÄFTIGTE

Mrd. DM — UMSATZ

Ernährungs-industrie · Maschinen-bau · Chemische Industrie · Elektro-technische Industrie · Straßen-fahrzeugbau · Textil-industrie · Eisenschaffen-de Industrie · Eisen-Blech-u. Metallwaren-industrie · Mineralölver-arbeitung · Industrie d. Steine u. Erden · Bekleidungs-industrie · Holzverar-beitende Industrie · Tabakverar-beitende Industrie · Kohlen-bergbau

Stat. Jahrbuch 1970

Die chemische Industrie ist ein wichtiger technischer und wirtschaftlicher Faktor der deutschen Volkswirtschaft. Die grossen Chemiewerke liegen am Rhein oder in dessen Nähe, da der Wasserbedarf der chemischen Industrie sehr hoch ist.

Neben der Herstellung chemischer Grundstoffe (anorganische und organische Säuren, Basen und Salze), der Herstellung von synthetischen Farben und Lacken, Düngemitteln, Waschmitteln, Seifen und Arznei-mitteln, hat die Produktion von Kunststoffen und Kunststoff-Fasern, (z. B. Buna, Polyvinychlorid, Polyäthylen, Perlon, Dralon, Orlon etc.) heute eine ungeahnte Bedeutung erreicht.
Während mit dem Beginn der Industrialisierung der Stahl das Holz als Werkstoff verdrängte, werden die Metalle jetzt in immer grösserem Umfang durch die Kunststoffe verdrängt.
Deutschlands elektronische Industrie ist seit langem hochentwickelt; ihr

E

Produktionsbereich ist sehr weitgespannt, sie ist im Gegensatz etwa zur Mineralölverarbeitung sehr arbeitsintensiv, d. h. sie beschäftigt gemessen am Umsatz viele Personen, und hat in den verschiedensten Städten Produktionsbetriebe, d. h. sie ist nicht auf bestimmte Industriegebiete konzentriert.

Eine wichtige Stellung in der deutschen Industrie wird auch von der optischen Industrie eingenommen. Dabei spielen sowohl die Hersteller von optischen Geräten (Mikroskope, Ferngläser etc.) als auch die Hersteller von Fotoapparaten eine grosse Rolle. Deutsche Mikroskope und Kameras werden trotz ihrer hohen Preise wegen ihrer Qualität überall verwendet.

Heute führt Deutschland seine Erzeugnisse wieder in alle Welt aus und kann von den Ländern, die diese Erzeugnisse kaufen, die Produkte importieren, die dort erzeugt werden.

Combinations of **passive voice** and **modal auxiliary verbs** are another characteristic element of Science-German.

They are used in the present, past and future tense and follow this pattern:

Die Analyse . . . wird/wurde . . . von mir . . . durchgeführt. Ich . . . kann/konnte die Analyse . . . durchführen.
Die Analyse . . . kann/konnte von mir . . . . . . durchgeführt werden.

Die Analyse   wird . . . . . . von ihm . . . . . gemacht werden. Er   wird . . . . . . die Analyse . . . machen können.
Die Analyse   wird . . . . . . von ihm . . . . . gemacht werden können.

Exercise:
Ich kann die Frage nicht beantworten.
Ich konnte die Frage nicht beantworten.
Die Frage kann nicht beantwortet werden.
Form similar examples:
Wir müssen den Versuch morgen abschliessen. (abschliessen — abgeschlossen)
Man muss . . . .
Der Versuch muss . . . .
Der Versuch wird . . . . . .
Du musst das Risiko eingehen. (eingehen — eingegangen)
Man muss . . . .
Das Risiko musste . . . .
Sie können die Prüfung bestehen. (bestehen — bestanden)
Man kann . . . .
Die Prüfung kann . . . . .
Change the examples given above into subordinate clauses:
Ich weiss nicht, ob die Frage beantwortet werden kann.
and so on.

E

Wer sich heute an das Radiogerät setzt, um Rundfunksendungen zu hören, weiß meist nicht, wer die Grundlagen für das gesamte drahtlose Nachrichtenwesen geschaffen hat.

5 Es war Heinrich Hertz, der am 22. Februar 1857 in Hamburg geboren wurde.
Nach einer technisch-praktischen Ausbildung studierte er am Polytechnikum in Dresden. Anstatt sein Studium am Polytechnikum fort-
10 zusetzen, begann er 1877 ein naturwissenschaftliches Studium in München und wurde 1880 Assistent des großen Naturwissenschaftlers und Forschers Helmholtz.

Heinrich Hertz (1857–1894) (Holzschnitt)

(a) Es lässt sich gut denken, dass die Verbindung von technischer Aus-
15 bildung und naturwissenschaftlichem Studium die Grundlage für seine wissenschaftlichen Erfolge war.
Später ging Hertz nach Karlsruhe, um dort an der Technischen Universität die Professur für Physik zu übernehmen. Hier machte er seine bedeutenden Entdeckungen. (b) Es gelang ihm, den Einfluss des Lichts auf die elektrische
20 Funkenbildung zu beweisen. Das ultraviolette Licht hat die Eigenschaft, die Funkenbildung zu erhöhen.
(c) Maxwell hatte Theorien entwickelt, nach denen schnelle und regelmässige elektromagnetische Schwingungen zu erwarten sind, (d) die sich mit hoher Geschwindigkeit an leitenden Drähten fortbewegen. Es ge-
25 lang Hertz, den experimentellen Beweis für die Existenz dieser Schwingungen zu erbringen.
(e) Es war noch zu untersuchen, wie sich diese Schwingungen in der Luft ausbreiten. Es liess sich nachweisen, dass sich Elektrizität nicht nur in Leitern, sondern auch in der Luft ausbreitet, sich mit Lichtgeschwindigkeit
30 bewegt, und dass diese elektrischen Wellen sich reflektieren, beugen und polarisieren lassen.
Damit erarbeitete Hertz die Grundlagen der heutigen Nachrichtenübermittlung.
Heinrich Hertz hatte gearbeitet, ohne seine Gesundheit zu schonen. Am
35 Neujahrsmorgen des Jahres 1894 starb er im Alter von nur 37 Jahren.
Der Name Hertz aber lebt weiter als Masseinheit der elektrischen Welle.

C

The Infinitive with "zu"
The Reflexive Pronoun

I. The infinitive with "zu".

Er versuchte, die Frage möglichst genau . . . . **zu** beantworten. Er war bereit, die Analyse gemeinsam mit mir . . . durch**zu**führen. Ich freue mich sehr, Sie hier begrüssen . . . . **zu** können.
Ein solches Ergebnis war fast . . . . **zu** erwarten. Das Problem ist nicht leicht . . . . dar**zu**legen. Alle wussten, was in dieser Situation . . . . **zu** machen war Können Sie mir sagen, wo der Assistent . . . . . . an**zu**treffen ist?
Viele Wissenschaftler forschen, **ohne** ihre Gesundheit **zu** schonen. Er redet mit mir, **ohne** mich dabei . . . . an**zu**schauen. Er hielt seinen Vortrag, **ohne** auch nur einmal das Manuskript benützen . . . . . **zu** müssen.

1. **zu** + **infinitive**: e.g. zu beweisen, zu erhöhen, can be easily translated with to + infinitive *(to prove, to increase)*.
2. The translation is more difficult, when the **infinitive** + **zu** stands with a form of **sein,** e. g. zu erwarten sind, war zu untersuchen. In these cases the English passive infinitive must be used; *(are) to be expected, (had) to be investigated.*
3. learn as phrases: **um zu** + **infinitive** = *in order to* + infinitive (um Rundfunksendungen zu hören = *in order to hear (listen to) radio broadcasts (–programmes)*
   anstatt zu + **infinitive** = *instead of . . .–ing*
   (anstatt sein Studium fortzusetzen = *instead of continuing his career*)
   ohne zu + **infinitive** = *without . . .–ing*
   (ohne seine Gesundheit zu schonen = *without caring about his health*)

Er machte Ferien,	**anstatt** an seiner Dissertation zu arbeiten.
Anstatt an seiner Dissertation zu arbeiten,	**machte er** Ferien,
Er ging weg,	**ohne** ein Wort zu sagen.
Ohne ein Wort zu sagen,	**ging er** weg.

II. The reflexive pronoun.

1. The action expressed by a German verb is generally directed towards the object:
   der Arzt untersucht den Patienten
   In order to re-direct the action to the subject itself, the reflexive pronoun is used:
   der Arzt untersucht **sich** *(himself)*
   making subject and object identical.

   The most frequent reflexive pronoun is **"sich"** used for the 3rd persons singular and plural. The others are:
   mich *(myself)* **uns** *(ourselves),* **dich** and **euch** *(yourself* and *yourselves).*
   In many cases the literal translation of the phrase would be crude, because many English verbs are reflexive without adding *itself.* In this case the reflexive pronoun may be dropped in the translation.
   Wir kennen **uns** nicht. Sie kennen **sich** nicht. Ich frage **mich,** ob das stimmt. Der Professor unterhält **sich** mit seinem Assistenten. Du wunderst **dich,** dass ich so fleissig bin. Ihr strengt **euch** sehr an. Die Studentin arbeitet **sich** in den Stoff der Vorlesung ein.

C

2. A particularly common construction which often causes difficulty is the reflexive use of **"lassen" with an infinitive**: e. g. es lässt sich denken, Wellen lassen sich reflektieren, es liess sich nachweisen.

The best way of translating this phrase is to use can (or may) with the passive infinitive: *it can be imagined, waves can be reflected, it could be proved.*

Substanz **lässt sich** leicht untersuchen. Diese Fotoaufnahmen **lassen sich** nicht entwickeln.

Der Schlüssel **liess sich** nicht finden. Für dieses Problem **lässt sich** auch eine andere Lösung **denken**. Es **liess sich** keine Reaktion **nachweisen**. Ich glaube nicht, dass **sich** eine andere Möglichkeit **finden lässt**.

III. The phrase **es gelingt + dative,** e. g. es gelang ihm, es gelang Hertz, also causes some difficulty.

The dative must be converted into an English nominative, the "es" is to be dropped, "gelingen" translated by *succeed:*
he succeeded in . . . ing; Hertz succeeded in proving . . . .

Es gelingt mir, die Substanz zu untersuchen. **Es ist uns gelungen,** die Fotos zu entwickeln. **Es gelang dem Studenten** nicht, den Schlüssel zu finden. **Es gelang Hertz,** wichtige neue Eigenschaften der Elektrizität nachzuweisen. Nach vielen gescheiterten Versuchen **ist es dem Menschen** in diesem Jahrhundert **gelungen,** den Luftraum für sich zu erobern.

C

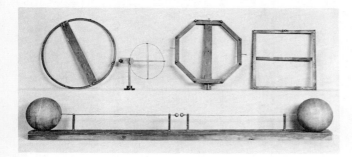

Großer Oscillator sowie kreisförmige und quadratische Resonatoren von Heinrich Hertz, 1886–1888

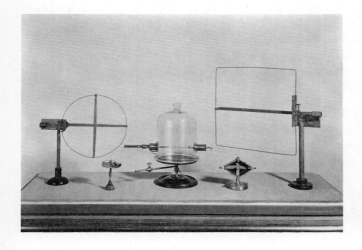

Originalapparate von Heinrich Hertz, mit denen er die Eigenschaft elektromagnetischer Wellen studiert hat, 1886–1888

Oscillator mit quadratischen Messingplatten als Endkapazität, Modelle der Hohlspiegel mit Wellengeber und Wellenempfänger von Heinrich Hertz, 1886–1888

C

I. Motoren sind heute der wichtigste Teil aller Transportmittel. Wir unterscheiden zwischen den modernen, schnellaufenden Turbinen, den bekannten Benzinmotoren und den robust gebauten Dieselmotoren.

II. Der Dieselmotor ist eine von Rudolf Diesel 1890 erfundene Verbrennungskraftmaschine. Die vom Zylinder angesaugte Luft wird auf 70 bis 90 kg/cm verdichtet. In dieser verdichteten heissen Luft wird der durch eine Einspritzpumpe injizierte Brennstoff verbrannt. Die durch die hohe Kompression erfolgende Selbstentzündung macht Zündkerzen überflüssig.

Die Dieselmotoren eignen sich in erster Linie für hochsiedende Mineralöle. Der wegen der hohen Kompression zu erwartende Druck hat Diesel zunächst grosse Konstruktionsschwierigkeiten gemacht. Heute wird der Dieselmotor meist als geschlossene Mehrzylindermaschine gebaut und arbeitet je nach der Konstruktion als Zwei- oder Mehrtakter. Die von Diesel konstruierte Maschine mit dem hohen Wirkungsgrad von etwa 30% thermischer Nutzung hat heute eine weltweite Bedeutung erreicht.

III. Verwendet man elektrisch geheizte Metallstäbe zur ersten Zündung, dann spricht man von einem Glühkopfmotor. Dieser Typ wird z. B. als Personenwagenmotor gebaut. Hat man die Zündung eingeschaltet, muss man erst eine kurze Zeit warten, bis die Metallstäbe glühen. Erst dann wird der Motor gestartet. Andere Typen werden mit Pressluft gestartet.

IV. War die anfangs wegen des hohen Arbeitsdruckes und des dadurch bedingten Gewichts des Motorblocks gegebene Verwendungsmöglichkeit des Dieselmotors beschränkt, so konnte sie durch die von Rudolf Diesel bereits konstruierten Verbesserungen erweitert werden.

Kannte man zunächst Dieselmotoren nur als langsam laufende, stationäre Motoren, so werden heute die durch mit hoher Drehzahl und geringem Gewicht gekennzeichneten Automotoren sogar als Kleinstmotoren nach dem Prinzip von Diesel gebaut.

C

Participial Constructions
Inverted Subordinate Clauses

I. Participles

The past participle has been discussed in L. 13.

The present participle has the ending –d: laufend = *running*

Both participles function frequently as adjectives, carrying adjectival endings: laufen–d–en, ge–baut–en, thus obscuring their nature to the inexperienced translator. They should be translated by their equivalents in English without considering these endings.

II. Participial constructions

Participial constructions are frequently used in scientific German. It is not always easy to translate these constructions, thus they require special care. A thorough study of the translation technique is, therefore, recommended. The first and most important step is the recognition of the participial construction. Put it into brackets and translate the remaining sentence first.

The criteria of the participial construction are:

a) **a present- or past-participle with an adjective ending.**
b) **its introduction by a preposition.**
c) **its position in front of the noun referred to.**

die . . . **durch** die Kompression . . . erfolgen**de** Selbstentzündung . . .

die . . . **vom** Zylinder . . . . an**ge**saug**te** Luft . . . .

Thus the German participial construction is always found in front of the noun it refers to. Its translation is an English subordinate, relative clause *(who, which)* following the noun referred to:

the ignition, which results due to compression, . . .

the air   , which is sucked in by the piston, . . .

Participial constructions containing a present-participle are translated into the active voice in the present tense.

Those containing a past-participle are translated into the passive voice, the tense depending on the context. The forms *"resulting due to compression"* or *"drawn by the piston"* can be used only with short German participial constructions; in longer ones the use of the relative sentence is indispensable. It is advisable for the beginner, therefore, to use only the relative sentence until he is familiar with the German participial construction.

The **participial construction containing "zu"** must be translated with the help of *"to be"* + **past participle:**

der wegen K. zu erwartende Druck = *the pressure to be expected* . . .

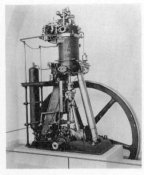

Erster Dieselmotor aus dem Jahre 1897

Schiffsdieselmotor, Leistung 33 200 PSi

article	prep.			participle	ref. noun
das·	auf	Rollen		laufen**de**	Fliessband . . . .
die	von	Liebig		entwickel**te**	Methode . . . . .
eine	durch. . .	Erwärmung		aus**ge**lös**te**.	Explosion . . . . .
eine	durch. . .	Erwärmung auf 90° und Kompression. . . . . . aber doch		aus**ge**lös**te**, kontrollier**te**	Explosion . . . . . .
eine nur. . .	mit	dem Mikroskop . . .		**zu** beobachten**de**. . . .	Erscheinung . . .
das	mit	grösster Vorsicht. . .		**zu** verwenden**de** . . .	Medikament. . .
das	mit	grösster Vorsicht. . . vor allem exakt		**zu** verwenden**de**,. . . **zu** dosieren**de**	Medikament. . .
das	mit	Spurenelementen . . exakt.		vermisch**te**, **zu** dosieren**de**	Präparat

III. Inverted subordinate clauses

> Verwendet man Metallstäbe zur Zündung, spricht . . .
> Hat man die Zündung eingeschaltet, muss man . . . . .

Both the examples are subordinate clauses characterized by the exceptional first position of the verb.
(They are not questions because of the missing question mark). In such constructions
"wenn" _(if, when)_ (Present tense and past tense), **"nachdem"** _(after)_ (perfect, past-perfect) are dropped in the German version and must be added in the translation:

> If one uses metal-plugs for ignition, ...
> _(If metal-plugs are used for ignition, ...)_
> After one has switched on the ignition, ...
> _(After the ignition has been switched on . . . . . .)_

The previous text as well as the following text contain several difficult examples of participial constructions, partly combined with inverted subordinate clauses. Before trying to translate those intricate constructions, the easy and short participial constructions should first be listed and analysed. Only a strictly analytical approach will lead to proficiency in translating these constructions.

> Verwendet man die durch eine besondere Legierung gehärteten Metallstäbe zur Zündung, dann . . .
> Hat man die mit dem elektrischen System gekoppelte Zündung eingeschaltet, dann . . .
> Versetzt man die mit Vorsicht zu behandelnde Lösung mit HCl, so . . .
> Hat man die aus verschiedenen Aminosäuren bestehende Substanz erst einmal gelöst, dann . . .

Exercise:
Daimler und Diesel.
Die zwei Männer, denen wir die völlige Umgestaltung des Motors verdanken, sind G. Daimler (1834–1900) und R. Diesel (1856–1906).
Gottfried Daimler gründete zusammen mit W. Maybach eine Versuchswerkstatt, in der er den schnellaufenden Verbrennungsmotor mit Glühzündung entwickelte. Die heutigen Zündungssysteme wurden erst sehr viel später konstruiert. Der Benzinmotor Daimlers be-

C

einflusste besonders die Entwicklung in der Automobilindustrie und im Flugzeugbau, denn er brauchte bei verhältnismässig hoher Leistung wenig Raum und hatte ausserdem ein geringes Gewicht.

Die Daimlermotorengesellschaft wuchs aus geringen Anfängen zu einem grossen Unternehmen. Solange Daimler lebte, widmete er sich der Vervollkommnung des Automobils.

Diesel hatte von Professor Linde, dem Erfinder der Ammoniak-Eismaschine, die entscheidende Idee für seinen Schwerölmotor erhalten: Linde bewies, dass bei der Verbrennung von Gasen alle entstehende Wärme in praktisch verwendbare Energie umgewandelt wird.

Diesel hatte darauf eine Broschüre über den rationellen Wärmemotor publiziert, doch bis zum praktischen Dieselmotor war der Weg noch weit. Im Februar 1892 meldete Diesel sein erstes Patent an, im Jahre 1908 arbeitete zum ersten Mal ein Motor nach dem von ihm angewandten Prinzip im Laboratorium der Maschinenfabrik Augsburg.

Diesels Idee hatte sich als praktisch verwertbar erwiesen. Wir verdanken Diesel die wirtschaftlichste Wärmekraftmaschine. In der Schiffahrt, in der Autoindustrie, im Lokomotivbau, in der Luftfahrt und in unzähligen Kraftanlagen laufen heute Dieselmotoren.

Der durch Verbrennung von Rohöl getriebene Dieselmotor hat sich als die wirtschaftlichste Maschine erwiesen und verdrängt auf den Schiffen immer mehr die altbewährte Dampfmaschine. Der Erfinder erlebte noch die Einführung der Dieselmaschine, in der sein Name fortlebt, auf 300 Schiffen.

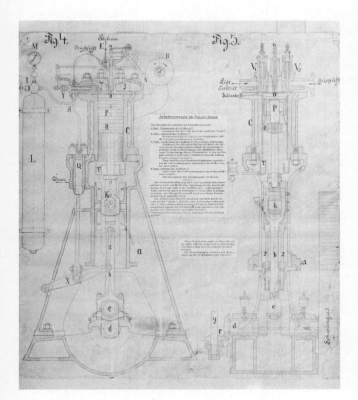

Wandtafel über den Dieselmotor von Rudolf Diesel, 1898

C

Nach herkömmlichen Begriffen haftet etwas geradezu Abenteuerliches dem Gedanken an, dass man nicht nur Flüssigkeiten oder Gase wie bisher, sondern künftig auch Licht in Schläuchen oder Rohren fortleiten kann, gerade so, als ob es, dem Wasser gleich, in den Bahnen, die man ihm vorschreibt, fliesst: Licht also, das sich um Ecken und Biegungen herumführen lässt und somit das bisherige Haupthindernis seiner unbeschränkten Übertragbarkeit überwindet.

Ausgangspunkt dieser interessanten technischen Entwicklung ist das längst bekannte Phänomen der Totalreflexion. Um zu verstehen, was damit gemeint ist, muss man wissen, dass ein Lichtstrahl an der Grenzfläche zweier Medien mit verschiedener optischer Dichte aus seiner geradlinigen Bahn um einen bestimmten Betrag abgelenkt wird, und zwar zum optisch dichteren Medium hin. Trifft ein Lichtstrahl zum Beispiel aus einem Wasserbecken heraus auf die Grenzfläche zur Luft, so wird er deutlich zum Wasser hin gebrochen. Nimmt man einen sehr flachen, nahezu gleitenden Auftreffwinkel an der Grenzfläche, dann lässt der Brechungseffekt den Lichtstrahl, statt in die Luft, ins Wasser zurückgleiten. Genau das ist mit der Totalreflexion gemeint. Wann sie eintritt und wie stark sie ausgeprägt ist, das hängt von der Art der aneinander grenzenden Medien ab. Je mehr sie sich hinsichtlich der optischen Dichte voneinander unterscheiden, desto eher kommt es zur Totalreflexion, desto eher wird ein Lichtstrahl gleichsam zum Gefangenen des Systems, in dem er entstand oder in das er von aussen eindrang.

Die Brechung (Refraktion) gilt für alle Wellen, deren Ausbreitungsgeschwindigkeit in verschiedenen Medien unterschiedlich gross ist, hat jedoch die grösste praktische Bedeutung beim Licht.

Der Brechungsindex für Luft bei 0° C und 760 Torr ist 1,000 291, für Wasser 1,3332, für Glas, je nach Zusammensetzung, zwischen 1,5 und 1,7 und für Diamant 2,42.

Die technische Anwendung dieses Prinzips ist keineswegs neu. Schon die in Wasserspielen nachts erzeugten Lichteffekte beruhen darauf, denn die in einen Wasserstrahl tangential eintretenden Lichtstrahlen werden innerhalb dieses Strahles durch Totalreflektion weitergeleitet und ver-

E

mitteln dadurch den Eindruck leuchtender Fontänen. Auch die zur Untersuchung von Körperhöhlen dienenden ärztlichen Geräte, wie etwa das Zytoskop, nutzen die Möglichkeit einer direkten Lichtleitung.

Was jetzt aber als ein entscheidender, in seinen Auswirkungen noch gar nicht zu übersehender Fortschritt hinzukommt, ist die Möglichkeit der Totalreflexion in biegsamen Fasern, die sich ähnlich wie die Adern

Wasserspiele · Ernst-Reuter-Platz, Berlin

in einem Fernsprechkabel bündeln lassen. Als Fasermaterial dient dabei Glas, das entweder aus einer feinen Düse oder vom erhitzten Ende eines Glasstabs abgezogen wird. Hierbei Fasern mit einem Durchmesser von 0,05 mm oder gar noch weniger zu erzeugen, ist heute ebensowenig ein technisches Problem wie die Herstellung ummantelter Glasfasern, wobei der hauchdünne Mantel entweder aus einem Glas geringerer optischer Dichte, aus Kunststoff oder aus einem beliebigen anderen Material bestehen kann, wenn nur der Brechungsindex kleiner ist als der Index des leitenden Glaskerns. Sobald diese Voraussetzung erfüllt ist, hat der in eine solche Faser eingeleitete Lichtstrahl keine andere Wahl, als sie bis ans Ende zu durchlaufen.

Ein flexibles Glasfaserkabel, das Licht bis zu 4 m weit um Ecken und Kanten herum zu leiten vermag, ist bereits industriell produziert worden. Mit einem solchen Kabel kann man z. B. in einem Automobil von einer zentralen Lichtquelle ausgehend die verschiedenen Instrumente und Kontrollanzeiger einzeln beleuchten, ohne sie einzeln mit Birnen und Fassungen versehen zu müssen.

Die Bedeutung dieser Errungenschaft liegt jedoch gerade darin, dass man beliebig viele Glasfasern zusammenfassen und ihre Lichtleitfähigkeit für die verschiedensten Zwecke ausnutzen kann. Unter anderem ist es möglich, durch ein faseroptisches System vollständige Bilder zu übertragen. Die Fasern selbst zerlegen das Bild in der Eintrittsebene in ein Raster. Sorgt man jetzt dafür, dass die geometrische Anordnung der Fasern im Bündel unverändert bleibt, dann erscheint in der Austrittsfläche Punkt für Punkt wieder das gleiche Bild. Damit, dass man auf einem Teil dieses Übertragungsweges die einzelnen Lichtleitfasern nach einem bestimmten Schema gegeneinander versetzen kann, bietet sich übrigens auch eine sehr einfache Möglichkeit, Informationen, Bilder oder Drucktexte zu verschlüsseln und sie unterwegs dem unbefugten Zugriff zu entziehen. Werden statt der zylindrischen konische Lichtleitfasern verwendet, dann erhält man auf eine ähnliche einfache Weise Vergrösserungen oder Verkleinerungen des ursprünglichen Bildes.

Davon ausgehend, dass bei normaler Übertragung die Glasfasern 0,05 mm Durchmesser haben sollen, ergeben sich rund 400 Bildelemente pro Quadratmillimeter Bildfläche. Berücksichtigt man andererseits, dass in der Drucktechnik schon 25 Rasterelemente pro Quadratmillimeter für eine sehr gute Reproduktion ausreichen, dann hat man ungefähr ein Mass für die von der Glasfaseroptik zu erwartende Bildqualität. Auf einem

E

ähnlichen Prinzip wie das faseroptische Vergrößerungsglas beruht auch der "Lichttrichter": Bei ihm hat die Austrittsfläche eine andere, in der Regel kleinere Form als die Eintrittsebene. Mit einem solchen Trichter kann man z. B. die gesamte, auf eine relativ grosse, kreisförmige Fläche auffallende Lichtmenge in einem schmalen Spalt konzentrieren. Eine praktische Verwertung dieses Effekts ist u. a. bei der Spaltbeleuchtung eines Spektrographen denkbar. Als sehr nützlich hat sich andererseits ein Gerät erwiesen, das zu diagnostischen Zwecken, ähnlich einer biegsamen Sonde, ins Körperinnere eingeführt wird. Im Kern dieses Sondenschlauchs liegen Glasfasern in geordneter Bündelung. Sie leiten die Bilder, die den Arzt interessieren, nach aussen. Um den Kern ist ein Mantel aus ungeordneten Fasern herumgelegt, dessen Aufgabe es ist, das nötige Licht nach innen zu bringen.

R. Edwards
(SaW 1–17–62)
erg. und gekürzt

E

Section V

Die Grenzen der exakten Wissenschaft

Wir sind das ganze Leben hindurch einer höheren Macht unterworfen, und wir haben ihr Wesen nie vom Standpunkt der exakten Wissenschaft aus ergründen können. Diese Macht läßt sich aber auch von niemandem, der nachdenkt, ignorieren. Es gibt für einen besinnlichen Menschen, der nicht nur wissenschaftliche, sondern auch metaphysische Interessen besitzt, nur zwei Arten der Einstellung, zwischen denen er wählen kann: entweder Angst oder Ehrfurcht. Wenn wir unseren Blick auf die Summe des unsäglichen Leidens und der beständigen Zerstörung von Gut und Leben werfen, von denen die Menschen seit undenklichen Zeiten stets heimgesucht werden, so können wir versucht sein, den Philosophen des Pessimismus beizupflichten. Sie verneinen den Wert des Lebens und verfechten die Meinung, dass von einem dauernden Fortschritt, von einer Höherentwicklung der Menschheit nicht die Rede sein kann, dass im Gegenteil eine jede Kultur, wenn sie einmal einen gewissen Höhepunkt erreicht hat, sich ohne Sinn und Ziel wieder vernichtet. Lässt sich eine solche Behauptung durch Berufung auf die exakte Wissenschaft rechtfertigen? Vom wissenschaftlichen Standpunkt kann man ebenso gut und vielleicht sogar mit noch mehr Recht die entgegengesetzte Behauptung vertreten. Man muss nur den Standpunkt der Betrachtung etwas erweitern und nicht mit Jahrhunderten sondern mit vielen Jahrtausenden rechnen. Es fehlt nicht an Beweisen, dass der Mensch während der letzten hunderttausend Jahre einen Fortschritt, eine Vervollkommnung erfahren hat. Warum soll diese Höherentwicklung nicht noch weitergehen, wenn nicht in gerader Richtung, so doch in Wellenlinien?

Freilich: dem einzelnen ist mit solchen Überlegungen nicht gedient. Sie können ihm keine Hilfe in der Not, keine Heilung seiner Schmerzen bringen. Es bleibt nichts anderes übrig als ein tapferes Ausharren im Lebenskampf und eine stille Ergebung in den Willen der höheren Macht, die über uns waltet. Und wem es vergönnt ist, an dem Aufbau der exakten Wissenschaft mitzuarbeiten, der wird sein Genügen und innerliches Glück finden in dem Bewußtsein, "das Erforschliche erforscht zu haben und das Unerforschliche ruhig zu verehren."

C

I. The double infinitive

	Wir	**haben**	das Wesen einer höheren Macht	nicht **ergründet.**
	Wir	**haben**	es	nicht **gekonnt.**
	Wir	**haben**	es	nicht **ergründen können.**
	Es steht fest,			
dass	wir		das Wesen einer höheren Macht	nicht **ergründet haben.**
dass	wir		es	nicht **gekonnt** haben.
dass	wir		es	nicht **haben ergründen können.**

In **compound tenses,** i. e. perfect, past perfect and future tense, **the double infinitive can be observed when the modal auxiliary verbs** müssen, können, sollen, mögen, dürfen and wollen (compare L. 25) **are used together with another verb:**
Wir haben . . . ergründen können.
We have been able to ascertain.

Whereas the normal perfect with only one verb would be:
wir haben gekonnt   — we have been able
               or
wir haben ergründet — we have ascertained.

The same occurs with **lassen:**
wir haben den Druck fallen lassen.
we have allowed the pressure to drop.
The translation of the German infinitive of the modal auxiliary verbs or of **lassen** renders an English past participle and leaves the actual, main verb (fallen) in its infinitive form.

(The translation of "lassen" is complicated and needs a lot of skill, compare L. 25 II and L. 28 II 2)

A similar pattern can be observed with the verbs "helfen, hören, sehen and heissen":
Wir haben die Maschine arbeiten sehen.   Ich habe ihn schreien hören.
We have seen the machine working.   *I (have) heard him shouting.*
In these cases the verbs in question — always found last in the verbal construction — are best translated into the equivalent English verb in its present-continuous form (-ing form).

Form sentences with:
Ich habe die Wahrheit gesagt (müssen). Du hast ihm geholfen (dürfen). Er hat geredet (wir — hören). Der Druck ist gefallen (wir — lassen). Der Forscher hat den Beweis erbracht (können).

II. Impersonalia:
Several German verbs are found together with **"es"** in particular expressions which are best learnt as phrases, for instance:
es gibt   — *there is, there are*
es geschieht   — *it happens*
es ereignet sich — *it occurs*
es fehlt (etwas) — *(something) is missing, lacking*

es mangelt an (etwas)   — *something is missing, lacking*
es lässt sich   (plus verb "sagen")   — *it can be (said)*
es gelingt   (plus dative: ihm)   — *(he) succeeds*
es glückt   (plus dative: ihm)   — *(he) succeeds*
es gefällt   (plus dative, e. g. mir) — *I like*

and verbs referring to weather conditions, such as:
es friert   *(it is freezing)*
These impersonal verbs or impersonally used verbs indicate a situation or process without particular reference to a subject. Those not mentioned above are usually not difficult to translate.
Es gab verschiedene Lösungen des Problems. Es geschah, ohne dass man etwas merkte. Es fehlt die nötige Temperatur. Es mangelte an Material. Es lässt sich auch anders sagen. Es gelang uns, den Versuch exakt zu wiederholen. Es glückte uns ein sehr schwieriges Experiment.

III. Involved Sentences (Schachtelsätze)

The use of involved periods — along with participial constructions, inversions and inserted relative clauses — is a characteristic feature in scientific German. In this way authors try to give a maximum of precise information in a single sentence structure. The preoccupation of scientists and technicians with mathematics leads them to this style which admittedly does not always compare favourably to the style in German literature, but has definitely precision in information to its credit.
Therefore, for the dissolution and translation of these complex structures, an analytical approach is recommended. The principal method is the separation of main- and subordinate clauses and the clauses and participial constructions within these. Their individual translation follows and finally the translated elements are fitted together in the order of the German sentence context.

The following exemplifies a break-up of a difficult complex sentence; which can be used as a model:
[1]*Der Stil von Max Planck,* [2]*von dem das* [3]*aus seinem Buch entnommene*[3] *Kapitel stammt*[2]*, ist durch eine Konzentration,* [4]*die ein Höchstmass von Information mit Präzision verbindet*[4]*, gekennzeichnet*[1]*,* [5]*so dass die Übersetzung gewisse Schwierigkeiten macht*[5]*,* [6]*wenn sie exakt sein und trotzdem anschaulich bleiben soll*[6]*.*
1 — 1   *Main clause: Der Stil von M. P. ist durch eine Konzentration gekennzeichnet.*
2 — 2   *Subordinate clause, related to "Planck", containing the participial construction*
         3 — 3
4 — 4   *Subordinate, relative clause, referring to "Konzentration"*
5 — 5   *Subordinate clause*
6 — 6   *Subordinate clause, referring to "Übersetzung", containing a sequence of adjectives (exakt und trotzdem anschaulich).*

Religion und Naturwissenschaft
Religion und Naturwissenschaft begegnen sich in der Frage nach der Existenz und dem Wesen einer höchsten, über die Welt regierenden Macht, und hier werden die Antworten, die sie beide darauf geben, wenigstens bis zu einem gewissen Grad miteinander vergleichbar. Sie sind keineswegs im Widerspruch miteinander, sondern sie lauten übereinstimmend dahin, dass erstens eine von den Menschen unabhängige vernünftige Weltordnung existiert, und dass zweitens das Wesen dieser Weltordnung niemals direkt erkennbar ist, sondern nur indirekt erfasst und geahnt werden kann.
Die Religion benutzt ihre Symbole, die exakte Naturwissenschaft ihre Messungen. Nichts hindert uns also, und unser nach einer einheitlichen Weltanschauung verlangender Erkenntnistrieb fordert es, die Weltordnung der Naturwissenschaft und den Gott der Religion

miteinander zu identifizieren. Danach ist die Gottheit, die der religiöse Mensch mit seinen anschaulichen Symbolen sich nahezubringen sucht, wesensgleich mit der naturgesetzlichen Macht, von der der forschende Mensch bis zu einem gewissen Grade Kunde erhält. Wohin und wie weit wir blicken, zwischen Religion und Naturwissenschaft finden wir nirgends einen Widerspruch, wohl aber gerade in den entscheidenden Punkten volle Übereinstimmung. Religion und Naturwissenschaft, sie schliessen sich nicht aus, wie manche heutzutage glauben und fürchten, sondern sie ergänzen sich. Den unmittelbarsten Beweis für die Verträglichkeit von Religion und Naturwissenschaft, auch bei gründlich-kritischer Betrachtung, bildet die historische Tatsache, dass gerade die grössten Naturforscher aller Zeiten, Männer wie Kepler, Newton, Leibniz von tiefer Religiosität durchdrungen waren. Zu Anfang unserer Kulturepoche waren die Pfleger der Naturwissenschaft und die Hüter der Religion sogar durch Personalunion verbunden. Die wissenschaftliche Forschungsarbeit wurde noch im Mittelalter hauptsächlich in den Mönchszellen betrieben. Später, mit der fortschreitenden Verästelung der Kultur, schieden sich die Wege allmählich immer schärfer voneinander, entsprechend der Verschiedenheit der Aufgaben, denen Religion und Naturwissenschaft dienen. Aber die beiden Wege divergieren nicht, sondern sie gehen einander parallel, und sie treffen sich in der fernen Unendlichkeit an demselben Ziel.

Max Planck (1858–1947)

Aus: Max Planck, über das Gesetz der Energieverteilung im Normalspektrum.
In: Max Planck, physikalische Abhandlungen und Vorträge, Bd. 1, S. 725.

725

§ 9. Endlich führen wir auch noch die Entropie S des Resonators ein, indem wir setzen:

$$(9) \qquad \frac{1}{\vartheta} = \frac{dS}{dU}.$$

Dann ergiebt sich:

$$\frac{dS}{dU} = \frac{1}{\nu} f\left(\frac{U}{\nu}\right)$$

und integrirt:

$$(10) \qquad S = f\left(\frac{U}{\nu}\right),$$

d. h. die Entropie des in einem beliebigen diathermanen Medium schwingenden Resonators ist von der einzigen Variabeln U/ν abhängig und enthält ausserdem nur universelle Constante. Dies ist die einfachste mir bekannte Fassung des Wien'schen Verschiebungsgesetzes.

§ 10. Wenden wir das Wien'sche Verschiebungsgesetz in der letzten Fassung auf den Ausdruck (6) der Entropie S an, so erkennen wir, dass die Energieelement ε proportional der Schwingungszahl ν sein muss, also:

$$\varepsilon = h \cdot \nu$$

und somit:

$$S = k\left\{\left(1 + \frac{U}{h\nu}\right)\log\left(1 + \frac{U}{h\nu}\right) - \frac{U}{h\nu}\log\frac{U}{h\nu}\right\}.$$

Hierbei sind h und k universelle Constante.

Durch Substitution in (9) erhält man:

$$\frac{1}{\vartheta} = \frac{k}{h\nu}\log\left(1 + \frac{h\nu}{U}\right),$$

$$(11) \qquad U = \frac{h\nu}{e^{\frac{h\nu}{k\vartheta}} - 1}$$

und aus (8) folgt dann das gesuchte Energieverteilungsgesetz:

$$(12) \qquad u = \frac{8\pi h\nu^3}{c^3} \cdot \frac{1}{e^{\frac{h\nu}{k\vartheta}} - 1}$$

oder auch, wenn man mit den in § 7 angegebenen Substitutionen statt der Schwingungszahl ν wieder die Wellenlänge λ einführt:

$$(13) \qquad E = \frac{8\pi ch}{\lambda^5} \cdot \frac{1}{e^{\frac{ch}{k\lambda\vartheta}} - 1}.$$

C

Sitzung der Elektrochemiker, Dienstag, 5. August, 16 Uhr
Als Quelle für elektrisches Licht und für Lichtenergie würden künftig
auch Strahlen der Radioisotope verwendet werden, wenn gewisse technische Vorbereitungen geklärt seien. Wichtige Anfangserfolge seien, so
teilte der Redner mit, bei solchen Versuchen erzielt worden. Radioaktives
Licht käme als Quelle für elektrisches Licht vor allem dort in Frage, wo
elektrische Installation oder Unterhaltungskosten eingespart werden
müssten und eine dauerhafte Lichtquelle gewünscht werde.
Prof. J. Born, München, habe mitgeteilt, dass von den etwa 1000 bisher
bekannten Radioisotopen rund sechs Stoffe für radioaktive Lampen
brauchbar seien. Dazu gehöre, dass sich die radioaktive Strahlung der
Isotope durch das Glas nach aussen hin abschirmen lasse. Ausserdem
sei eine möglichst lange Dauer des Zerfalls der radioaktiven Stoffe er-
wünscht. Man denke an radioaktive Stoffe, die erst im Laufe mehrerer
Jahre zur Hälfte zerfallen sind.
Die damit verbundenen technischen Probleme dürften zu lösen sein.

Sitzung der Physiologen, Donnerstag, 7. August, 18,30 Uhr
. . . in Zukunft werde mit der Klärung dieser speziellen Frage zu rechnen
sein.
Der Redner sagte, dass die Bedingungen einer direkten Beobachtung
z. Z. noch nicht gegeben seien, man müsse auf die Entwicklung spezifischer Geräte für diese Aufgabe hoffen. Immerhin würden diese Probleme
sehr intensiv bearbeitet, und man könne den Fortschritt in dieser Richtung
bereits deutlich erkennen. Man habe bislang mit den Radioisotopen in
pflanzenphysiologischen Versuchen gute Erfahrungen gemacht. Einige
Teilfragen der Kohlenwasserstoffsynthese im Chlorophyll seien zwar
noch offen, aber man benütze mit Erfolg C_{14} und andere Isotopen bei der
weiteren Aufklärung.
Das Ziel aller Untersuchungen sei die Vollsynthese von Kohlehydraten
aus den einfachen Verbindungen, die auch die Pflanze verwende,
d. h. H_2O und CO_2. Wenn diese Synthese gelänge, dann würde das
Ernährungsproblem auf dieser Erde leicht gelöst werden, denn Wasser
und CO_2 ständen reichlich zur Verfügung.

C

Non-commitment, such as: "Anfangserfolge seien . . . erzielt worden",
hypothetical "das Ergebnis liesse sich erklären"
statement, such as: "der Redner sagte, man habe . . ."

conditional
statements, such as: "wenn die Synthese gelänge, dann *würde* . . ."
or statements of
high probability, such as: "das Problem dürfte zu lösen sein"

in short: **clauses, expressing statements, views or reports, reported speech, to which the author does not necessarily subscribe, are rendered in German in the subjunctive or conditional.**

I. Grammatically the following forms are observed:

(dashes indicate that there is no special subjunctive form. For vowel changes with irregular verbs, see list. T. 3.)

Present	sein	haben	werden	strong verb	weak verb
1st S.	ich sei	—	—	—	—
3rd S.	er sei	habe	werde	gehe	arbeite
1st Pl.	wir seien	—	—	—	—
3rd Pl.	sie seien	—	—	—	—
Past					
1st S.	ich wäre	hätte	würde	ginge	—
3rd S.	er wäre	hätte	würde	ginge	—
1st Pl.	wir wären	hätten	würden	—	—
3rd Pl.	sie wären	hätten	würden	—	—

Present	können	mögen	dürfen	müssen	wollen	sollen	lassen
1st S.	ich könne	möge	dürfe	müsse	wolle	solle	—
3rd S.	er könne	möge	dürfe	müsse	wolle	solle	lasse
1st Pl.	—	—	—	—	—	—	—
3rd Pl.	—	—	—	—	—	—	—
Past							
1st S.	ich könnte	möchte	dürfte	müsste	—	—	liesse
3rd S.	er könnte	möchte	dürfte	müsste	—	—	liesse
1st Pl.	wir könnten	möchten	dürften	müssten	—	—	—
3rd Pl.	sie könnten	möchten	dürften	müssten	—	—	—

Compare also Conjugation Tables, T. 2, in the appendix.

II. 1. It should be noted, that the subjunctive forms of verbs, particularly of regular verbs, are limited. Therefore compound tenses are used frequently to express the subjunctive. Consequently the tenses are no longer limited to particular times in their use. Two main groups can be observed:
a) present tense and perfect tense subjunctive constructions:
Er sagte mir, ich **könne** ihn heute nachmittag besuchen.
Er behauptete, das Problem **sei** leicht zu lösen.
Er meinte, er **werde** morgen mit seiner Arbeit fertig sein.
Er sagte mir, er **sei** bereits gestern angekommen.
Ich hörte, er **habe** die Prüfung bestanden.

C

b) past tense or past-perfect tense subjunctive constructions:

Er **wäre** einverstanden.

Ich hätte noch etwas zu erledigen.

Sie **müßten** schon da sein.

Ich weiss nicht, wie man es **hätte** besser machen können.

Er **hätte** eine höhere Temperatur einstellen müssen.

Die Lösung **wäre** unter diesen Umständen viel einfacher gewesen.

2. A construction with "**würde**" contains a **conditional** statement based on certain conditions, which have to be realized before hand:

wir **würden** das Problem lösen, wenn . . .

Wenn ich mehr Zeit hätte, **würde** ich dir gerne helfen.

Wenn ich könnte, **würde** ich den Versuch unter extremeren Bedingungen wiederholen.

3. A subjunctive construction with "**dürfen**" indicates a high probability of the statement:

das Problem **dürfte** zu lösen sein

the problem can most probably be solved

Es **dürfte** für Sie nicht schwer sein, diese Frage zu beantworten.

Die Erdölvorräte **dürften** noch für längere Zeit reichen.

III. Translation of subjunctive and conditional:

Reported speech can be rendered in the indicative in English, since a statement such as:

"the speaker said that . . ."

already contains the element of non-commitment.

Conditional statements are conveniently translated with the help of "would".

In all other cases the element of non-commitment, hypothesis or probability ought to be introduced into the translated text by additions. In many cases this can be done conveniently if the translator adds phrases like: *"as indicated (stated)"*, *"most probably"* or others. This, however, needs careful evaluation of the context and should not be done highhandedly.

Universitätsklinikum in Berlin-Steglitz

C

Weltraumforschung

Dr. J. Bartels, der Direktor des Instituts für Stratosphärenphysik am Max-Planck-Institut für Aeronomie in Lindau, hielt einen Vortrag über die Methoden und Ergebnisse der Weltraumforschung während der Hauptversammlung, die 1962 in Düsseldorf stattfand.

Die Weltraumforschung, so führte Bartels aus, sei heute möglich durch den Einsatz von Raketen, mit deren Hilfe Instrumente, auch Satelliten und Raumsonden, in grosse Höhen gebracht würden, wo sie Zustände und Vorgänge beobachteten und zur Erde meldeten. Dieses Forschungsgebiet, im Geophysikalischen Jahr mit den ersten Satelliten eröffnet, habe sich in den letzten fünf Jahren geradezu explosiv entwickelt.

Zur Zeit laufen etwa zwei Dutzend Satelliten in ihren Bahnen; Bartels erläuterte, worin der Wert der Weltraumforschung besteht. ´´Wir Menschen leben am Grunde des Luftozeans unter der schützenden Glocke einer Atmosphäre. Über jedem Quadratzentimeter Erdboden liegt ein Kilogramm Luft, entsprechend 10 Metern Wasserhöhe´´. Wir seien uns dieser erheblichen Masse zwischen uns und dem Weltraum dabei nicht immer bewusst, denn die Luft sei ja oft durchsichtig; man sehe die Sonne, den Mond und die Sterne. Aber diese Durchsichtigkeit der Luft beschränke sich auf diejenigen elektromagnetischen Wellen, die man als Licht empfinde, d. h. auf nicht viel mehr als eine Oktave. Von dem riesigen, mehrere Dutzend Oktaven umfassenden Bereich solcher Wellen könnten wir am Erdboden mit Instrumenten noch einige weitere empfangen, zum Beispiel einen Teil des umfangreichen Radio-Programms, das die Sonne dauernd in verwirrender Fülle und in vielfältigem Wechsel aussende. Einen grossen Teil der Ultraviolettstrahlung und der Röntgenstrahlen jedoch, die ebenfalls von der Sonne ausgingen, könnten wir am Erdboden auch mit den feinsten Instrumenten nicht wahrnehmen, weil diese Strahlungen hoch über unseren Köpfen in der Luft steckenblieben. Ebenso gehe es mit Materie-Strahlung, mit dem grössten Teil der kosmischen Strahlung, aber auch mit dem Sonnengas, das ständig, allerdings in stark veränderlichem Masse, von der Sonne ausgestossen werde und bei uns Polarlicht, erdmagnetische Stürme und viele andere Erscheinungen erzeuge. Um diese Strahlungen unmittelbar wahrzunehmen, müsse man sich über die Atmosphäre erheben, hinein in den Weltraum.

In der ganzen Welt hat die Nachricht vom Bau eines Rotations-Kolben-
motors, den der süddeutsche Ingenieur Felix Wankel in den NSU-Moto-
ren-Werken in Neckarsulm entwickelt hat, Aufsehen erregt. Der mit Benzin gespeiste Zwergmotor, der keine Ventile, keine Pleuelstangen und
keine Kurbelwelle hat, wiegt nur 11 kg und leistet dabei 29 PS.

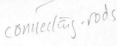

NSU-Wankel-Motor

Der Motor ist beim Auto der wichtigste Teil, aber gleichzeitig, was den
Komfort und die Bequemlichkeit betrifft, ''unnützes Zubehör''. Er braucht
nämlich Platz, und dieser Raum geht den Insassen und dem Gepäck
verloren. Mit dem neuen Dreh- und Kreiskolbenmotor kann die Zeit nicht
mehr fern sein, in der die Autos ein ganz anderes Gesicht bekommen. Denn:
Der neue Motor ist leichter, kleiner, sparsamer im Verbrauch, billiger in der
Serienherstellung, leistungsfähiger. Konstruktiv unterscheidet er sich im
Äusseren wie im Prinzip vom Hubkolbenmotor, der in jedem Auto, in
vielen Flugzeugen, in Schiffen, als stationärer Motor usw. zu finden ist.
Der Drehkolbenmotor oder seine weiterentwickelte Art, der Kreiskolbenmotor, könnte in der Lage sein, entweder Hubkolbenmotore zu ersetzen
oder aber doch eine gewisse Lücke zwischen den hochgezüchteten,
sensiblen Kolbenmotoren und den Gasturbinen zu schliessen.
Abgesehen einmal von der Zündanlage, die auch bei dem neuen Motor
nötig ist, und abgesehen von der Gemischaufbereitung durch Vergaser
oder Einspritzpumpe, wurde vom normalen Hubkolbenmotor das Viertaktprinzip übernommen.
Dass im Kolbenmotor die Kolben in Zylindern hin- und herbewegt
werden, weiss man. Nun ist es recht umständlich und schwierig, die
gegenläufige Bewegung im Kolbenmotor, bei der tote Punkte überwun-

E

den werden müssen (je mehr Zylinder und Kolben, um so weniger fallen tote Punkte ins Gewicht), in eine Drehbewegung zu verwandeln. Dabei geht eine Menge Kraft verloren.

Der Drehkolbenmotor besitzt keine hin- und hergehenden Massen wie Kolben, Pleuelstangen, Ventile, Federn, Kipphebel und Übertragungselemente, sondern als Herz ein rotierendes, leicht auszuwuchtendes Teil, den Drehkolben. Ein gewisser Vergleich mit einer Turbine ist möglich. Auch dort hat man keine hin- und hergehenden Teile. Für einen Motor ist die kreisförmige Bewegung das Natürliche. Höchste Drehzahlen lassen sich dann ohne Vibration erzielen.

Er arbeitet nach dem Viertaktprinzip: Gas ansaugen, komprimieren, zünden, ausschieben. Ein Versuchsmotor, der auf dem Prüfstand einwandfrei gearbeitet hat, wurde zunächst in einen Wagen eingebaut. Er hat bewiesen, dass er auch im Teillastbetrieb wirtschaftlich arbeitet und stark wechselnde Drehzahlen ohne zu "stottern" annimmt. Die neue Maschine lässt sich äusserlich mit einer kleinen Trommel vergleichen. Daran sitzen Zünd- und Vergaseranlage. Der Dreh- oder Kreiskolben sieht aus wie ein Dreieck mit nach aussen gewölbten Schenkeln. Jede der drei Ecken des Dreiecks liegt ständig an einem Punkt im Innern des etwa achtähnlich geformten Innenraumes an. Ständig bilden sich, da der "Kolben", exzentrisch gelagert, sich im Innenraum dreht, drei verschieden grosse, gegeneinander abgedichtete Räume. Hier wird das Gas angesaugt, gezündet, ausgeschoben. Bei jeder Umdrehung wird

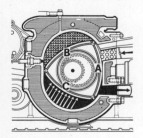
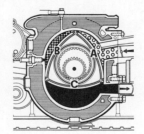

ANSAUGEN

VERDICHTEN
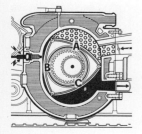
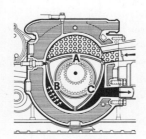

ARBEITSHUB

AUSSCHIEBEN

einmal gezündet. Die Zündkerze bewegt sich nicht mit. Der Kolben steuert auch die Ein- und Auslasskanäle ohne zusätzlichen Aufwand. Hier ist ein Vergleich zum Zweitaktmotor möglich, der auch ventillos arbeitet.

Die ersten Versuchsmotoren zündeten gut und entwickelten bei einer Kammergrösse von nur 125 Kubikzentimetern über eine Laufzeit von rund 100 Stunden 29 PS. Der ganze Drehkolbenmotor wiegt dabei, ohne Zünd- und Vergaseranlage nur 11 kg. Anders ausgedrückt: etwa den 7. Teil des Volkswagenmotors. Er ist ungefähr ein Viertel so gross und leistet doch fast dasselbe.

Der Drehkolbenmotor ist auch ziemlich unempfindlich. Ihm ist es gleich, mit welchem Kraftstoff er gefüttert wird. Man gab ihm Benzin, von nur 43 Oktan Klopffestigkeit und man füllte 100-Oktan-Benzin ein, dann Dieselkraftstoffe. Der neue Motor war mit jedem Treibstoff zufrieden.

Der Motorlauf ist erheblich ruhiger und vibrationsärmer als man das von einem normalen Hubkolbenmotor her kennt. Die Leistungskurve steigt steil an und diese Besonderheit lässt es zu, dass man den Kreiskolbenmotor mit einem Sportmotor vergleicht. Bei einem Testwagen war der Motor mit einem Volkswagen-Getriebe verblockt. Der nur 400 ccm grosse Motor verlieh dem Wagen damit eine Höchstgeschwindigkeit von 160 km/st. Die Leistung betrug dabei über 50 PS bei 6000 Umdrehungen in der Minute.

Im unteren Drehzahlbereich ist verhältnismässig wenig Leistung da. Ab 2000 Touren etwa hat man Kraft an den Rädern. Bemerkenswert ist die besonders direkte Verbindung vom Gasfuss zum Motor, das soll heissen, bei geringstem Berühren des Gaspedals schnellt die Drehzahl in die Höhe und der Kreiskolbenmotor-Wagen davon. Diese sehr positive Eigenschaft lässt sich nur noch mit dem Einspritzsystem bei Hubkolbenmotoren vergleichen. Normale Vergasermotoren dagegen brauchen stets eine kleine "Ansprechzeit", ehe sie das Gasfusssignal über den Vergaser zum Motor hin in Kraft umsetzen können.

Wenn auch die Probleme im Zusammenhang mit der Weiterentwicklung des Dreh- und Kreiskolbenmotors nicht so einfach liegen, — man denke nur an die Schwierigkeiten der Abdichtung im Motorgehäuse und an die Kühlprobleme — so scheint sich doch zum ersten Mal seit vielen Jahren, eigentlich das erste Mal seit Nikolaus August Otto und Rudolf Diesel, auf dem Gebiete des Motors eine revolutionäre Umwälzung anzukündigen.

Inter Nationes Artikeldienst,
Februar 1961

E

Zusammenfassung der Syntax

The following article explains some principles which determine the structure of German sentences (syntax). Particularly the two main elements — subject and verbal construction — must be analysed in order to derive a translation technique.

The following article should be translated in writing, the information will then serve in the same way as information obtained by translating a scientific paper. The text itself gives ample opportunity to study the principles outlined therein.

I. Einführung
1. Was ist ein Satz?

Ein Satz enthält ein Subjekt — eine Person, einen Gegenstand, eine abstrakte Idee —, das handelt oder mit dem etwas geschieht, d.h. ein statisches Element (Subjekt), und eine Aktion, ausgedrückt durch das Verb. Die beiden Pole kennzeichnen die Sprache, aber auch unser Denken. Wir können nicht anders denken als wir sprechen und schreiben. Das gilt auch vice versa.

Das statische, deskriptive Element und das Element der Aktion — Subjekt und Verb — können ergänzt und erklärt werden, nämlich durch Objekte, Adverbien oder Adjektive, aber sie bleiben der Kern jedes Satzes.

Das **Subjekt** hat folgende Kriterien: Es ist ein *noun* (mit grossen Anfangsbuchstaben), seltener ein *pronoun (pro = for; for a noun)*. Es steht immer im Nominativ. Um das Subjekt zu erkennen, ist die Kenntnis der Deklination wichtig. Es steht nie mit einer Präposition oder mit Akkusativ (den, einen), Dativ (dem, einem, den) oder Genitiv-Artikeln (des, eines). Das Verb steht entweder allein (present and past tense, active) oder in Zusammensetzungen mit Auxiliar-Verben. Das **Verb** gibt Information, u. a. über die Zeit *(tense)*, die Zahl der Personen und über die Aktivität, bzw. Passivität *(voice)* der Aktion. Es ist also sehr flexibel. Wenn man diese Informationen erkennen will, muss man die Konjugation beherrschen.

Das Verb hat eine genau bestimmte Stellung im Satz

Die Lokalisierung und Identifizierung von Subjekt und Verb (verbaler Konstruktion) sind die entscheidenden Voraussetzungen für eine richtige Übersetzung. Es führt zu schweren Fehlern, wenn man einen Satz nicht zuerst durch Subjekt und Verb bestimmt.

2. Die Typen der Sätze:

Es gibt nur zwei Grundtypen, den Hauptsatz und den Nebensatz.

Konsequenterweise beginnen wir mit der Übersetzung des Hauptsatzes, auch wenn er nicht an erster Stelle steht.

Haupt- und Nebensatz unterscheiden sich durch die Stellung der Verben.

3. Zusammenfassung:

Folgende Prinzipien sind die Basis für exakte Übersetzungen:

a) Unterscheidung von Hauptsatz und Nebensatz.

b) Erkennung des Subjekts und des Verbs bzw. der verbalen Konstruktion in jedem Satz.

c) Übersetzung von Subjekt und Verb als erster Schritt.

Exercise: identify all subjects in the above text.

II. Der Hauptsatz

Kriterium: Der Hauptsatz hat ein **finites Verb** in seiner **zweiten Position**. Das finite Verb ist bestimmt durch die Zeit, die Aktionsform (Aktiv/Passiv), die Aussageweise (Indikativ/Konjunktiv), die Person und die Zahl (Singular/Plural):

wir sagten = Imperfekt, Aktiv, Indikativ, erste Person, Plural.

Die zweite Position ist nicht notwendigerweise das zweite Wort, denn die erste Position

C

umfasst eine einheitliche Information, die aus mehreren Wörtern, sogar aus einem Nebensatz bestehen kann.
Der Gegensatz ist das infinite Verb, nämlich der Infinitiv, das Partizip Präsens *(present
participle)* und das Partizip Perfekt *(past participle):*
 halten, haltend, gehalten.
Infinite Teile der verbalen Konstruktion und die abgelösten Teile trennbarer, finit ge-
brauchter Verben **stehen immer am Ende des Hauptsatzes.**
Das Subjekt steht entweder **in erster Position oder folgt** dem finiten Verb (Haupt-
satz-Inversion). Es ist immer im **Nominativ.**

Satzbau:

Ich	*beobachte*	den Amperemeter.		
Der Student	*legt*	die Prüfung mit Erfolg		*ab.*
Die Substanz	*konnte*	nur mit Mühe	*gereinigt*	*werden.*
(1)	(2)		(3)	(4)
Inversion: Nur mit Mühe	*konnte*	**die Substanz** (1)	*gereinigt*	*werden.*

(1) Subjekt; (2) finites Verb oder Auxiliarverb; (3) und (4) infinite Teile der Verbalkonstruktion.

Hauptsätze mit doppeltem Verb oder doppelter Verbalkonstruktion folgen dem gleichen
Grundprinzip:

Der Student	*reinigt und untersucht*	die Substanz.		
Der Student	*hat*	die Substanz	*gereinigt und untersucht.*	
Die Substanz	*war*		*gereinigt und untersucht*	*worden.*
(1)	(2)		(3)	(4)

Der zweite Teil der Verbalkonstruktion kann unter bestimmten Umständen weit vom
ersten getrennt sein:
Der Student *hat* (2) . . . die Substanz zuerst *gereinigt* (3a) und dann mit grosser Sorgfalt *untersucht.* (3b)
Da die englische Sprache das gleiche Prinzip kennt, existieren hier kaum Übersetzungs-
schwierigkeiten.

III. Der Nebensatz (the subordinate clause)
Kriterium: Die gesamte Verbalkonstruktion steht am Ende, das finite Verb steht darin
wiederum zuletzt; der Nebensatz ist von anderen immer durch ein Komma getrennt und
wird häufig durch eine Konjunktion eingeleitet.

Er sagt, dass **die Strömung** linear *sei.*
 Obwohl **die Strömung** linear *geworden ist,* kommt . . .
Die Beobachtungen, **die** heute . . . . . *gemacht wurden,* sind . . .

Satzbau:

| Er sagt, | dass | **die Untersuchung** | heute | *gemacht* | *werden* | *kann.* |
| | | (1) | | (3) | (4) | (2) |

C

Ähnlich den Hauptsätzen haben auch Nebensätze manchmal eine doppelte Verbal-konstruktion:
Er sagt, dass **die Untersuchung** (1) heute *begonnen* (3a) und morgen *beendet* (3b) *werden* (4) *kann* (2).

Nebensatz-Inversionen

1. Wenn modale Auxiliarverben auftreten, steht das finite Verb an erster Stelle innerhalb der Verbalkonstruktion:
   . . ., wenn **er** auch das Ergebnis *hat errechnen können.*
   . . ., das **die Rotation** . . . . . *wird übertragen müssen.*
   (2)   (3)   (4)
2. Gelegentlich beobachtet man Nebensätze, in denen das finite Verb an erster Stelle steht, ohne dass sie Fragen (?) oder Befehle (!) sind:
   a) *Beobachtet* **man** das Amperemeter,   dann ergibt sich . . .
   b) *Hat* . . . . . **man** die Untersuchung *beendet,* dann ergibt sich . . .
   Das sind verkürzte Nebensätze.

Übersetzung: Bei **Sätzen im Präsens** wird *"if"* hinzugefügt:
a) *If one watches the amperemeter,* . . .

Bei **Sätzen im Perfekt** fügt man *"after"* hinzu:
b) *After one has finalized the investigation* . . .

Diese verkürzten Nebensätze findet man häufig mit dem Subjekt *"man"*, bei der Über-setzung sollte man das englische Passiv bevorzugen.

IV. Konstruktionen mit dem Infinitiv:

Die Übersetzung ist einfach. Die übersetzte *"Infinitiv plus zu"*-Konstruktion muss nur sofort dem Verb folgen:
1. Die deutsche *"Infinitiv plus zu"*-Konstruktion steht immer am Ende des Satzes:
   Er bemühte sich, einen rationellen Motor **zu konstruieren.**
   He tried   **to construct**   *an economical motor.*
2. Wenn der Satz eine Form von *"sein"* enthält, übersetzt man mit dem englischen Passiv und *can.*
   Die Instrumente sind leicht zu bedienen.
   The instruments can be operated easily.
3. Die Formen *"um — zu"*, *"anstatt — zu"*, *"ohne — zu"* übersetzt man mit:
   in order to, instead of -ing, without -ing.
   . . ., **um** ein Gramm $KMnO_4$ **zu** gewinnen.
   . . ., **in** *order* **to** *gain a gramme of* $KMnO_4$.
   . . ., **anstatt** das Ergebnis **zu** berechnen.
   . . ., **instead of** *calculating the result.*

   . . ., **ohne** die Anleitung **zu** beachten.
   . . ., **without** *observing the manual.*

V. Die Partizipial-Konstruktion

Die Partizipialkonstruktion ist eine Erweiterung eines Substantivs *(noun)* durch einen konzentrierten Relativsatz, der die Funktion eines Attributs übernimmt.
Das Verb wird in der Form des *present participle* (laufend, sehend,) oder als *past participle* (**ge**arbei**tet**, **ge**laufen, **ge**sehen) benutzt. Es trägt die Adjektivendungen.
Kriterium: Partizipiale Form des Verbs, Adjektivendung des Partizips und die typische *"Adjektivposition"* des Partizips zwischen Artikel und Substantiv.

Beispiele:
1. Der häufigste Typ:
Die *von den Studenten durch***gefüh***rte* Analyse . . .

Die *mit Azeton reagieren**de** Substanz . . .
The substance, . . . reacting with acetone . . .

2. Konstruktionen ohne Präpositionen:
   Kennzeichen: zwei Artikel folgen aufeinander:
   Die . . . *das Fundament stützen**de** . . . Konstruktion . . .
   Ein . . . *die Übersetzung erleichtern**des** Verfahren . . . . .
   Diese Konstruktion kommt nur im Präsens vor und ist, obwohl sie gelegentlich anzutreffen ist, kein sehr gutes Deutsch.
   (Übersetzung wie bei 1).

3. Konstruktionen, die **"zu"** enthalten:
   Die das Wort **"zu"** enthaltenden Konstruktionen werden mit dem Passiv übersetzt:
   Die . . . *häufig **zu** beobachten**den** . . . Reaktionen . . .
   The reactions, (which are) (to be) observed frequently.

4. Manchmal fehlt das Partizip. Dann ergänzt man mit *to be:*
   Die *für das Experiment* wichtigen Beobachtungen . . .
   The observations, (which are) important for the experiment, . . .

VI. Zwei Beispiele dafür, wie man komplizierte Satzkombinationen auflösen kann (vergl.
   L. 31/III):
   a) Die biologische Forschung, die in den letzten Jahren wieder in das Interesse einer besonders durch popularwissenschaftliche Publikationen informierten Öffentlichkeit rückt, untersucht mit ihren Studien zum Verhalten von Tieren ein Grenzgebiet, das zwischen Biologie und Psychologie liegt.

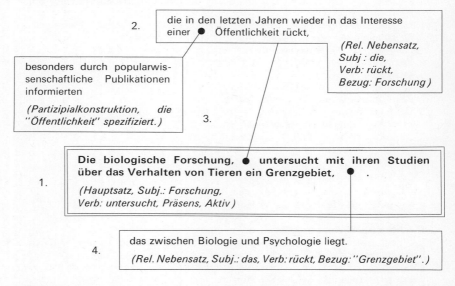

b) Geht man von dem Satz aus, dass grundlegende Verhaltensreaktionen bei Säugetieren einschliesslich des homo sapiens analog ablaufen, analogen Steuerungen unterliegen und möglicherweise analoge Auslöser haben, dann zeichnen sich hier Erkenntnismöglichkeiten ab, die auch z. B. Einsichten in durch soziale Komponenten determiniertes menschliches Verhalten wissenschaftlich zu begründen erlauben.

C

Geht man von dem Satz aus, *(Ver-*
kürzter Nebensatz: Wenn man
von . . . !, Subj.: man, Verb: aus-
gehen [trennbar!])

4.

dass grundlegende Verhaltensreaktionen bei Säugetieren
einschliesslich des homo sapiens analog ablaufen,
analogen Steuerungen unterliegen
und möglicherweise analoge Auslöser haben,

(Nebensatz mit 3 Verben: ablaufen, unterliegen, haben — und
dem gemeinsamen Subj.: Verhaltensreaktionen)

5.

dann zeichnen sich hier Erkenntnismöglichkeiten ab,

(Hauptsatz, Subj.: Erkenntnismöglichkeiten, Verb:
(sich) abzeichnen [reflexiv, trennbar!])

1.

durch soziale Komponenten determiniertes
(Partizipialkonstruktion, die
"Verhalten" spezifiziert)

3.

die auch z. B. ● menschliches Verhalten wissenschaftlich zu begründen erlauben.

(Relativer Nebensatz, Subj.: die (Bezug: "Er-
kenntnismöglichkeiten"), Verb:
(zu begründen) erlauben)

2.

C

Tierversuche mit Konsequenzen.
Zwangsabläufe und Bahnungshypothese
Die Biologen wissen, dass Tiere Gedächtnis besitzen, dass sie Begriffe,
in höheren Stufen auch Zahl- und Wertbegriffe, bilden, Formen voneinander unterscheiden und ihr Verhalten danach einrichten können. Sie
haben die Fähigkeit zu abstrahieren, also Unwesentliches beiseite zu
lassen und den Kern festzuhalten, neugierig zu sein und zu generalisieren.
Grund genug für die Forscher, die Entwicklung der Gehirnfunktionen
dieser Tiere, besonders die Zunahme der Komplikationen des Gedächtnisses und die Herausbildung von Begriffen, zu verfolgen und von dort
auf den, dem Tier körperlich so ähnlichen, Menschen zu schliessen. Dabei kommt dem Forscher zu Hilfe, dass die Hirnfunktionen und die psy-
chischen Vorgänge beim Tier einfacher, wenn auch prinzipiell gleich sind.
Über Einzelheiten und Folgerung daraus berichtete der Biologe Professor Dr. Bernhard Rensch (Universität Münster) auf der 12. Jahres-
versammlung der Arbeitsgemeinschaft für Forschung des Landes Nord-
rhein-Westfalen an Hand der Versuche, die er und seine Mitarbeiter am
Zoologischen Institut der Universität angestellt hatten. Er stellte fest:
Die Kapazität und die Dauer des Gedächtnisses hängen ab von der Grösse
des Hirns und der Zahl der Ganglienzellen. Die stammesgeschichtliche
Stufe spielt kaum eine Rolle. Eine Forelle und eine Maus vermögen
gleichermassen 6 optische Figuren gleichzeitig zu beherrschen und von
jeweils zweien (etwa einem Kreuz und einem Viereck) diejenige zu erkennen, die mit Futter winkt (auf einem Bild zeigte der Vortragende,
dass eine Maus auf die mit dem lohnenden Kreuz bemalte Klappe zu-
stiess). Ein Pferd und ein Elefant bringen es auf 20 Aufgaben gleichzeitig.
Zur Länge des Gedächtnisses: Ein Karpfen erkannte nach mehr als ein-
einhalb Jahren eine bestimmte Figur wieder, ein Pferd nach einem Jahr
ohne Dressur 19 bis 20 Figuren, und zwar mit guten Prozentsätzen (in
60 bis 100 Fällen). Warum das Pferd einige komplizierte Figuren leichter
behielt als einfache, war eine andere, nicht behandelte Frage. Ferner
können höhere Tiere auch abgewandelte optische oder akustische Reize
wiedererkennen, wobei dann die Beziehung zwischen den Merkmalen

E

The use of tenses in German

The German system of tenses is primarily based on a concept of linear progression of time, i. e. time ascending from the past, crossing the "zero-point" of the present and extending into the future.

The most important element of the German tense system is the differentiation between elements, actions and statements concluded and passed and those related to the present.

In detail, the *present tense* and the *perfect tense* refer to events or statements either happening now or related to the present. The *perfect tense* establishes a particular link to the writer himself or his present ideas, statements or actions.

The use of the *past tense* and the *past-perfect tense* indicates conclusion of events in the past. All German fairy-tales start with a typical "Es war einmal..."

The *past-perfect tense* enables the writer to define a time sequence within the past.

The *future tenses* imply expectation. A combination of *future I* and *future II (future perfect)* again enables the writer to define a time sequence in the future.

Present, past and *perfect tense* are used most often. The *future I* is not often found, *past perfect* and *future II tenses* are rare.

All this corresponds in principle to the English tense-system. A comparison of English and German texts however shows that particularly the German *present tense* is more widely (or more loosely) used than its English equivalent. The German *present tense* extends far more into time areas of the past and future than the English *present tense* does. It is still used where an English writer would have to use already the *perfect* or *future tense*. In all these cases it is the context, not the tense of the verb, through which the writer identifies time, e.g.:

Seit vier Wochen arbeitet dieser Student schon hier.

Ich komme morgen zu dir!

Sentences, which in English would have to be in *perfect* or *future tense*, respectively.

This is a rather important peculiarity of the German language, which the translator has to observe.

Depending on the context, certain German sentences written in the present tense have to be translated into an English perfect or future tense equivalent.
The following article has been selected for the purpose of studying the use of tenses within the German tense system. The article contains a few sentences which ought to be translated into a different tense from the one used in German.

eine Rolle spielt. Hatten sie zum Beispiel gelernt, sich bei hellgrau und dunkelgrau für das letztere zu entscheiden, wählten sie angesichts eines dunkelgrauen und schwarzen Musters wieder das dunklere, also diesmal das schwarze, obwohl sie das dunkelgraue schon kannten. Hier beginnt also die Abstraktion.

Professor Rensch spricht nun von "averbaler" Begriffsbildung, denn die Tiere können nicht sprechen und vermögen den Begriff nicht weiter zu verwenden. Dennoch ist es damit nicht zu Ende. Eine indische Zibetkatze bildete echte abstrakte Begriffe, indem sie nach langen Bemühungen des Experimentators "gleich" von "ungleich" unterscheiden konnte. Sie wählte zwischen Mustern, die sie nicht kannte, spontan Muster mit ungleichen Teilen, wie sie es an anderen Zusammenstellungen gelernt hatte. Ein Elefant und eine Dohle kannten ihre "Futtermelodie" so gut, dass sie sich zum Fressen fertigmachten, sowie sie die Tonfolge hörten. Es spielte keine Rolle, in welcher Tonhöhe, Klangfarbe oder mit welchen Intervallen die kurze Melodie erklang. Der Elefant streckte, wie aus der Aufnahme hervorging, alsbald seinen Rüssel aus dem Käfig. Auch Zahlbegriffe sind möglich. Rabenvögel, Papageien, Säugetiere suchten (nach einigen Schulstunden) die Futterschale aus, die mit der richtigen Zahl von Punkten versehen war, gleich, wie gross und wie sie angeordnet waren (Experiment Professor Dr. Otto Koehler, Freiburg).

Mit diesen Abstraktionen und Generalisationen erschien dann auch der Besitzbegriff bei den Tieren, besonders den sozialen Tieren, unter denen der sekundäre Ichbegriff in der Rangordnung besteht. Das Gewohnheitsrecht wird gelernt, langsam entwickelt sich der primäre Ichbegriff. Eine Taube, an letzter Stelle weit unter dem "Despoten" des Taubenschlags sitzend, wurde herausgenommen und in einem eigenen Schlag an Selbstbewusstsein gewöhnt. Der Mut wurde ihr beigebracht, indem man eine Stofftaube hineinschob und diese "Puppe" jedesmal zurückzog, wenn die Taube auf sie zuging. So brachte man ihr Überlegenheit bei, und als dann das Tier in den alten Schlag zurückkehrte, verdrängte es die dort immer noch herrschende Taube, wie sie es mit dem Stofftier gelernt hatte, und setzte sich an die Stelle des "Despoten". Bei höheren Tieren fanden die Biologen Ansätze frei kombinierter Vorstellungen, wobei — wie beim Menschen — der Kräfteüberschuss zum Phantasiespiel führt. Ein Schimpanse versuchte sich sogar im "Blindspiel". Das Tier tat so, als ziehe es, um einen Tisch laufend, ein Seil hinter sich her. Affen malten "modern" und sogar sinnvoll, wobei sie sich an eine Vorlage hielten und dementsprechend etwa in die Höhe malten oder sich recht und schlecht an einen Kreis hielten. Andere Affen konnten sich mögliche Reaktionsweisen vorstellen und planmässig handeln:

E

Zwei Affen erkannten, dass sie nur gemeinsam eine Kiste hochziehen konnten, und handelten danach.

Es werden also Zwangsabläufe bei Tieren beobachtet. Wir können, wenn das Experiment sauber ist, vorhersagen, wie sich ein Tier verhält. Auf den homo sapiens bezogen, kann das aber eine recht makabre Sache werden, denn die gelegentlich an Menschen absichtlich vollzogenen "Konditionierungen" sind nichts anders. Sie beruhen auf Tierversuchen, in denen Biologen durch intensiv betriebene Lernvorgänge eine weitgehende Zwangsläufigkeit des Denkens erreicht haben.

Auch Wirtschaftswerbung und Propaganda haben sich auf diese Vorgänge eingestellt.

Die physiologischen Abläufe sind allerdings, wie Professor Rensch mitteilte, noch nicht geklärt. Er hält es für möglich, dass dabei die am meisten benutzten Nervenfaserbahnen stärker als die anderen erregt werden können (Bahnungshypothese)!

nach G. Erdmann
red. Dt. Forsch. D.
27/62

E

In den wissenschaftlichen Streit um die Frage, ob sich die Existenz eines Äthers im Weltenraum beweisen lasse, griff im Jahre 1905 ein bis dahin unbekannter Ingenieur vom Eidgenössischen Patentamt in Bern ein, der in einem kurzen Aufsatz die Äthertheorie verwarf.

In 1905 a previously unknown engineer in the Swiss Patent Office in Berne intervened in the scientific controversy about the existence of ether in the universe by writing a short essay, in which[1] he rejected the ether theory.

Albert Einstein begann damit die Reihe seiner revolutionären Thesen, die eine neue Epoche des physikalischen Denkens heraufführte.

Thus Albert Einstein began his series of revolutionary theses, which ushered in a new epoch in the conceptions of physics.

Als Sohn jüdischer Eltern in Ulm geboren, hatte er das Schweizer Bürgerrecht erworben und lehrte an den Universitäten Zürich und Prag.

Born as the son of Jewish parents in Ulm, he had acquired Swiss citizenship and was teaching at the Universities of Zurich and Prague[2].

Erst 1914 siedelte er nach Berlin über.

He did not move to Berlin until 1914.

Seine Tätigkeit als Leiter des Kaiser-Wilhelm-Institutes endete 1933, die ihm dreissig Jahre zuvor verliehene deutsche Staatsbürgerschaft wurde Einstein aber-

His activities as the Director of the Kaiser-Wilhelm-Institute ended in 1933; Einstein was deprived of his German citizenship, conferred upon him 30 years earlier[3];

---

[1] Compare: "... der in einem kurzen Aufsatz ..." — "by writing a short essay in which ..."
A change due to the difference in sentence structure. The subject ("unbekannter Ingenieur" — "unknown engineer") has to change its place in the translation. As the relative clause referring to the subject ("der in einem kurzen Aufsatz ...") cannot follow without upsetting the sentence structure, it has to be changed altogether.

[2] Compare: "an den Universitäten Zürich und Prag" — "at the universities of Zurich and Prague".
Note:

German	English
Universität Berlin	Berlin University
	or
	University of Berlin

[3] Compare: "die ihm dreissig Jahre zuvor verliehene deutsche Staatsbürgerschaft" — "his German citizenship conferred upon him 30 years earlier".
Note:

German	English
extended participle	extended participle
before noun	after noun

E

kannt, er ging nach Amerika, um am "Institute for Advanced Study" in Princeton zu wirken.

Deutschland verlor mit ihm seinen bekanntesten und erfolgreichsten Wissenschaftler.

In den USA nahm er seine Forschungen sogleich wieder auf und veröffentlichte dort die vier Gleichungen seiner "Einheitlichen Feldtheorie", in denen die physikalischen Gesetze der beiden Urkräfte des Weltalls: Der Gravitation und des Elektromagnetismus, auf eine gemeinsame Formel gebracht werden.

Was Gleichungen dieser Art bedeuten können, zeigte sich schon, als Max Planck im Jahre 1900 seine Quantentheorie entwickelte und ein kleines, unveränderliches Wirkungsquantum fand, das sich dann als eine der wichtigsten Konstanten in der Natur erwies.

Einstein hat auf der Grundlage der Quantentheorie durch neue Gleichungen den sogenannten photoelektrischen Effekt verständlich gemacht, dem das Fernsehen und manche anderen Anwendungen der photoelektrischen Zelle ihre Existenz verdanken.

he went to America to work at the Institute for Advanced Study in Princeton.

With him Germany lost her most renowned and successful scientist

In the USA he immediately took up his research-work again and published the four equations of his "Uniform Field Theory" in which the physical laws of the two fundamental forces in the universe: gravitation and electromagnetism are reduced to a single formula.

Of what importance such equations can be was already made evident when, in 1900, Max Planck developed his quantum theory and discovered a small non-varying quantum effect which then proved to be one of the most important constants in nature.

On the basis of the quantum theory Einstein has made the so-called photoelectric effect comprehensible by new equations, to which television and other applications of the photoelectric cell owe their existence.

E

Für diese Arbeiten wurde ihm 1921 der Nobelpreis für Physik verliehen.

For these achievements he was awarded[4] the Nobel Prize for Physics in 1921.

Noch deutlicher tritt dem Laien die Wechselwirkung von Theorie und Praxis mit der berühmten Gleichung $E = mc^2$ vor Augen.

The layman can observe the interrelations between theory and practice even more distinctly in the famous equation $E = mc^2$.

Man weiss, welche Rolle sie bei der Herstellung der Atombombe gespielt hat.

It is well known what part it played in the construction of the atom bomb.

Sie besagt nichts anderes, als dass die Energie eines jeden Teilchens der Materie seiner Masse (in Gramm), multipliziert mit dem Quadrat der Lichtgeschwindigkeit (in Zentimeter pro Sekunde) entspricht.

The equation says nothing less than that the energy of each particle of matter is equivalent to its mass (in grammes) multiplied by the square of the velocity of light (in cms/sec.)

Hier handelt es sich darum, Masse in Energie zu verwandeln.

Here it is a question of how to convert mass into energy.

Um die von Einstein im Zusammenhang mit seiner Relativitätstheorie gefundene Formel an einem praktischen Beispiel zu erläutern: Ein Kilogramm Kohle würde bei vollständiger Umwandlung in Energie 25 Milliarden Kilowattstunden Elektrizität liefern, eine Menge, zu deren Produktion alle Elektrizitätswerke der

To illustrate this formula, found by Einstein, in connection with his theory of relativity, take a practical example: One kilogramme of coal, (if it were to be) completely converted into energy, would yield 25^6 kilowatt hours of electricity, a quantity for the production of which all the electrical power stations in the USA

---

[4] Compare: "wurde ihm . . . verliehen" — *he was awarded*
   Note: In German only transitive verbs can form the passive voice, i. e. only the accusative object of the active voice can become the subject of a sentence in the passive voice. In English both the direct and indirect objects of the active voice can become the subject in the passive voice.
   Active: *G:*   Man . . . . verlieh . . . . ihm . . . den Nobelpreis.
          E: *They . . . . awarded . . . him . . . the Nobel Prize.*
   Passive: *G:*   Der Nobelpreis wurde . . . . . ihm . . . verliehen.
          E: a) He . . . . was awarded . . . . . . the Nobel Prize.
          E: b) The Nobel Prize was awarded to him
[5] Compare: "die Relativität der Masse" — "that mass is relative"
   Note: Nominal (abstract) expression in German, verbal (concrete) expression in English.

Vereinigten Staaten bei ununter-brochenem Betrieb zwei Monate brauchen.

would have to work continuously for 2 months.

Einstein wies nicht nur die Rela-tivität der Masse nach, sondern auch, dass Raum und Zeit relative Grössen sind.

Einstein did not only prove that mass is relative,[5] but also that space and time are relative quanti-ties.

Bekannt ist das vergleichsweise gewählte Bild des Weltraumfah-rers, der sich annähernd mit Licht-geschwindigkeit durch den Raum bewegt.

The comparison with the space traveller who travels through space at a velocity nearly equal to that of light is well known.

Nach der Relativitätstheorie müss-te bei ihm ein neues Zeitmass wirksam werden, da sich Herz-schlag, Atmung und alle übrigen Körperfunktionen relativ verlang-samen.

According to the theory of rela-tivity a new measure of time should become effective with him, as heart beat, breathing and all other physical functions slow down proportionally.

Da auch seine Uhr im gleichen Masse zurückbliebe, könnte er von der Verminderung des Zeit-ablaufes nichts spüren.

Since his watch would also slow down correspondingly, he would not have a sensation of the decel-eration of time.

Betrüge seine Geschwindigkeit also 270 000 Kilometer in der Sekunde, so wäre er nach einer Raumfahrt von zehn Erdjahren bei seiner Rückkehr vielleicht nur um 5 Jahre gealtert.

If, therefore, his velocity were 270,000 kilometers per second, he would upon his return from a space trip lasting ten terrestrial years[6] have grown older by per-haps not more than 5 years.

Mit solchen Beispielen wird man freilich der epochalen Bedeutung der Relativitätstheorie kaum ge-

Although Einstein himself used[7] such explanations in his popular presentation of the theory, pub-

[6] Compare: "Erdjahren" — *terrestrial years*
Note: *German*   *English*
               compound noun   adjective + noun
[7] Compare: "sich . . . bedient hat" — *used*
             "hat . . . vollendet" — *completed*
Note: The use of the German past tense and perfect tense is not limited to strict rules, although the past may be considered as the story-telling past, the perfect the conversational past. In English the past tense is used for any action definitely concluded in the past (as may be indicated by a date ("published in 1917", "on March 14th"), the present perfect for any action beginning in the past and not concluded in, or having its effect on the present. Note in this connection: "Er ist seit Januar hier" (present) — E: "He has been here since January", (pres. pf.). Compare L. 34 I.

recht, obwohl Einstein selber sich in seiner 1917 erschienenen allgemein-verständlichen Darstellung derartiger Hilfsmittel bedient hat.

Die Schwierigkeit, den Inhalt der Einsteinschen Theorien in wenigen Sätzen wiederzugeben, liegt darin begründet, dass die moderne Physik die Begriffe sinnlich kontrollierbarer Erfahrung meidet und unter Verzicht auf jede Anschaulichkeit dazu übergegangen ist, die Natur mathematisch zu erfassen.

Naturgesetze durch Gleichungen zu entdecken, wird aber erst möglich durch die Postulierung einer den Kosmos durchwaltenden mathematischen Regelmässigkeit.

So ist für alle Arbeiten Einsteins das Bemühen um eine letzte Vereinfachung charakteristisch. Als Ziel gilt ihm die Mannigfaltigkeit der Natur auf ein harmonisches Grundprinzip zu reduzieren. Er denkt an ein Weltall, das in sich geordnet ist.

"Ich kann nicht glauben", so sagt er selber, "dass Gott mit der Welt Würfel spielt". Und an anderer Stelle: "Das kosmische Erlebnis der Religion ist für mich das stärkste Motiv naturwissenschaftlicher Forschung".

lished in 1917, one cannot do justice to the epoch-making significance of the theory of relativity with such examples.

The difficulty of rendering the essence of Einstein's theories in a few sentences lies in the fact that modern physics avoid all conceptions originating from our sensorially controllable experiences and without caring about perceptibility, has gone over to comprehending nature mathematically.

However, discovering laws of nature by means of equations becomes possible only through the postulation of a mathematical regularity pervading the universe.

Thus, the striving for an ultimate simplification is characteristic of all of Einstein's work. He considers it his objective to reduce the diversity of nature to a harmonious fundamental principle. He visualizes a universe, systematic in itself.

"I cannot believe", he says himself, "that God is playing dice with the universe". And at another place: "For me, the cosmic experience of religion is the strongest motive for scientific research".

E

Originalabdruck der ersten Mitteilung Albert Einsteins über die Relativitätstheorie 1905 in den Annalen der Physik.

3. *Zur Elektrodynamik bewegter Körper;* *von A. Einstein.*

Daß die Elektrodynamik Maxwells — wie dieselbe gegenwärtig aufgefaßt zu werden pflegt — in ihrer Anwendung auf bewegte Körper zu Asymmetrien führt, welche den Phänomenen nicht anzuhaften scheinen, ist bekannt. Man denke z. B. an die elektrodynamische Wechselwirkung zwischen einem Magneten und einem Leiter. Das beobachtbare Phänomen hängt hier nur ab von der Relativbewegung von Leiter und Magnet, während nach der üblichen Auffassung die beiden Fälle, daß der eine oder der andere dieser Körper der bewegte sei, streng voneinander zu trennen sind. Bewegt sich nämlich der Magnet und ruht der Leiter, so entsteht in der Umgebung des Magneten ein elektrisches Feld von gewissem Energiewerte, welches an den Orten, wo sich Teile des Leiters befinden, einen Strom erzeugt. Ruht aber der Magnet und bewegt sich der Leiter, so entsteht in der Umgebung des Magneten kein elektrisches Feld, dagegen im Leiter eine elektromotorische Kraft, welcher an sich keine Energie entspricht, die aber — Gleichheit der Relativbewegung bei den beiden ins Auge gefaßten Fällen vorausgesetzt — zu elektrischen Strömen von derselben Größe und demselben Verlaufe Veranlassung gibt, wie im ersten Falle die elektrischen Kräfte.

Beispiele ähnlicher Art, sowie die mißlungenen Versuche, eine Bewegung der Erde relativ zum „Lichtmedium" zu konstatieren, führen zu der Vermutung, daß dem Begriffe der absoluten Ruhe nicht nur in der Mechanik, sondern auch in der Elektrodynamik keine Eigenschaften der Erscheinungen entsprechen, sondern daß vielmehr für alle Koordinatensysteme, für welche die mechanischen Gleichungen gelten, auch die gleichen elektrodynamischen und optischen Gesetze gelten, wie dies für die Größen erster Ordnung bereits erwiesen ist.

E

The letters used in written or printed German have changed during the last 30 or 40 years.
Now Roman script is used in all German publications, but before that the Gothic script was in use in Germany and most of the older scientific and technological publications were printed in these Gothic letters.
As some of these older publications are still of fundamental importance, it might be useful for the reader of Scientific German to study the following text printed in Gothic script.

Gotisches Alphabet

A B C D E F G H J J K L M N O P Q R S T U V W X Y Z

a b c d e f g h i j k l m n o p q r s t u v w x y z

Ausgegeben 22. Februar 1918.
Kaiserliches Patentamt
Patentschrift
Nr. 304126

Clemens Pasel in Essen, Ruhr.

Herstellung von Gegenständen, die hohe Widerstandskraft gegen Korrosion erfordern.

Die Erfindung bezieht sich auf Gegenstände, die eine hohe Widerstandsfähigkeit gegen Korrosion erfordern, und besteht darin, daß zur Herstellung dieser Gegenstände an sich bekannte Stahllegierungen verwendet werden, die 6 bis 25 Prozent Chrom, 20 bis $^1/_2$ Prozent Nickel und bis zu 1 Prozent Kohlenstoff enthalten.

Für die Herstellung solcher Gegenstände wurden bisher vorzugsweise Nickelstähle mit etwa 10 Prozent Nickel oder 25 bis 30 Prozent Nickel empfohlen.

Durch Versuche ist nun festgestellt worden, daß Stahllegierungen von der oben angegebenen Zusammensetzung eine weit höhere Widerstandsfähigkeit gegen Korrosion besitzen als die erwähnten Nickelstahllegierungen.

Die hohe Widerstandsfähigkeit dieser Legierungen erhellt aus folgenden Angaben:

Ein Stab aus einer Legierung mit 20 Prozent Chrom und 2 Prozent Nickel zeigte, nachdem er monatelang der Einwirkung feuchter Luft ausgesetzt war, noch vollkommen blanke Oberfläche, während gleichzeitig der feuchten Luft ausgesetzte Stäbe aus gewöhnlichem Stahl und 10 prozentigem Nickelstahl stark gerostete Oberflächen aufwiesen und selbst 25 prozentiger Nickelstahl eine korrodierte Oberflächenschicht zeigte.

E

Scientific German: comparison of style

There is a marked difference in style between the German used in literature and that used in science, technology, journals and newspapers.

Science German is more rigid than e.g. the German used in literature. Flow and ease of a language are usually not the considerations of a scientist who wants to inform his reader about a complicated matter in a most precise way. For him, language is only a mould, a carrier of information. He intends to give a maximum of information with a minimum of length and has to avoid all possibilities of misinterpretation.

The result is usually a rather complex, involved sentence, full of relative clauses, participial constructions and other elements intended to specify the statements.

Fortunately there are scientists, although there are not many, who combine the essential precision of their statements with a talent for handling the flow and ease of language.

The two following articles, both dealing with the same subject, are meant to illustrate the difference between a more literary style (which need not lack precision) and the usual and typical style of Science German observed in most of the articles in German scientific or technological journals.

The **first article** was published by Professor Theodor **Heuss**, the former President of the Federal Republic of Germany in MTZ 22 (1961)/9/335-6. The article was originally given as a lecture to celebrate the hundredth birthday of Robert Bosch.

The **second article** was published by Walter **Lippart**, a leading engineer of the Bosch-company, in ATZ Bd. 63 (1961)/9/259-60, for the same occasion.

INTER NATIONES
21t/10 62/D.

1. Th. Heuss: Robert Bosch, Pionier moderner Betriebsführung.

Daß in diesem Jahre 1961 die beiden Firmen Daimler-Benz und Robert Bosch ein Jubiläum begehen können, mag gewiss als Zufall erscheinen. Oder ist es mehr? Carl Benz unternahm am 3. Juli 1886 seine erste öffentliche Ausfahrt. Dass Boschs Geburtstag am 23. September sich zum hundertsten Male jährt, gibt dem Termin seinen besonderen Aspekt. Man darf nicht der Verführung verfallen, nun dieses Jahr mit einigem Pathos als das Geburtsjahr der "Motorisierung" zu bezeichnen. Denn den standortgebundenen Motor, der durch Gas in Betrieb gesetzt wurde, gab es ja schon im Prinzip, bald auch in der Praxis seit ein paar Jahrzehnten: Lenoir, Otto. Die Leistung von Gottlieb Daimler und Wilhelm Maybach sollte es werden, in zähem Mühen das Ziel zu gewinnen, dass ein von anderer Heizkraft getriebener schnellaufender Motor für Wagen, Boote, Schienen- und Luftfahrzeuge entwickelt wurde. Als Robert Bosch seine Werkstatt aufmachte, gab es derlei noch gar nicht. Er hatte eine (schlechte) Lehre bei einem Ulmer Uhrmacher hinter sich gebracht, konnte bei Schuckert in Nürnberg erleben, was es mit der Entwicklung des elektrischen Starkstroms auf sich habe, als Hörer der heimatlichen Technischen Hochschule holte er sich einige theoretische Kenntnisse, um zu wissen, um was es sich bei dieser neuen Geschichte mit der Elektrizität wohl handle — dann ging's nach schwäbischer Art, "in die Welt", nach Amerika — dort gab es doch offenbar auch einiges zu sehen und zu lernen. Ein Mann, der Edison hiess, war dabei, sich einen Weltnamen zu schaffen. Ich glaube, diese Jahre haben den politisch-freiheitlichen Sinn, der in dem väterlichen Hause auf der Alb schon seine Herberge besessen hatte, gefestigt.

E

Doch als der Heimkehrer, nach einer Zwischenstation, sich "selbständig" machte, ging es zunächst um ganz andere Dinge als um "Motorisierung": Es war ein ganz normales Kundengeschäft für Leute, die eine Klingelleitung brauchten, die Installation eines Telephon-Anschlusses bestellten. Eine kleine Spezialität, die über den Stuttgarter Raum hinausführte, wurden die Wasserstandsfernmelder für Reservoire. Fast zufällig kam aus einer schwäbischen Kleinstadt ein Auftrag, eine Zündvorrichtung für einen ortsfesten Gasmotor zu liefern. Die Rückfrage, ob hier ein Patent vorliege, blieb ohne Antwort. So wurden einige Apparate gefertigt, und Bosch kam an die Aufgabe heran, die für die Entfaltung seines jungen Betriebes fast schicksalhaft wurde.

Robert Bosch hat es jedem, auch dem, der es gar nicht wissen wollte, gerne gesagt, dass er gar kein "Erfinder" sei. Er hatte das Glück, einfallsreiche Mitarbeiter zu gewinnen, denen er eine Chance gab; am wichtigsten wurde von ihnen in der Frühzeit Gottlob Honold, der über die Entwicklung der Hochspannungszündung hinaus später auch an solche Dinge wie die Konstruktion von Anlassern, Lichtmaschinen, Scheinwerfern und dergleichen heranging. Die junge Firma wuchs und wuchs, wesentlich, weil nun das Automobil gegen die Jahrhundertwende und im ersten Jahrzehnt nach 1900 den Charakter eines Sport-, eines Luxusartikels verliess und zu einer unentbehrlichen Selbstverständlichkeit des "bürgerlichen", bald auch des ökonomischen, schliesslich des militärischen Lebens wurde.

Die Unterhaltung, ob Bosch damit von einer "in der Luft liegenden" Konjunktur vorangetragen wurde, ist ziemlich überflüssig; denn seine Arbeit hat diese Entwicklung selber mitbestimmt, indem sie die Apparaturen zugleich zuverlässiger und handlicher machte.

Bosch selber hat noch den lebhaftesten Anteil genommen an der Entwicklung der Einspritzpumpe, als mit dem Fahrzeug-Dieselmotor das Schweröl zu einem entscheidenden Faktor der Motorisierung wurde. Dass die Firma dann in andere Bezirke feinmechanischer Fertigung griff (Elektro-Werkzeuge, Kühlschränke, Rundfunk- und Kinogeräte usw.), ergab sich zum Teil aus dem Bedürfnis einer breiteren Lagerung des Risikos und der Sicherung der Beschäftigung der Belegschaft, dann doch auch, um spezifische Erfahrungen der wissenschaftlichen Laboratoriums-Forschung wie der organisatorischen Betriebstechnik nutzbar zu machen.

Das Grossartige dieser Entwicklung, an der so viele ihren verdienstvollen Anteil haben, scheint mir nun dies zu sein, dass die geistige und moralische Erscheinung dieses Mannes Robert Bosch über sein Ende hinaus wirksam blieb. Sie muss als Einheit begriffen werden. Man mag, auf den Beginn

E

blickend, das Arbeitsethos, das die gute, das die beste Arbeit forderte, als entscheidend werten. Was aus seiner Werkstatt, dann seinem "Fabrikle", seiner werdenden Fabrik, seinem Werk, seinen Werken zum Kunden und Bezieher kam, musste in der Qualität des Materials und in der Präzision der Arbeit völlig zuverlässig sein. "Lieber Geld verlieren als Vertrauen!" Das scharfe Auge und der sehr wache kritische Verstand erspürten im Menschen und in seiner Arbeitsleistung die zuverlässige Qualität. Für die Frühzeit seines Beginns ist der durch die Arbeitsstätten gehende Bosch, der Nachlässigkeiten, Materialverschwendung und dergleichen zu entdecken wusste, etwas wie eine Legendenfigur geworden, bei der Strenge, ja auch gelegentliche Schroffheit angemerkt wurden.

Aber in seinem Wesensgrund war er weich, nicht weichlich: Von einem humanitären Rationalismus bestimmt, führte er 1906 den Achtstundentag ein. Denn er war sich seiner individuellen Verantwortung für das wachsende Werk mit phrasenlosem Stolz bewusst.

Boschs Beginn und fast plötzlich einsetzender früher Aufstieg hat, wenn man ihn mit den Augen der typisierenden Wirtschaftshistoriker betrachtet, einen fast rührenden Zug. Es gab weder Bankinteressen noch konsortionale Investitionskredite, sondern, sofern sich das zum Beginn bei plötzlichen Anforderungen ergab, den alten guten Personalkredit aus der Familie und der Freundschaft. Das ist, von der späteren Entwicklung her betrachtet, fast eine Idylle, ein Stück nachgeholtes Biedermeiertum. Doch erwähne ich es, weil es zu dem misstrauischen Unabhängigkeitsbedürfnis des Mannes gehört, der in Gelddingen zugleich penibel und überlegen war.

Er litt ganz persönlich unter der lebensvernichtenden Widersinnigkeit des ersten Weltkrieges; dieser Krieg hatte aber wegen seiner vorangehenden Technisierung die Wirkung, Aufträge und Aufträge ins Haus zu bringen, er wollte aber durch das Leid von Millionen, das den Krieg begleitete, nicht reicher werden und stiftete den "Gewinn", dreizehn Millionen, für öffentliche Zwecke wie Krankenhäuser, die Kanalisierung des Neckars, usw.

Es ist bekannt, nein, wahrscheinlich ist es vergessen, dass Bosch zu den ersten Industriellen in Deutschland gehörte, der mit einer Millionen-Stiftung an die Stuttgarter Technische Hochschule die Pflicht gegenüber der Wissenschaft erkannte und anerkannte — solches ist nun in Deutschland zum Glück nicht mehr exzeptionell, aber als Pionierleistung wohl anmerkenswert.

Dieser Mann verstand es ganz einfach durch das So-Sein den Mitarbeitern ein Element des inneren Wesens zu vermitteln.

E

2. W. Lippart: Der Beitrag von Robert Bosch zum Aufstieg der Automobil-
industrie.

Robert Bosch, am 23. September vor hundert Jahren in Albeck auf der
Schwäbischen Alb als Sohn eines Gastwirts und Bauern geboren, war
ein Unternehmer eigener Prägung. Ihm gelang nicht nur der Aufstieg vom
Mechaniker zum Industrieführer, er verstand es auch wie kaum ein
zweiter, die Zweckbestimmtheit der technisch-wirtschaftlichen Welt mit
den sozialen und humanen Erfordernissen des modernen Industrie-
zeitalters in Einklang zu bringen.

Sein Werk, 1886 in Stuttgart als kleiner Handwerksbetrieb, als ''Werk-
stätte für Feinmechanik und Elektrotechnik'' gegründet, wurde zu einem
der bedeutendsten deutschen Unternehmen, das auf technischem wie
auf sozialem Gebiet Pionierarbeit geleistet hat und dessen Erzeugnisse
Weltruf geniessen. Dabei baute Robert Bosch nicht auf theoretischen
Grundlagen oder Überlegungen auf — er war auch kein Erfinder und
lehnte es stets ab, als solcher zu gelten —, bestimmend für ihn war die
Erfahrung der täglichen Arbeit. In seinem Unternehmen strebte er unab-
lässig nach höchster Leistung und Qualität, verbunden mit grösster
Wirtschaftlichkeit, und nach Verwirklichung seiner sozialen Ziele. Dabei
halfen ihm sein erstaunliches Einfühlungsvermögen in Menschen und in
technische Vorgänge, sein stets vorwärtsdrängender, doch nie unbeson-
nener Unternehmungsgeist und sein lauterer Charakter.

Erster Magnetzünder von Bosch, 1887

E

Als Robert Bosch seine Werkstatt gründete, kannte er sicherlich noch keine elektrischen Zündanlagen für Motoren. Sein Arbeitsgebiet war die Anlage und Reparatur von Telephonen, Haustelegraphen, Blitzableitern und die Ausführung von feinmechanischen Arbeiten verschiedener Art. Durch einen Zufall stiess er im Sommer 1887 auf das Problem der Zündung an Benzinmotoren, das sofort sein technisches Interesse weckte. Noch im gleichen Jahr lieferte er den ersten Niederspannungszündapparat mit Abschnappeinrichtung und Zündflansch für einen ortsfesten Ottomotor.

Die Bosch-Niederspannungszündung ersetzte in verbesserter Ausführung die von Daimler und Benz verwendete Glührohr- bzw. Summerzündung. Robert Bosch hat durch diese Entwicklung, die er von Anfang an sehr ernst nahm, der jungen Motorenindustrie in der ganzen Welt einen grossen Dienst erwiesen und wesentlich zur Weiterentwicklung des schnelllaufenden Ottomotors beigetragen. Noch heute erinnert die Fabrikmarke Bosch, der "Anker im Kreis", an den Doppel-T-Anker, der schon bei den ersten Niederspannungszündmagneten angewendet wurde.

Die Niederspannungszündung genügte aber auf die Dauer vor allem für die immer höher werdenden Drehzahlen der Fahrzeugmotoren nicht. Dies wurde im Hause Bosch frühzeitig erkannt; das Ergebnis war die von Gottlob Honold 1901/02 entwickelte Hochspannungsmagnetzündung, die entscheidend zur Entwicklungsreife des Kraftfahrzeugmotors und zum beispiellosen Siegeslauf des Automobils beitrug.

Im Jahre 1914 wurden fast 90 Prozent der in Stuttgart hergestellten Zündapparate in alle Welt exportiert. Erst von 1926/27 an trat an Stelle der Hochspannungsmagnetzündung die Batteriezündung, die Bosch ebenso grundlegend weiterentwickelte und verbesserte. Auch auf dem übrigen Gebiet der elektrischen Kraftfahrzeugausrüstung, vor allem bei Anlassern, Licht- und Signalanlagen, hat das Haus Bosch Pionierleistungen vollbracht.

In den zwanziger Jahren wurde bei Bosch — man kann fast sagen analog zur Zündung für den Ottomotor — die Einspritzung für den Dieselmotor entwickelt. Auch hier gelang es 1927, ein System auf den Markt zu bringen, das in seiner Funktion bereits hoch entwickelt war und mit wesentlich kleinerem Gewichts- und Raumaufwand als bisher das schwierige Problem der Einspritzung, also der Dosierung und Verteilung sehr kleiner Kraftstoffmengen unter hohem Druck in den Verbrennungsraum des Motors löste. Auch in diesem Fall erkannte Robert Bosch weit vorausschauend die für die Wirtschaft notwendige Entwicklung des Dieselmotors, und es war seiner besonderen Initiative und Tatkraft zuzuschreiben, dass seine Firma sich bereits von 1922 an mit diesem Problem beschäftigte und eine Lösung fand, die den Dieselmotor ebenso entscheidend förderte wie seinerzeit die Bosch-Zündung den Ottomotor.

Erster Einbau einer Bosch-Einspritzpumpe an einem PkW mit Dieselmotor, 1927

Ausser mit der Dieseleinspritzung befasste sich das Haus Bosch schon in den dreissiger Jahren mit der Einspritzung von Benzin zum Betrieb von Ottomotoren. Dieses Verfahren fand in grösstem Umfang Anwendung bei Flugmotoren und ist in weiterentwickelter Bauart seit ein paar Jahren charakteristisches Kennzeichen einiger Wagentypen der Daimler-Benz AG.

Allgemein gilt, dass eine fähige Teile- und Zubehörindustrie, die auf wissenschaftlicher Grundlage arbeitet, heute ein unentbehrlicher Helfer des Kraftfahrzeugbaus ist und durch eigene Entwicklung, beste Fertigung und entsprechende Zusammenarbeit sehr wesentlich zum Gedeihen und zur Weiterentwicklung der Automobilindustrie beiträgt. Dies wird besonders klar, wenn man berücksichtigt, dass bis zu 60 Prozent des Produktionswertes eines Automobils durch Spezialfirmen geliefert werden.

Bedingung für die Erfüllung der Aufgabe der Zulieferindustrie ist es, in

E

weitem Umfang angewandte und auch vorausschauende Forschung zu betreiben und dafür immer die modernsten Mittel, Methoden und Stoffe zu verwenden. Es sei hier nur kurz z. B. auf die Anwendung der Halbleitertechnik und Elektronik für die Autoelektrik hingewiesen. Aus dem Kleinstbetrieb von Robert Bosch wurde eine Weltfirma, die heute einschliesslich ihrer Fertigungs- und Betriebsgesellschaften im In- und Ausland rund 73 000 Mitarbeiter beschäftigt, von denen mehr als die Hälfte für die Kraftfahrzeugausrüstung arbeitet. Das Wirken von Robert Bosch reichte aber weit über sein Unternehmen hinaus, als Förderer des allgemeinen Wohls stiftete er Millionenbeträge, vor allem für die Nach- wuchs- und Begabtenförderung, für die Volksbildung und für die Medizin. Sein Leitwort war: "Sei Mensch und ehre Menschenwürde".
Bis zu seinem Todestag am 12. März 1942 stand Robert Bosch seinen Mitarbeitern als ein Vorbild an Tatkraft mit seinem Streben nach Höchst- leistung unmittelbar vor Augen, darüber hinaus als ein Beispiel mensch- licher Lauterkeit und sozialer Gesinnung. Die Nachfolgenden wissen sich seinem Geist und seinen Grundsätzen auch für die Zukunft verpflichtet.

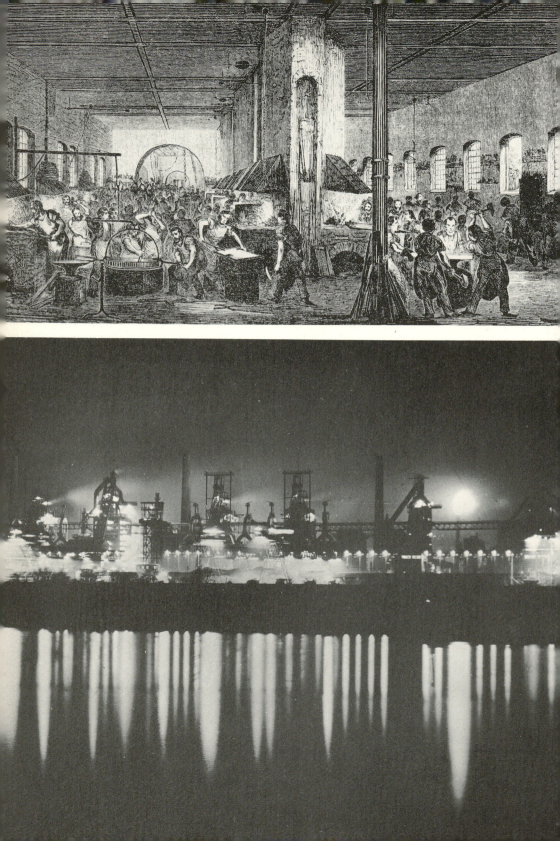

Section VI

Oben: Schmiede in Borsigs Maschinenbauanstalt, 1848 (Holzschnitt).

Unten: Nachtaufnahme der Hochofenfront des
Hüttenwerks in Rheinhausen

Two scientists, the German Rudolf Mössbauer and the American Richard Hofstadter received the Nobel Prize in Physics in 1961. On this occasion the German weekly newspaper "Die Zeit" rendered an account of the history of the Nobel Prize in Physics.

Zwei Forscher, der damals 32jährige Münchner Rudolf Mössbauer und der 56jährige Amerikaner Richard Hofstadter, wurden 1961 mit dem Nobelpreis für Physik ausgezeichnet. Hofstadter wurde damit für seine Untersuchungen an den Atomkern-Bestandteilen geehrt, aus denen hervorging, dass die Elementarteilchen Proton und Neutron von gleicher Struktur sind und auch nicht, wie man bisher annahm, letzte unteilbare Einheiten. Diese Entdeckungen sind für die Erkenntnis des Aufbaus von Materie und Raum von ausserordentlicher Tragweite. Mössbauer erhielt den Preis für seine Doktorarbeit über die Kernresonanzfluoreszenz. An der Geschichte des Nobelpreises für Physik lässt sich ablesen, wie in den letzten Jahrzehnten unser Weltbild umgestülpt worden ist.

Drei Deutsche waren unter den Auserwählten, als vor sechzig Jahren die ersten Nobelpreise vergeben wurden. Einer von ihnen, der 56jährige Professor für physikalische Messtechnik in Würzburg, Wilhelm Conrad Röntgen, erhielt die hohe Auszeichnung für eine Entdeckung, die er dem Zufall verdankte. Beim Experimentieren mit Geisslerschen

Wilhelm Conrad Röntgen (1845–1923)

E

Röhren, in denen, unter dem Einfluss hoher elektrischer Spannungen, Elektronen von einer geladenen Metallplatte zur anderen fliegen, sah er plötzlich eine Knochenhand. Es war seine eigene Hand, die er über die mit einem schwarzen Spezialpapier umwickelte Röhre gehalten hatte. Er hatte entdeckt, dass die von der Glaswand und dem Papier gebremsten Elektronen eine neue Strahlung bilden, die viele Substanzen zu durchdringen vermag.

In seinem Testament hatte Alfred Nobel bestimmt, dass die Zinsen aus seinem hinterlassenen Vermögen jährlich zu gleichen Teilen fünf Persönlichkeiten zufallen sollen, "die der Menschheit den grössten Nutzen geleistet haben". Die Röntgenstrahlen haben allein schon durch ihre Verwendung in der Medizin der Menschheit viel geholfen. In der Physik hat Röntgens Entdeckung den Anstoss zu einem gewaltigen Abenteuer gegeben, dem Eindringen in die Feinstruktur unserer Welt — in die Atomphysik.

Die Natur der neuen Strahlen blieb den Physikern freilich noch 16 Jahre lang verborgen. Hatte man es mit fliegenden Teilchen — ähnlich den Elektronen im Kathodenstrahl — zu tun, oder mit Wellen, wie beim Licht? Man wusste es nicht. Zunächst gelang es weder Masse noch Energie von Partikeln im Röntgenstrahl festzustellen, noch konnte man an den feinsten Gittern eine Beugung nachweisen. Wenn Röntgens Strahlen Wellen sind, so schloss man aus den fehlgeschlagenen Beugungsexperimenten, dann müssten sie eine zehntausendmal kleinere Wellenlänge haben als das Licht. Für derart kleine Wellenlänge aber waren die optischen Gitter zu grob.

Da kam 1912 Max von Laue auf den Gedanken, Kristalle als Beugungsgitter zu verwenden. In den Kristallen sind die Atome nach einem geometrischen Prinzip regelmässig angeordnet. Da das Atom etwa ein hundertmillionstel Zentimeter gross ist und die Abstände der einzelnen Atome voneinander in einem Kristall kaum grösser sein dürften, müssten die Röntgenstrahlen — falls ihre Wellenlänge nicht viel kleiner ist als jene Abstände — beim Durchgang durch das Atomgitter abgelenkt werden. Der Versuch gelang, die Wellennatur der Strahlen wurde dadurch bewiesen. Und gleichzeitig auch die atomistische Struktur der Materie, die damals noch keinesfalls gesichert war. Laues Entdeckung hat den Chemikern und Mineralogen eine Fülle neuer Erkenntnisse über den atomaren Aufbau von Kristallen und chemischen Verbindungen ermöglicht. Auch in der Industrie werden Röntgenstrahlen benutzt, deren Beugungsbilder — die sogenannten Laue-Diagramme — Aufschluss über die Eigenschaften der Stoffe geben.

E

Max von Laue (1879–1960)

Max von Laues Entdeckung wurde 1914 mit dem Nobelpreis geehrt. Welle oder Korpuskularstrahl — diese Frage sollte indessen noch in einem ganz anderen Licht erscheinen. Sie wurde zum Impuls für eine dramatische Änderung unseres Weltbildes.

Erhitzt man einen Körper, dann beginnt er bei steigender Temperatur zunächst rot, dann orangenfarben, gelb und schliesslich weiss zu glühen. Die Strahlungsenergien, die von dem erhitzten Körper abgegeben werden, hatten Lummer und Pringsheim um die Jahrhundertwende an der Physikalischen Reichsanstalt in Berlin gemessen. Nun bemühte man sich, einen Zusammenhang zwischen diesen gefundenen Energiebeträgen, den Temperaturen und den Wellenlängen herzustellen — nach der klassischen Theorie der Wärme und der elektromagnetischen Lichtwellen. Aber es gelang nicht.

Schliesslich fand der Berliner Physiker Max Planck eine mathematische Gleichung, die mit den experimentellen Ergebnissen übereinstimmte. Diese Gleichung freilich setzte voraus, dass die Menge der Energie, die bei dem Strahlenvorgang abgegeben wird, sprunghaft wächst, und dass sie auch nur sprunghaft absorbiert wird. Ein strahlender Körper kann also nicht beliebig kleine Energieportionen abgeben, und ebenso kann auch ein Gegenstand Energie nur "ruckweise" aufnehmen. Es gibt für die jeweilige Lichtfrequenz eine kleinste Portion, das Energiequantum.

Planck hatte die weitreichenden Konsequenzen seiner genialen Entdeckung nicht vorausgesehen. Er war vielmehr der Meinung, er habe

E

mit seiner Arbeit, die im Dezember 1900 erschien, lediglich eine Korrektur an der Strahlungsgleichung für erhitzte Körper vorgenommen. Erst fünf Jahre später postulierte der Angestellte am Berner Patentamt, Albert Einstein, dass sich alle Formen der Strahlungsenergie: Licht-,

Albert Einstein (1879–1955)

Wärme- und Röntgenstrahlen in Quanten fortpflanzen, dass Licht aus einzelnen Teilchen, den Photonen, zusammengesetzt ist. Diese Photonen bombardieren unsere Nerven und rufen so auf unserer Haut die Wärmeempfindung und im Auge die Lichtreize hervor.

Elektronen unter Beschuss
Mit dieser Vorstellung vom Licht als einer Garbe fliegender Geschosse konnte Einstein auch den bis dahin unverständlichen "photoelektrischen Effekt" erklären: Wenn Lichtstrahlen auf eine Metallplatte fallen, dann sendet diese Elektronen aus. Die Geschwindigkeit, mit der die ausgestossenen Teilchen fortfliegen, ist allein von der Frequenz des Lichtes abhängig und nicht von seiner Intensität. Sie ist also bei der Bestrahlung mit rotem Licht geringer als bei violettem. Einsteins Theorie vom Licht als Photonenbombardement machte diese seltsame Erscheinung plausibel: Die Lichtquanten schlagen die Elektronen aus dem Metall heraus. Je grösser die Frequenz des Lichtes ist, um so heftiger ist seine Schlagkraft.
Es gibt freilich Lichtphänomene, die Ablenkung eines Lichtstrahls an einem engen Spalt, und die Tatsache, dass Lichtstrahlen sich unter

gewissen Bedingungen gegenseitig auslöschen können, gehören dazu, die sich nur mit der Wellentheorie erklären lassen. Beides muss also wahr sein: Licht ist eine Wellenerscheinung und Licht ist ein Strahl fliegender Teilchen. Offenbar genügt unsere Logik nicht, um die beiden sich einander ausschliessenden und dennoch zutreffenden Vorstellungen unter einen Hut zu bringen.

Zwei Theorien — eine Formel
Dieser Dualismus besteht indessen nicht nur beim Licht. Der französische Physiker Louis de Broglie sprach 1925 als erster die Vermutung aus, dass manche Phänomene der Atomphysik sich besser erklären liessen, wenn man die Elektronen nicht als individuelle Partikel, sondern als Wellensysteme betrachtete. Der Wiener Erwin Schrödinger (Nobelpreis für Physik 1933) griff diesen Gedanken auf und ordnete in einer mathematischen Gleichung den Elektronen und Protonen spezifische Wellen zu. Aber nicht nur diese Teilchen, sondern auch Atome und ganze Moleküle liessen sich als komplexe Gebilde aus Materiewellen erklären.

Werner Heisenberg (geb. 1901)

Werner Heisenberg und Max Born fanden schliesslich eine Möglichkeit, diesen Dualismus zu überbrücken. Sie verzichteten auf die Betrachtung des einzelnen Teilchens, dessen Lage und Geschwindigkeit nach der Heisenbergschen Unschärfe-Relation ohnehin nicht gleichzeitig zu bestimmen sind, und definierten statt dessen die Intensität eines Teils der

E

Welle als ein Mass der statistischen Verteilung der Partikel an jener Stelle. Aber auch dies ist letztlich nur eine Modellvorstellung, die ein und denselben mathematischen Ansatz erlaubt, gleichgültig, ob die Materie oder die Strahlen im gegebenen Einzelfall sich als Wellen oder Teilchen äussern.

Der Dualismus Welle — Korpuskel wird wohl immer unanschaulich bleiben. Warum sollten auch die Gegebenheiten im Mikrokosmos anschaulich sein, warum sollte in dieser Welt der kleinsten Bausteine noch unsere Logik gelten? Schliesslich hat sich ja das menschliche Gehirn nach Darwins Evolutionstheorie als ein Mittel zum Überleben entwickelt, und dazu reicht ein Verarbeitungsprogramm von Sinneseindrücken, das auf den Makrokosmos anwendbar ist, vollkommen aus.

Ein weiterer Impuls zur Beschäftigung mit der Welt der Atome ging von der Entdeckung der Radioaktivität durch den französischen Physiker Becquerel (Nobelpreis 1903) aus. Er veranlasste das Ehepaar Pierre und Marie Curie (Nobelpreis 1903), die aus dem Uran kommenden Strahlen systematisch zu untersuchen. Sie fanden das nach Madame Curies Heimatland Polen benannte Polonium und das Radium. Ernest Rutherford (Chemie-Nobelpreis 1908) stellte fest, dass von radioaktiven Stoffen drei Arten von Strahlen, die Alpha-, Beta- und Gammastrahlen ausgehen, und dass sich dabei das strahlende Element in ein neues verwandelt. Es gelang ihm auch, diesen Zerfall künstlich zu beeinflussen. Diese Experimente standen am Anfang der Entwicklung eines neuen Forschungsgebietes, der Kernphysik. Sie erreichte einen Höhepunkt mit

Otto Hahn (1879–1968)

den Experimenten, die Otto Hahn (Nobelpreis für Chemie 1945) und
Fritz Strassmann am Kaiser-Wilhelm-Institut in Berlin-Dahlem durch-
führten und deren Ergebnisse Hahns frühere Mitarbeiterin Lise Meitner
und deren Neffe Otto Robert Frisch ausdeuteten: Die Spaltung eines
Atomkerns in zwei neue Kerne. Bei dieser Kernspaltung wird Energie
frei, gleichzeitig werden dabei Neutronen freigesetzt, die ihrerseits
wieder Atomkerne zertrümmern können, wobei dann wieder Energie
und Neutronen ausgelöst werden und so fort. Diese Kettenreaktion liess
die Umwandlung von Materie in Energie, deren prinzipielle Möglichkeit
von Einstein vorausgesagt worden war, Wirklichkeit werden.

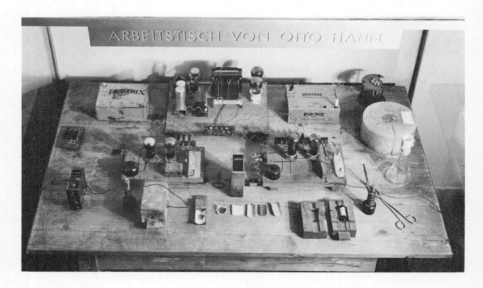

Hahn hatte auch als erster die "Isomerie" entdeckt. Atomkerne, die
sich voneinander nur dadurch unterscheiden, dass sie sich in verschie-
denen "angeregten" Zuständen befinden, nennt man isomer. Auch ein
Atomkern kann, wie wir wissen, als Welle aufgefasst werden. Und wie
es zu Schallwellen Obertöne gibt, so ist auch ein Atomkern verschiedener
Schwingungszustände fähig, mithin auch verschiedener Energieniveaus.
Nach der Quantentheorie muss man dem Kern eine wohlbestimmte
Energiemenge — sprich Frequenz — zuführen, damit er auf ein höheres
Niveau springt. Ebenso kann er nicht allmählich zu seinem Grundzustand
zurückkehren, sondern nur ruckweise, wobei er die für ihn charakteristi-
schen Energiequanten — und damit eindeutig bestimmte Frequenzen —
als Gammastrahlung abgibt. Diese Strahlung hat die gleiche Schwingungs-

E

zahl, die notwendig ist, um andere Kerne des gleichen Materials wieder anzuregen. Mithin müsste sich der Anregungszustand auf andere Kerne übertragen, wie eine Stimmgabel eine zweite, die sich in ihrer Nähe befindet, zum Schwingen anregt — vorausgesetzt, dass beide auf den gleichen Ton gestimmt sind.

Es ist das Verdienst des Münchener Physikers Rudolf L. Mössbauer, diese ''Kernresonanz'' experimentell nachgewiesen zu haben. Hierzu musste er freilich einen Trick ersinnen: Atome befinden sich bei normalen Temperaturen ständig in Bewegung, und diese Bewegung verhindert die Resonanz. Ein Auto, das hupend an uns vorbeifährt, macht den Effekt deutlich. Der Hupton ändert seine Höhe.

Bewegt sich also der Absender einer Welle, dann kommt diese beim Empfänger mit einer veränderten Frequenz an, und ebenso ändert sich für den Nachbarkern die Frequenz der Gammastrahlen, die ein bewegter Atomkern abgibt. Hinzu kommt noch, dass der Atomkern bei der Abgabe des Gammaquants einen Rückstoss erleidet, wodurch ebenfalls eine Frequenzänderung eintritt. So kann es hier ebensowenig zur Resonanz kommen, wie zwischen zwei gegeneinander verstimmten Stimmgabeln.

Atome werden eingefroren

Mössbauers Trick besteht nur darin, die strahlenden Atome in einen festen kristallinen Körper einzubauen und auf die Temperatur von flüssiger Luft zu bringen. Die eingefrorenen Atome können sich kaum mehr bewegen, und der Rückstoss teilt sich dem ganzen Kristall mit, wodurch seine Wirkung minimal wird. Die Frequenz des abgestrahlten Gammaquants bleibt unverändert, und es kommt tatsächlich zur Resonanz.

Der Mössbauer-Effekt gestattete es zwei amerikanischen Forschern, eine weitere These Einsteins — die Rotverschiebung experimentell zu bestätigen. Nach der Relativitätstheorie muss ein Lichtstrahl seine Frequenz verringern, wenn er einem Schwerefeld entgegenläuft. Bisher fehlte ein Messinstrument, das präzise genug war, um diese minimale Frequenzänderung aufzuspüren. Ein solches Messinstrument hat Mössbauer mit seinem Trick geschaffen.

Physik ist ein Wechselspiel zwischen kühnen Theorien und ihren experimentellen Bestätigungen, und die 75 Nobelpreisträger der Physik sind Theoretiker wie Albert Einstein und Experimentatoren wie der 32jährige Rudolf Mössbauer, dessen Entdeckung der physikalischen Forschung eine Uhr von unvorstellbarer Genauigkeit beschert hat — eine Sonde, die tief in die Feinstruktur unserer Welt eindringt.

Th. von Randow, Die Zeit, Nr. 46 — 10–11–1961

Nobel Prize Winner Otto Hahn, the discoverer of atomic fission, gives an outline of the history of the fission of uranium and its consequences for the world of science.

1. Die klassische Epoche der Atomforschung.

Die Atomforschung nahm ihren Anfang vor 60 Jahren, als Professor und Madame CURIE in Paris die neuen, stark radioaktiven Elemente Polonium und Radium herstellten. Vor allem aber das Radium mit seinen millionen-mal stärkeren Wirkungen war eine Sensation und wurde die Basis für die stürmisch eintretende Forschung. Heute steht allerdings das Uran mehr als das Radium im Mittelpunkt des Interesses. In 20-jähriger Forschung wurden die aus dem Uran und dem Thorium entstehenden radioaktiven Substanzen erkannt und in ihren Eigenschaften untersucht. Das Studium der Umwandlungsvorgänge und der ausgesandten Strahlen brachte die Erkenntnis vom Zerfall der Elemente; das chemische Atom hörte auf, der unveränderliche, unteilbare kleinste Bestandteil der Materie zu sein. Das Rutherfordsche Atommodell brachte die Zusammensetzung des Atoms als Atomkern und die den Kern umgebende Elektronenhülle oder Elektronenwolke. Neben die Molekularforschung der Chemie und Physik war die Kernforschung getreten.

Vielleicht das Wichtigste an den neuen Erkenntnissen war die Tatsache, dass man die Empfindlichkeit des Nachweises chemischer Elemente und Atome gegenüber den üblichen Methoden der Chemie und Physik durch die Wirkung der von den Radioelementen ausgesandten Strahlenteilchen bis zu unwägbaren Mengen, ja bis hinab zu den einzelnen Atomen steigern, dabei aber ihre Eigenschaften einwandfrei feststellen konnte.

2. Die künstliche Atomumwandlung und die Elementarteilchen.

Vor nahezu 40 Jahren kam nun durch den berühmten Physiker Ernest Rutherford eine neue umwälzende Entdeckung: Die künstliche Atom-umwandlung, nämlich die Umwandlung des Stickstoffs bei Beschiessen mit den energiereichen α-Teilchen des Radiums (das sind Heliumatome), in Sauerstoff und Wasserstoff. Aus $14+4$, den Massen von Stickstoff und Helium (α-Teilchen), entstanden die Massen $17+1$. Der Jahrhunderte alte Traum der Alchemisten war in Erfüllung gegangen, allerdings anders, als die Alchemisten es sich gedacht hatten. Wieder handelte es sich um absolute unwägbare Mengen. Rutherford rechnete sich aus, dass es

C

wohl ein paar tausend Jahre dauern würde, bis unter seinen Versuchsbedingungen auch nur 1 cm³ Wasserstoff entstanden sei.

Der Rutherfordschen Entdeckung folgten weitere, und das Jahr 1932 brachte neben dem Positron und dem schweren Wasserstoff die Entdeckung des Neutrons durch Chadwick in England. 1934 folgte die Entdeckung der künstlichen Radioaktivität durch das Ehepaar Joliot-Curie. Durch das Neutron erfolgte die Erklärung der Isotopie.

Die Entwicklung ging in immer schnellerem Tempo weiter. Nicht nur mit den schnell bewegten α-Teilchen des Radiums wurden künstliche Atomumwandlungen durchgeführt; allmählich war es auch gelungen, statt der a-Strahlen des Radiums intensivere Geschosse für Atomumwandlungen zu gewinnen und zwar vor allem hochbeschleunigte Wasserstoffatomkerne. Das von dem Amerikaner Ernest Lawrence gebaute Zyklotron lieferte Strahlen, die an Intensität Kilogrammen von Radium gleichwertig waren. Die Methoden des Nachweises der Umwandlungen blieben dieselben. An eine Wägbarkeit war zunächst noch nicht zu denken. Wieder gab es einen Schritt vorwärts. Es war der italienische Physiker Enrico Fermi, der mit Segrè und anderen den Vorteil der Neutronen gegenüber den bisher verwandten elektrisch geladenen Wasserstoff- und Heliumteilchen erkannte. Mit den positiv geladenen Teilchen konnte man an die ebenso positiv geladenen höheren, schweren Elemente nicht herankommen. Sie wurden trotz ihrer grossen Bewegungsenergie abgestossen. Die Neutronen dagegen erfahren keine Abstossung, wenn sie einen Atomkern treffen. Sie können von dem Kern aufgenommen werden, erhöhen dessen Atomgewicht um das Atomgewicht des Neutrons, also um eine Einheit. In vielen Fällen ist aber ein solches künstliches Atom nicht stabil, ein negatives Elektron verlässt das Atom, das Element verwandelt sich dabei in das nächsthöhere Element.

Fermi machte also seine Versuche mit den ungeladenen Neutronen, und es gelang ihm, Atomumwandlungen über das ganze Periodische System der Elemente durchzuführen, bis hinauf zum Uran. Er bekam Aktivitäten, die von der Emission von β-Strahlen, also negativen Elektronen, herrührten. Nach allem, was man damals wusste, mussten aus dem Uran, dem höchsten in der Natur vorkommenden Element, durch die Emission von β-Strahlen Elemente jenseits Uran, Trans-Urane, Vertreter des Elementes 93 und vielleicht noch ein höheres, entstanden sein. Ein sog. 13 min-Körper wurde genauer untersucht, die anderen Aktivitäten verschwanden zu schnell für eine sichere Messung.

Die Fermischen Versuche wurden teilweise bestritten, es wurde auf die Möglichkeit hingewiesen, das von Fermi als Element 93 angenommene

Element von 13 min Halbwertzeit sei vielleicht ein Vertreter, ein Isotop, des nächst niederen Elementes der Kernladung 91.

3. Die Spaltung des Atoms.

Bei diesem Stand der Forschung entschlossen sich Professor Meitner und ich, die Fermischen Versuche nachzuprüfen, denn wir hatten schon fast 20 Jahre vorher das Protactinium, den langlebigen Vertreter des Elementes 91, entdeckt und kannten seine Eigenschaften.

Wir konnten einwandfrei nachweisen, dass der Fermische 31 min-Körper kein Protactinium war; der Schluss auf ein neues Element jenseits Uran schien also zwingend. Denn nach dem damaligen Stande der theoretischen Atomkernforschung konnten durch Neutronen aus dem Uran nur dessen nächste Nachbarn entstehen.

In jahrelanger Arbeit haben wir, Lise Meitner, Fritz Strassmann und ich, die Versuche fortgesetzt, wir fanden viele künstliche radioaktive Substanzen, die wir alle für Elemente jenseits Uran ansehen mussten.

Die Verhältnisse waren recht verwickelt, und sie wurden noch verwickelter, als Dr. Strassmann und ich im Herbst 1938 einige weitere künstlich aktive Stoffe abschieden, die wir für künstliche Vertreter des Radiums halten mussten. Der Schluss auf Radium war zwingend, denn nach den chemischen Eigenschaften der neuen Substanzen konnte es sich nur um Radium oder Barium handeln. Barium, als ein im System der Elemente weit von Uran entferntes Element, war nach dem Stand der Forschung ausgeschlossen, also blieb nur das Radium.

Aber als wir dieses künstliche Radium aus dem zugesetzten Trägerelement Barium anreichern wollten, gelang dies nicht. Dabei waren uns die Trennmethoden absolut geläufig, denn ich hatte schon im Jahre 1906 ein Element mit den Eigenschaften des Radiums, das Mesothor, entdeckt und festgestellt, dass eine Trennung unmöglich ist. Die Substanzen sind Isotope. Ein weiteres Isotop des Radiums ist das ebenfalls von mir aufgefundene Radiothor entstehende Th X.

Unsere künstlichen Präparate waren nur im Geiger-Müller-Zähler als wenige Atome nachweisbar. Mit ebenso schwachen Präparaten des β-strahlenden Mesothors und des α-strahlenden Th wiederholten wir nun unsere uns seit vielen Jahren geläufigen Trennungen Radium von Barium. Auch die wenigen Atome der natürlichen Radium-Isotope MSth und Th X liessen sich von Barium trennen, unsere künstlichen, aus dem bestrahlten Uran abgetrennten aber nicht. Alles sprach bei den künstlichen Atomen für Barium, aber wir zweifelten noch immer.

Schliesslich gingen wir noch einen Schritt weiter und stellten uns

C

Mischungen her von den natürlichen Radium-Isotopen MSth einerseits, Th X andererseits, getrennt von deren Umwandlungsprodukten und von unseren künstlichen sog. Radium-Isotopen, ebenfalls getrennt von allen anderen Umwandlungsprodukten der Uranbestrahlung. Träger für die Versuche war wieder das Barium. Das Ergebnis war: Wir konnten das natürliche Radium vom Barium durch fraktionierte Kristallisation trennen, das künstliche nicht. Nun war kein Zweifel mehr. Unsere künstlichen Radiumpräparate waren kein Radium, sie waren Barium, ein auch von uns zunächst sehr bezweifeltes, weil von der Physik für unmöglich gehaltenes Ergebnis. Das Uran war in mittelschwere Elemente zerplatzt, von denen wir zunächst das Barium in Gestalt dreier Isotope nachgewiesen hatten.
Bei diesen Arbeiten, bei denen es sich immer um die Trennung zahlreicher, sich weiter umwandelnder aktiver Atomarten handelte, man also immer schnell, aber chemisch einwandfrei arbeiten musste, bewährten sich die Methoden, die wir in langen Jahren als Radiochemiker gelernt hatten. Wenige Wochen nach dem Barium hatten wir auch den zweiten Partner, das Krypton, nachgewiesen.

Die Kernladungen Barium 56 und Krypton 36 ergeben die Kernladung des Urans.

Unmittelbar nach unserer ersten Mitteilung konnten meine frühere Kollegin Lise Meitner und ihr Neffe Frisch das Zerplatzen des Urans auf Grund neuer theoretischer Überlegungen erklären und berechnen, dass bei dem Vorgang eine ausserordentlich grosse Energiemenge freigesetzt wird. Meitner und Frisch schlugen den Ausdruck "Spaltung" oder englisch "fission" vor, ein Wort, das dann allgemein angenommen wurde.
Unsere Arbeiten waren in den kernphysikalischen Laboratorien der Welt nach physikalischen Methoden in wenigen Tagen bestätigt. Die Physiker wunderten sich, dass sie den Vorgang der Spaltung vorher für unmöglich gehalten hatten, so dass es so lange gedauert hatte, bis er entdeckt werden konnte.

Dies war in grossen Zügen die Darstellung der Versuche, die zu der Auffindung der Spaltung des Urans geführt haben.

Die Vorgänge stellten sich weiter als sehr komplex heraus. Ausser dem Barium und Krypton wurden eine grosse Anzahl weiterer Spaltelemente aufgefunden. Die von Meitner, Hahn und Strassmann vermuteten sog. Trans-Urane waren in Wirklichkeit alle Elemente mittlerer Kernladungszahl. Im Januar 1939 erschien unsere erste Arbeit. Im Dezember 1939 gab es bereits eine Bibliographie über dieses neue Arbeitsgebiet mit 100 Arbeiten.

C

4. Die Kettenreaktionen.

Aber die Arbeit von Herrn Strassmann und mir wäre wohl ohne grosse Folgen geblieben, wenn nicht bei der Spaltung in je zwei Elemente eine Nebenreaktion vor sich ginge, nämlich die Emission von zusätzlichen Neutronen. Herr Strassmann und ich hatten schon auf die Möglichkeit der Entstehung solcher Neutronen hingewiesen, weil sich leicht zeigen liess, dass die entstandenen künstlichen Elemente ein zu hohes Atomgewicht haben. Der experimentelle Beweis für diese vermehrte Neutronenabgabe stammt aber schon von Joliot u. Mitarbeitern in Frankreich und unabhängig davon von amerikanischen Forschern.

Mit diesem Nachweis der zusätzlichen Neutronen wurde die Zerspaltung des Urans ein Vorgang von grösserer Bedeutung. Wenn bei der Einwirkung von Neutronen, also sozusagen der Munition für den mit grosser Energie verlaufenden Spaltvorgang weitere Neutronen, also neue Munition, geliefert werden, dann konnte man an eine Kettenreaktion denken, bei der die einzelnen Vorgänge ins Ungeheure gesteigert werden können. Aus den nur im Geiger-Müller-Zähler nachweisbaren, wenigen künstlichen Atomen können sich Billionen und Aberbillionen von Spaltprodukten bilden, also schliesslich wägbare Mengen, Gramme, ja Kilogramme. Und aus der nur berechenbaren, niemals direkt nachweisbaren Spaltenergie des Einzelvorgangs können sich bei der Kettenreaktion die Energiebeträge billionenfach addieren. Die Nutzbarmachung der in den Atomen schlummernden Energie war in den Bereich des Möglichen gebracht, und zwar die Nutzbarmachung zum Guten wie zum Bösen.

Zum Guten durch Anlagen, in denen die Kettenreaktion in gebändigter, kontrollierter Form wertvollste radioaktive Spaltprodukte in praktisch beliebig grosser Menge zu gewinnen erlaubt, und wo die frei werdende Energie als Wärme und deren Überführung in elektrischen Strom die bisherigen Energiequellen, Kohle und Erdöl, wird ersetzen können.

Oder aber es gab die Nutzbarmachung zum Bösen, wo statt der geregelten Kettenreaktionen durch Entfernen der kontrollierenden Anordnungen ein Kriegsinstrument geschaffen werden kann, das die stärksten bisher verwendeten Sprengstoffe um das Vieltausendfache übertrifft.

Beide Möglichkeiten der Nutzbarmachung, die guten und die bösen, wurden in die Tat umgesetzt: Die geregelte Kettenreaktion in Form der Atomreaktoren, von denen heute auch in Deutschland einige aufgestellt oder im Aufbau begriffen sind; die ungeregelte Kettenreaktion in Gestalt der Atombombe.

C

5. Radioisotope, Strahlen und Energie.

Uns interessiert hier zunächst die Verwendung der Atomspaltung für friedliche Zwecke.

Jeder Kernreaktor stellt eine Quelle für die Erzeugung radioaktiver Atomarten dar. Einmal entstehen bei der Kernspaltung selbst eine grosse Anzahl radioaktiver Isotope der Elemente Zink bis Terbium, deren wichtigste dem Krypton, Rubidium, Strontium, Yttrium, Zirkon, Niob, Ruthen, Tellur, Jod, Xenon, Cäsium, Barium, Lanthan und den Seltenen Erden angehören. Aber auch von fast allen anderen Elementen lassen sich mit Hilfe der in jedem Kernreaktor beim Ablauf der Kettenreaktion auftretenden Neutronenströme radioaktive Isotope erzeugen.

Die erstgenannte Gruppe entsteht zwangsläufig beim Betrieb der Reaktoren, und zwar in so grossen Mengen, dass die wirtschaftliche Nutzung der radioaktiven Abfälle — oder Reaktorasche, wie man auch sagt — ein brennendes Problem im Hinblick auf die Wirtschaftlichkeit der Atomenergie geworden ist.

Auch die anderen aktiven Elemente, zu denen insbesondere die so wichtigen Radio-Isotope des Kohlenstoffs, Phosphors und Schwefels oder das Radio-Kobalt gehören, lassen sich nach Bedarf in beliebiger Weise erzeugen. Sie sind heute nicht schwieriger zu beschaffen als andere für die Forschung, Technik oder Medizin benötigten Feinchemikalien, und sie sind aus der Arbeit zahlreicher Laboratorien nicht mehr fortzudenken. Man kann die friedliche Verwendung der Atomenergie in zwei grosse Gruppen einteilen: Die Verwendung der Energie zur Gewinnung von elektrischem Strom und die Möglichkeit der Herstellung künstlicher radioaktiver Elemente und Atomarten in praktisch beliebig grosser Menge für alle nur möglichen Gebiete angewandter und reiner Forschung.

Was die Gewinnung von elektrischem Strom angeht, so kann man sich hier ziemlich kurz fassen. In Deutschland sind noch keine Anlagen vorhanden; es sind jetzt aber fünf sog. Musterkraftwerke geplant, von denen vier von Deutschland allein finanziert werden mit einem Aufwand von etwa 600 Millionen DM. Sie werden eine Energiekapazität von mehreren hunderttausend Kilowatt haben.

In dem an Kohle viel knapper versorgten England laufen schon seit einiger Zeit Atomkraftwerke, und England hofft, dass der Strom aus Atomkraft in Zukunft nicht teurer, vielleicht sogar billiger wird als der aus Kohle oder Erdöl. In den U.S.A. hat man schon Unterseeboote, die mit Atomkraft betrieben werden.

Von unmittelbarem Interesse für uns sind die künstlich radioaktiven Elemente und Atomarten, die man im Kernreaktor gewinnen kann.

Wir können für diese Substanzen zwei grosse Anwendungsgebiete unterscheiden: Die Verwendung der aktiven Substanzen als starke Strahlenquellen und die Verwendung der aktiven Substanzen als Indikatoren für das chemische Verhalten der betreffenden Elemente. Durch ihre Strahlung lassen sich die aktiven Elemente sicher und leicht erkennen.

Bei der Verwendung als Strahlenquellen erinnere ich an deren Wirkung für medizinische Zwecke. Früher hatte man dafür nur das Radium und zum bescheideneren Teil das Mesothor zur Verfügung. Heute hat man Präparate mit den verschiedensten Strahlenenergien und in beliebiger Strahlenstärke zur Hand.

Früher kostete 1 g Radium, dessen Strahlungsintensität man als 1 Curie bezeichnet, 2 000 000 DM und noch mehr. Seitdem es Kernreaktoren gibt, haben wir künstliche Radio-Elemente, deren Preis pro Curie, also 1 g Radium entsprechend, teilweise nur noch 1 DM beträgt. Die Verpackungskosten dieser Präparate sind dann höher als der Preis des Radioelementes.

Etwa 40 000 Menschen sind nach offiziellen britischen Informationsnachrichten im vergangenen Jahr durch radioaktive Präparate vom Krebs geheilt worden.

In der Technik mehrt sich die Verwendung der strahlenden Substanzen von Tag zu Tag, durch geeignete Wahl der radioaktiven Atomart lassen sich die Dicken der verschiedensten Materialien, von dicken Stahlbändern bis zum dünnen Papier und dünnen Folien unter kontinuierlicher Kontrolle prüfen. Auch in der Bundesrepublik haben schon 240 Firmen diese automatische radioaktive Dickenkontrolle eingeführt. Eine Routinemethode ist die Methode zur Prüfung auf Leckstellen in Kabeln und Leitungssystemen, zum Nachweis von Lunkern und Hohlräumen in Maschinen, Schiffsschrauben und Flugzeugen.

Bei den grösseren Überlandölleitungen gibt das schmutzige Rohöl leicht Anlass zu Verstopfungen, denen man mit Hilfe eines Metallschabers zu begegnen hofft. Bei zu grossem Schmutz bleibt der Schaber auf der unter Umständen mehr als 100 km langen Strecke stecken. Macht man den Schaber künstlich aktiv, dann läßt sich dessen γ-Aktivität von aussen feststellen, und man erfährt, wo die Stockung in der Leitung eingetreten ist.

Eine ganz große Zukunft hat die durch die starke γ-Strahlung bewirkte Änderung der inneren Eigenschaften von Kunststoffen und Metallen.

C

Ionisierende Strahlung führt z. B. beim Polyäthyl zu einer Vernetzung der Molekeln. Das hat grossen Einfluss auf Schmelzpunkt, Löslichkeit, Wärmebeständigkeit und mechanische Eigenschaften. Je nach der Intensität der Bestrahlung kann man den Kunststoffen die für bestimmte Zwecke erwünschten Eigenschaften anpassen.

Und schon liegen aussichtsreiche Versuche vor über die Konservierung von Lebensmitteln und über die sog. Kaltsterilisierung für Materialien und Präparate, die hitzeempfindlich sind.

Die Getreideversorgung der Welt könnte um die Hälfte gesteigert werden, wenn die schädlichen Insekten einer genügenden Bestrahlung ausgesetzt würden, um sie unfruchtbar zu machen. Bekannt ist es, dass man das Keimen der Kartoffeln verhindern kann, ohne der Kartoffel zu schaden.

Für derartig mehr oder weniger gross-technische Verfahren bedarf es allerdings sehr starker Strahlenquellen, die unter Umständen an Strahlenstärke Kilogrammen von Radium entsprechen. Aber es handelt sich bei der Verwendung der grossen Aktivitäten im allgemeinen um durchdringende γ-Strahlen, so dass die Präparate nur in sicher verschlossenen Gefässen zur Anwendung kommen und radioaktive Infektionen ausgeschlossen sind.

6. Radioaktive Indikatoren.

Für die reine Forschung ist die zweite Verwendungsart von grösserem Interesse, die Verwendung der Strahlen nicht als Selbstzweck, sondern die Verwendung der einzelnen chemischen Elemente in Form ihrer radioaktiven Isotope, nachgewiesen durch ihre Strahlung.

Die Bedeutung der aktiven Atomarten liegt in ihrer leichten Nachweisbarkeit. Für sich allein oder vermischt mit den gewöhnlichen chemischen Elementen, mit denen sie chemisch gleich sind, bietet der empfindliche Strahlennachweis das Hilfsmittel, den Verbleib des betreffenden Elements oder jeder beliebigen, das Element enthaltenden Verbindung im menschlichen oder tierischen Körper und in der Pflanze zu studieren.

Ein paar Beispiele geben Ihnen vielleicht einen Begriff von den zahlreichen Möglichkeiten.

Zieht man z. B. Mückenlarven in Wässern, die radioaktiven Phosphor in Form von Phosphationen enthalten, so nehmen die Tiere diese radioaktive Substanz in ihren Stoffwechsel auf, und die später ausschlüpfenden Mücken lassen sich mit Hilfe eines Geigerzählers von anderen Mücken an Hand ihrer Radioaktivität unterscheiden. Mit Hilfe derartig gekennzeichneter Mücken, die man zu Hunderttausenden gezüchtet hat, ist der Flugbereich einzelner Gattungen ermittelt worden. Es hat sich herausgestellt, dass die Tiere viele Kilometer vom Punkt, an dem sie geschlüpft waren, auftauchen können.

Ein schönes Beispiel der sog. Indikatorenmethode radioaktiv induzierter Stoffe ist die Prüfung der Wirksamkeit von phosphorhaltigem Künstdünger. Wird ein solcher phosphathaltiger Kunstdünger mit radioaktivem Phosphor markiert, also dessen Nachweisbarkeit erhöht, dann lässt sich feststellen, wie viel des mit dem Dünger angebotenen Phosphats von einer Pflanze aufgenommen wird, wie wirksam der Dünger also ist. Das radioaktiv markierte Phosphat lässt sich in der Pflanze durch seine Strahlung quantitativ bestimmen, ohne dass das aus der Erde oder anderen Quellen stammende Phosphat diese Bestimmung irgendwie stört. Es war ja nicht aktiv markiert, lässt sich also nicht nachweisen.

Ein Beispiel der sog. radioaktiven Verdünnungsmethode ist z. B. die quantitative Bestimmung des Naphthalins im Rohteer.

Dieser Kohlenwasserstoff findet sich in den verschiedenen Fraktionen der Teerdestillation und lässt sich nur schwer von anderen, ihn begleitenden chemisch ähnlichen Substanzen trennen.

Mischt man zu der zu untersuchenden Teerprobe einige 100 mg eines Naphthalins, das mit radioaktivem Kohlenstoff markiert ist, und dessen spezifische Aktivität man bestimmt hat, so genügt es, aus dem homogenisierten Gemisch eine kleine Menge des Naphthalins zu isolieren und es selbst unter weiteren Verlusten umzukristallisieren, bis es chemisch rein ist, um dann seine spezifische Aktivität zu bestimmen und mit ihrer Hilfe den Naphthalingehalt in der Rohteerprobe zu ermitteln.

Nur in kurzen Schlagworten kann man hier noch einige der vielen Anwendungsgebiete der Indikatorenmethode nennen.

Viele Elemente, wie Eisen, Jod, Strontium, Phosphor haben eine Vorliebe für besondere Gewebe unseres Körpers; so das Eisen zum Blut, das Jod zur Schilddrüse, Strontium und Phosphor zu den Knochen, das Chlor als NaCl zu den Körperflüssigkeiten. Ihr Verhalten lässt sich durch die Strahlung der zugesetzten aktiven Elementvertreter verfolgen.

Ein Element soll man hier aber noch besonders hervorheben: Es ist der Kohlenstoff 14, der im Reaktor durch Bestrahlen von Stickstoff mit Neutronen entsteht. Dieser Kohlenstoff hat eine lange Lebensdauer, er lässt sich als aktiver, also leicht zu erkennender Bestandteil, in die organischen Verbindungen einbauen. Ganz neue Forschungsgebiete über den Reaktionsverlauf in organischen Verbindungen, und bei biochemischen Prozessen, wurden mit dem aktiven Kohlenstoff erschlossen und sind in schnellster Entwicklung. Auch die Assimilation von CO_2 und

C

Wasser zum Aufbau der Pflanzen ist in ihrer Reaktionsfolge im wesentlichen erkannt.

In einem Bericht der Isotopen-Kommission in Harwell (England) für das Jahr 1956 fand man die Angabe, dass allein auf dem Sektor der Biochemie bis zu diesem Jahre 10 000 bis 30 000 Isotopenarbeiten erschienen sind.

Fürwahr: Die hier kurz dargestellte Entwicklung ist ein Triumph wissenschaftlicher und vorausschauender Technik. Sie hat vor 60 Jahren ihren Anfang genommen, und ihren heutigen Stand konnte man in überwältigender Vielseitigkeit in Genf auf dem 2. Kongress für friedliche Verwendung der Atomenergie erleben.

Etwa 2 200 Arbeiten wurden dem Kongress eingereicht. 600 davon wurden vorgetragen und diskutiert. Die Veröffentlichung soll 34 Bände von je etwa 500 Seiten umfassen.

Man könnte darüber erschrecken: Aber das Gebiet der Verwendung der künstlichen Atome, die technische Ausnutzung der Strahlen, die ausserordentlich mannigfachen Gross- und Kleingeräte, beginnend mit den Kraftwerken und den Reaktoren bis hinunter zu den Methoden zum Nachweis weniger Atome neuer chemischer Elemente, ist ungeheuer umfassend.

Welch ausserordentliche Bedeutung die Verwendung der künstlich radioaktiven Elemente einerseits als Lieferanten intensiver Strahlenquellen, andererseits als aktive Indikatoren heute schon wirtschaftlich bekommen hat, sehen wir aus der amerikanischen Angabe, dass die Firmen in den U.S.A., die sich radioaktiver Präparate und Methoden bei ihren Arbeitsprozessen bedienen, heute schon mehr als eine halbe Milliarde Dollar pro Jahr einsparen. Der bekannte amerikanische Physiker LIBBY nimmt an, dass die Ersparnisse in ein paar Jahren auf einige Milliarden ansteigen.

7. Kernfusion.

Aber noch ein anderes hat der Genfer Kongress zur Kenntnis gebracht, nämlich die bisher mehr oder weniger unter dem Ausschluss der Öffentlichkeit durchgeführten Versuche zur Verschmelzung des Wasserstoffs mit Helium, also den gesteuerten, nur der friedlichen Anwendung dienenden Prozess, der in der Wasserstoffbombe seine verheerende Wirkung zeigt. Amerika und England, Russland und Deutschland sind auf dem Wege zur Lösung dieses Problems. Es wird noch viele Jahre dauern, bis der Erfolg gesichert ist. Aber die Arbeit ist des Schweisses der Edlen, der bekanntesten Physiker der Welt, wohl wert: Nämlich die Verwendung des in den Meeren der Welt in unerschöpflicher Menge enthaltenen Schweren Wasserstoffs an Stelle des Urans zur friedlichen Nutzung der Atomenergie. Die Vorträge und Diskussionen über diese Kernverschmelzung waren ein Höhepunkt der ganzen Tagung.

Schön wäre es, wenn es nur diese friedliche Verwendung der Atomenergie gäbe.

Die Wissenschaftler können nicht verhindern, was mit den Ergebnissen der Forschung geschieht. Heute haben wir die Wasserstoffbombe als das drohende Gespenst der explosiven Vereinigung von Wasserstoff und Helium. Aber unsere Sonne zeigt uns ja etwas ganz anderes: Dass unsere Erde noch bewohnbar ist, dass sie nicht längst zu einem toten Steinhaufen erkaltet ist, verdanken wir der in der Sonne seit Jahrmilliarden vor sich gehenden, geregelten Verschmelzung des Wasserstoffs in Helium, also dem, worum sich unsere Wissenschaftler jetzt bemühen. Und unsere Kinder oder Enkel werden den Prozess gemeistert haben; sie bringen die Sonne auf die Erde, *wenn man ihnen vorher ein Weiterleben auf der Erde gestattet.*

Vielleicht ist es dann doch möglich, dass unsere Urenkel sich treffen können in einer Welt frei von Furcht und erfüllt von den Segnungen der künstlichen Atomprozesse.

Die Naturwissenschaften, 46(5)
1959: pp. 158–163,
gekürzt.

C

Annalen der Physik 22, 1907 (Originalabdruck)

9. *Die Plancksche Theorie der Strahlung und die Theorie der spezifischen Wärme;* *von A. Einstein.*

In zwei früheren Arbeiten[1]) habe ich gezeigt, daß die Interpretation des Energieverteilungsgesetzes der schwarzen Strahlung im Sinne der Boltzmannschen Theorie des zweiten Hauptsatzes uns zu einer neuen Auffassung der Phänomene der Lichtemission und Lichtabsorption führt, die zwar noch keineswegs den Charakter einer vollständigen Theorie besitzt, die aber insofern bemerkenswert ist, als sie das Verständnis einer Reihe von Gesetzmäßigkeiten erleichtert. In der vorliegenden Arbeit soll nun dargetan werden, daß die Theorie der Strahlung — und zwar speziell die Plancksche Theorie — zu einer Modifikation der molekular-kinetischen Theorie der Wärme führt, durch welche einige Schwierigkeiten beseitigt werden, die bisher der Durchführung jener Theorie im Wege standen. Auch wird sich ein gewisser Zusammenhang zwischen dem thermischen und optischen Verhalten fester Körper ergeben.

Wir wollen zuerst eine Herleitung der mittleren Energie des Planckschen Resonators geben, die dessen Beziehung zur Molekularmechanik klar erkennen läßt.

Wir benutzen hierzu einige Resultate der allgemeinen molekularen Theorie der Wärme.[1]) Es sei der Zustand eines Systems im Sinne der molekularen Theorie vollkommen bestimmt durch die (sehr vielen) Variabeln $P_1, P_2 \ldots P_n$. Der Verlauf der molekularen Prozesse geschehe nach den Gleichungen

$$\frac{d P_\nu}{d t} = \Phi_\nu (P_1, P_2 \ldots P_n), \quad (\nu = 1, 2 \ldots n)$$

und es gelte für alle Werte der P_ν die Beziehung

$$(1) \qquad \sum \frac{\partial \Phi_\nu}{\partial P_\nu} = 0 .$$

---

1) A. Einstein, Ann. d. Phys. **17**. p. 132. 1905 u. **20**. p. 199. 1905.

E

Plancksche Theorie der Strahlung etc. 21

Es sei ferner ein Teilsystem des Systemes der P_ν bestimmt durch die Variabeln $p_1 \ldots p_m$ (welche zu den P_ν gehören), und es sei angenommen, daß sich die Energie des ganzen Systems mit großer Annäherung aus zwei Teilen zusammengesetzt denken lasse, von denen einer (E) *nur* von den $p_1 \ldots p_m$ abhänge, während der andere von $p_1 \ldots p_m$ unabhängig sei. E sei ferner unendlich klein gegen die Gesamtenergie des Systems.

Die Wahrscheinlichkeit dW dafür, daß die p_ν in einem zufällig herausgegriffenen Zeitpunkt in einem unendlich kleinen Gebiete $(dp_1, dp_2 \ldots dp_m)$ liegen, ist dann durch die Gleichung gegeben [1])

$$(2) \qquad dW = C e^{-\frac{N}{RT}E} dp_1 \ldots dp_m.$$

Hierbei ist C eine Funktion der absoluten Temperatur (T), N die Anzahl der Moleküle in einem Grammäquivalent, R die Konstante der auf das Grammolekül bezogenen Gasgleichung.

Setzt man

$$\int\limits_{dE} dp_1 \ldots dp_m = \omega(E)\, dE,$$

wobei das Integral über alle Kombinationen der p_ν zu erstrecken ist, welchen Energiewerte zwischen E und $E + dE$ entsprechen, so erhält man

$$(3) \qquad dW = C e^{-\frac{N}{RT}E} \omega(E)\, dE.$$

Setzt man als Variable P_ν die Schwerpunktskoordinaten und Geschwindigkeitskomponenten von Massenpunkten (Atomen, Elektronen), und nimmt man an, daß die Beschleunigungen nur von den Koordinaten, nicht aber von den Geschwindigkeiten abhängen, so gelangt man zur molekular-kinetischen Theorie der Wärme. Die Relation (1) ist hier erfüllt, so daß auch Gleichung (2) gilt.

Denkt man sich speziell als System der p_ν ein elementares Massenteilchen gewählt, welches längs einer Geraden Sinusschwingungen auszuführen vermag, und bezeichnet man mit x bez. ξ momentane Distanz von der Gleichgewichtslage bez. Geschwindigkeit desselben, so erhält man

$$(2\,\mathrm{a}) \qquad dW = C e^{-\frac{N}{RT}E} dx\, d\xi$$

─────────────

[1]) A. Einstein, Ann. d. Phys. **11**. p. 170 u. f. 1903.

E

22   *A. Einstein.*

und, da $\int dx\, d\xi = \text{konst.}\, dE$, also $\omega = \text{konst.}$ zu setzen ist[1]:

(3 a) $$dW = \text{konst.}\, e^{-\frac{N}{RT}E}\, dE.$$

Der Mittelwert der Energie des Massenteilchens ist also:

(4) $$\bar{E} = \frac{\int E e^{-\frac{N}{RT}E}\, dE}{\int e^{-\frac{N}{RT}E}\, dE} = \frac{RT}{N}.$$

Formel (4) kann offenbar auch auf ein geradlinig schwingendes Ion angewendet werden. Tut man dies, und berücksichtigt man, daß zwischen dessen mittlerer Energie $\bar{E}$ und der Dichte ϱ_ν der schwarzen Strahlung für die betreffende Frequenz nach einer Planckschen Untersuchung[2] die Beziehung

(5) $$\bar{E}_\nu = \frac{L^3}{8\pi\nu^2}\varrho_\nu$$

gelten muß, so gelangt man durch Elimination von $\bar{E}$ aus (4) und (5) zu der Reileighschen Formel

(6) $$\varrho_\nu = \frac{R}{N}\frac{8\pi\nu^2}{L^3}T,$$

welcher bekanntlich nur die Bedeutung eines Grenzgesetzes für große Werte von T/ν zukommt.

Um zur Planckschen Theorie der schwarzen Strahlung zu gelangen, kann man wie folgt verfahren.[3] Man behält Gleichung (5) bei, nimmt also an, daß durch die Maxwellsche Theorie der Elektrizität der Zusammenhang zwischen Strahlungsdichte und $\bar{E}$ richtig ermittelt sei. Dagegen verläßt man Gleichung (4), d. h. man nimmt an, daß die Anwendung der molekular-kinetischen Theorie den Widerspruch mit der Erfahrung bedinge. Hingegen halten wir an den Formeln (2) und (3) der allgemeinen molekularen Theorie der Wärme fest. Statt daß wir indessen gemäß der molekular-kinetischen Theorie

$$\omega = \text{konst.}$$

setzen, setzen wir $\omega = 0$ für alle Werte von E, welche den Werten 0, ε, $2\,\varepsilon$, $3\,\varepsilon$ etc. nicht außerordentlich nahe liegen. Nur

---

1) Weil $E = a\,x^2 + b\,\xi^2$ zu setzen ist.
2) M. Planck, Ann. d. Phys. **1.** p. 99. 1900.
3) Vgl. M. Planck, Vorlesungen über die Theorie der Wärmestrahlung. J. Ambr. Barth. 1906. §§ 149, 150, 154, 160, 166.

Plancksche Theorie der Strahlung etc. 23

zwischen 0 und $0 + \alpha$, ε und $\varepsilon + \alpha$, $2\,\varepsilon$ und $2\,\varepsilon + \alpha$ etc. (wobei α unendlich klein sei gegen ε) sei ω von Null verschieden, derart, daß

$$\int_0^\alpha \omega\, d E = \int_\varepsilon^{\varepsilon+\alpha} \omega\, d E = \int_{2\varepsilon}^{2\varepsilon+\alpha} \omega\, d E = \ldots = A$$

sei. Diese Festsetzung involviert, wie man aus Gleichung (3) sieht, die Annahme, daß die Energie des betrachteten Elementargebildes lediglich solche Werte annehme, die den Werten 0, ε, $2\,\varepsilon$ etc. unendlich nahe liegen.

Unter Benutzung der eben dargelegten Festsetzung für ω erhält man mit Hilfe von (3):

$$\bar{E} = \frac{\int E e^{-\frac{N}{RT}E}\,\omega\,(E)\,d E}{\int e^{-\frac{N}{RT}E}\,\omega\,(E)\,d E} = \frac{0 + A\,\varepsilon\, e^{-\frac{N}{RT}\varepsilon} + A\cdot 2\,\varepsilon\, e^{-\frac{N}{RT}2\,\varepsilon}\ldots}{A + A\ e^{-\frac{N}{RT}\varepsilon} + A\, e^{-\frac{N}{RT}2\,\varepsilon} + \ldots}$$

$$= \frac{\varepsilon}{e^{\frac{N}{RT}\varepsilon} - 1}\cdot$$

Setzt man noch $\varepsilon = (R/N)\,\beta\,\nu$ (gemäß der Quantenhypothese), so erhält man hieraus:

$$(7) \qquad\qquad \bar{E} = \frac{\dfrac{R}{N}\,\beta\,\nu}{e^{\frac{\beta\,\nu}{T}} - 1},$$

sowie mit Hilfe von (5) die **Plancksche Strahlungsformel**:

$$\varrho_\nu = \frac{8\,\pi}{L^3}\cdot\frac{R\,\beta}{N}\,\frac{\nu^3}{e^{\frac{\beta\,\nu}{T}} - 1}\cdot$$

Gleichung (7) gibt die Abhängigkeit der mittleren Energie des Planckschen Resonators von der Temperatur an.

———————

Aus dem Vorhergehenden geht klar hervor, in welchem Sinne die molekular-kinetische Theorie der Wärme modifiziert werden muß, um mit dem Verteilungsgesetz der schwarzen Strahlung in Einklang gebracht zu werden. Während man sich nämlich bisher die molekularen Bewegungen genau denselben Gesetzmäßigkeiten unterworfen dachte, welche für die Bewegungen der Körper unserer Sinnenwelt gelten (wir fügen

E

24   *A. Einstein.*

wesentlich nur das Postulat vollständiger Umkehrbarkeit hinzu), sind wir nun genötigt, für schwingungsfähige Ionen bestimmter Frequenz, die einen Energieaustausch zwischen Materie und Strahlung vermitteln können, die Annahme zu machen, daß die Mannigfaltigkeit der Zustände, welche sie anzunehmen vermögen, eine geringere sei als bei den Körpern unserer Erfahrung. Wir mußten ja annehmen, daß der Mechanismus der Energieübertragung ein solcher sei, daß die Energie des Elementargebildes ausschließlich die Werte 0, $(R/N)\beta v$, $2(R/N)\beta v$ etc. annehmen könne.[1])

Ich glaube nun, daß wir uns mit diesem Resultat nicht zufrieden geben dürfen. Es drängt sich nämlich die Frage auf: Wenn sich die in der Theorie des Energieaustausches zwischen Strahlung und Materie anzunehmenden Elementargebilde nicht im Sinne der gegenwärtigen molekular-kinetischen Theorie auffassen lassen, müssen wir dann nicht auch die Theorie modifizieren für die anderen periodisch schwingenden Gebilde, welche die molekulare Theorie der Wärme heranzieht? Die Antwort ist nach meiner Meinung nicht zweifelhaft. Wenn die Plancksche Theorie der Strahlung den Kern der Sache trifft, so müssen wir erwarten, auch auf anderen Gebieten der Wärmetheorie Widersprüche zwischen der gegenwärtigen molekular-kinetischen Theorie und der Erfahrung zu finden, die sich auf dem eingeschlagenen Wege heben lassen. Nach meiner Meinung trifft dies tatsächlich zu, wie ich im folgenden zu zeigen versuche.

———————

Die einfachste Vorstellung, die man sich über die Wärmebewegung in festen Körpern bilden kann, ist die, daß die einzelnen in denselben enthaltenen Atome Sinusschwingungen um Gleichgewichtslagen ausführen. Unter dieser Voraussetzung erhält man durch Anwendung der molekular-kinetischen Theorie (Gleichung (4)) unter Berücksichtigung des Umstandes, daß jedem Atom drei Bewegungsfreiheiten zuzuschreiben sind,

———————

1) Es ist übrigens klar, daß diese Voraussetzung auch auf schwingungsfähige Körper auszudehnen ist, die aus beliebig vielen Elementargebilden bestehen.

Plancksche Theorie der Strahlung etc. 25

für die auf das Grammäquivalent bezogene spezifische Wärme des Stoffes

$$c = 3\,R\,n$$

oder — in Grammkalorien ausgedrückt —

$$c = 5{,}94\,n,$$

wenn n die Anzahl der Atome im Molekül bedeutet. Es ist bekannt, daß diese Beziehung für die meisten Elemente und für viele Verbindungen im festen Aggregatzustand mit bemerkenswerter Annäherung erfüllt ist (Doulong-Petitsches Gesetz, Regel von F. Neumann und Kopp).

Betrachtet man jedoch die Tatsachen etwas genauer, so begegnet man zwei Schwierigkeiten, die der Anwendbarkeit der Molekulartheorie enge Grenzen zu ziehen scheinen.

1. Es gibt Elemente (Kohlenstoff, Bor und Silizium), welche im festen Zustande bei gewöhnlicher Temperatur eine bedeutend kleinere spezifische Atomwärme besitzen als 5,94. Es haben ferner alle festen Verbindungen, in denen Sauerstoff, Wasserstoff oder mindestens eines der eben genannten Elemente vorkommen, eine kleinere spezifische Wärme pro Grammmolekül als $n \cdot 5{,}94$.

2. Hr. Drude hat gezeigt[1]), daß die optischen Erscheinungen (Dispersion) dazu führen, jedem Atom einer Verbindung mehrere unabhängig voneinander bewegliche Elementarmassen zuzuschreiben, indem er mit Erfolg die ultraroten Eigenfrequenzen auf Schwingungen der Atome (Atomionen), die ultravioletten Eigenfrequenzen auf Schwingungen von Elektronen zurückführte. Hieraus ergibt sich für die molekular-kinetische Theorie der Wärme eine zweite bedeutende Schwierigkeit, indem die spezifische Wärme — da die Zahl der beweglichen Massenpunkte pro Molekül größer ist als dessen Atomzahl — den Wert $5{,}94\,n$ beträchtlich übersteigen müßte.

Nach dem Obigen ist hierzu folgendes zu bemerken. Wenn wir die Träger der Wärme in festen Körpern als periodisch schwingende Gebilde ansehen, deren Frequenz von ihrer Schwingungsenergie unabhängig ist, dürfen wir nach der Planckschen Theorie der Strahlung nicht erwarten, daß die

---

1) P. Drude, Ann. d. Phys. **14**. p. 677. 1904.

E

26   *A. Einstein.*

spezifische Wärme stets den Wert 5,94 n besitze. Wir haben vielmehr zu setzen (7)

$$\bar{E} = \frac{3R}{N} \frac{\beta\nu}{e^{\frac{\beta\nu}{T}} - 1}.$$

Die Energie von N solchen Elementargebilden, in Grammkalorien gemessen, hat daher den Wert

$$5,94 \frac{\beta\nu}{e^{\frac{\beta\nu}{T}} - 1},$$

so daß jedes derartige schwingende Elementargebilde zur spezifischen Wärme pro Grammäquivalent den Wert

$$(8) \qquad 5,94 \frac{e^{\frac{\beta\nu}{T}} \cdot \left(\frac{\beta\nu}{T}\right)^2}{\left(e^{\frac{\beta\nu}{T}} - 1\right)^2}.$$

beiträgt. Wir bekommen also, indem wir über alle Gattungen von schwingenden Elementargebilden summieren, welche in dem

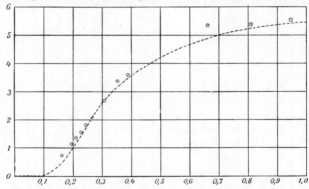

betreffenden festen Stoffe vorkommen, für die spezifische Wärme pro Grammäquivalent den Ausdruck[1]

$$(8\,\mathrm{a}) \qquad c = 5,94 \sum \frac{e^{\frac{\beta\nu}{T}} \left(\frac{\beta\nu}{T}\right)^2}{\left(e^{\frac{\beta\nu}{T}} - 1\right)^2}.$$

Die vorstehende Figur[2] zeigt den Wert des Ausdruckes (8) in Funktion von $x = (T/\beta\nu)$. Wenn $(T/\beta\nu) > 0,9$, unterscheidet

---

1) Die Betrachtung läßt sich leicht auf anisotrope Körper ausdehnen.
2) Vgl. deren gestrichelte Kurve.

sich der Beitrag des Gebildes zur molekularen spezifischen Wärme nicht beträchtlich vom Werte 5,94,(der auch aus der bisher akzeptierten molekular-kinetischen Theorie sich ergibt; je kleiner ν ist, bei um so tieferen Temperaturen wird dies bereits der Fall sein. Wenn dagegen $(T/\beta\nu) < 0{,}1$, so trägt das betreffende Elementargebilde nicht merklich zur spezifischen Wärme bei. Dazwischen findet ein anfänglich rascheres, dann langsameres Wachsen des Ausdruckes (8) statt.

Aus dem Gesagten folgt zunächst, daß die zur Erklärung der ultravioletten Eigenfrequenzen anzunehmenden schwingungsfähige Elektronen bei gewöhnlicher Temperatur ($T = 300$) zur spezifischen Wärme nicht merklich beitragen können; denn die Ungleichung $(T/\beta\nu) < 0{,}1$ geht für $T = 300$ über in die Ungleichung $\lambda < 4{,}8\,\mu$. Wenn dagegen ein Elementargebilde die Bedingung $\lambda > 48\,\mu$ erfüllt, so muß es nach dem Obigen bei gewöhnlicher Temperatur zur spezifischen Wärme pro Grammäquivalent nahezu den Beitrag 5,94 liefern.

Da für die ultraroten Eigenfrequenzen im allgemeinen $\lambda > 4{,}8\,\mu$ ist, so müssen nach unserer Auffassung jene Eigenschwingungen einen Beitrag zur spezifischen Wärme liefern, und zwar einen um so bedeutenderen, je größer das betreffende λ ist. Nach Drudes Untersuchungen sind es die ponderablen Atome (Atomionen) selbst, welchen diese Eigenfrequenzen zuzuschreiben sind. Es liegt also am nächsten, als Träger der Wärme in festen Körpern (Isolatoren) ausschließlich die positiven Atomionen zu betrachten.

Wenn die ultraroten Eigenschwingungsfrequenzen ν eines festen Körpers bekannt sind, so wäre also nach dem Gesagten dessen spezifische Wärme sowie deren Abhängigkeit von der Temperatur durch Gleichung (8a) vollkommen bestimmt. Deutliche Abweichungen von der Beziehung $c = 5{,}94\,n$ wären bei gewöhnlicher Temperatur zu erwarten, wenn der betreffende Stoff eine optische ultrarote Eigenfrequenz aufweist, für welche $\lambda < 48\,\mu$; bei genügend tiefen Temperaturen sollen die spezifischen Wärmen aller festen Körper mit sinkender Temperatur bedeutend abnehmen. Ferner muß das Doulong-Petitsche Gesetz sowie das allgemeinere Gesetz $c = 5{,}94\,n$ für alle Körper bei genügend hohen Temperaturen gelten, falls sich bei letzteren keine neuen Bewegungsfreiheiten (Elektronionen) bemerkbar machen.

E

28 *A. Einstein.*

Die beiden oben genannten Schwierigkeiten werden durch die neue Auffassung beseitigt, und ich halte es für wahrscheinlich, daß letztere sich im Prinzip bewähren wird. Daran, daß sie den Tatsachen exakt entspreche, ist natürlich nicht zu denken. Die festen Körper erfahren beim Erwärmen Änderungen der molekularen Anordnung (z. B. Volumänderungen), die mit Änderungen des Energieinhaltes verbunden sind; alle festen Körper, die elektrisch leiten, enthalten frei bewegliche Elementarmassen, die zur spezifischen Wärme einen Beitrag liefern; die ungeordneten Wärmeschwingungen sind vielleicht von etwas anderer Frequenz als die Eigenschwingungen der nämlichen Elementargebilde bei optischen Prozessen. Endlich aber ist die Annahme, daß die in Betracht kommenden Elementargebilde eine von der Energie (Temperatur) unabhängige Schwingungsfrequenz besitzen, ohne Zweifel unzulässig.

Immerhin ist es interessant, unsere Konsequenzen mit der Erfahrung zu vergleichen. Da es sich nur um rohe Annäherung handelt, nehmen wir gemäß der F. Neumann-Koppschen Regel an, daß jedes Element, auch wenn dasselbe abnorm kleine spezifische Wärme besitzt, in allen seinen festen Verbindungen den gleichen Beitrag zur molekularen spezifischen Wärme liefere. Die in nachstehender Tabelle angegebenen Zahlen sind dem Lehrbuche der Chemie von Roskoe entnommen. Wir bemerken, daß alle Elemente von abnorm kleiner Atomwärme kleines Atomgewicht besitzen; dies ist nach unserer

Element	Spezifische Atomwärme	$\lambda_{ber.}$
S und P	5,4	42
Fl	5	33
O	4	21
Si	3,8	20
B	2,7	15
H	2,3	13
C	1,8	12

Auffassung zu erwarten, da ceteris paribus kleinen Atomgewichten große Schwingungsfrequenzen entsprechen. In der letzten Spalte der Tabelle sind die Werte von λ in Mikron angegeben, wie sie sich aus diesen Zahlen unter der Annahme, daß letztere für $T = 300$ gelten, mit Hilfe der dargestellten Beziehung zwischen x und c ergeben.

Wir entnehmen ferner den Tabellen von Landolt und Börnstein einige Angaben über ultrarote Eigenschwingungen (metallische Reflexion, Reststrahlen) einiger durchsichtiger fester Körper; die beobachteten λ sind in nachstehender Tabelle unter „$\lambda_{beob.}$" angegeben; die Zahlen unter „$\lambda_{ber.}$" sind obiger Tabelle entnommen, soweit sie sich auf Atome von abnorm kleiner spezifischer Wärme beziehen; für die übrigen soll $\lambda > 48\,\mu$ sein.

Körper	$\lambda_{beob.}$	$\lambda_{ber.}$
CaFl	24; 31,6	33; > 48
NaCl	51,2	> 48
KCl	61,2	> 48
CaCO$_3$	6,7; 11,4; 29,4	12; 21; > 48
SiO$_2$	8,5; 9,0; 20,7	20; 21

In der Tabelle enthalten NaCl und KCl nur Atome von normaler spezifischer Wärme; in der Tat sind die Wellenlängen ihrer ultraroten Eigenschwingungen größer als $48\,\mu$. Die übrigen Stoffe enthalten lauter Atome mit abnorm kleiner spezifischer Wärme (ausgenommen Ca); in der Tat liegen die Eigenfrequenzen dieser Stoffe zwischen $4,8\,\mu$ und $48\,\mu$. Im allgemeinen sind die aus den spezifischen Wärmen theoretisch ermittelten λ erheblich größer als die beobachteten. Diese Abweichungen können vielleicht in einer starken Veränderlichkeit der Frequenz des Elementargebildes mit der Energie desselben ihre Erklärung finden. Wie dem auch sein mag, jedenfalls ist die Übereinstimmung der beobachteten und berechneten λ hinsichtlich der Reihenfolge, sowie hinsichtlich der Größenordnung sehr bemerkenswert.

Wir wollen nun die Theorie noch auf den Diamanten anwenden. Die ultrarote Eigenfrequenz desselben ist nicht bekannt, läßt sich jedoch unter Zugrundelegung der dargelegten Theorie berechnen, wenn für einen Wert von T die molekulare spezifische Wärme c bekannt ist; das zu c gehörige x läßt sich aus der Kurve unmittelbar entnehmen, und man bestimmt hieraus λ nach der Beziehung $(TL/\beta\lambda) = x$.

E

30   *A. Einstein.   Plancksche Theorie der Strahlung etc.*

Ich benutze die Beobachtungsresultate von H. F. Weber, die ich den Tabellen von Landolt und Börnstein entnahm (vgl. nachstehende Tabelle). Für $T = 331,3$ ist $c = 1,838$; hieraus folgt nach der angegebenen Methode $\lambda = 11,0\,\mu$. Unter Zugrundelegung dieses Wertes sind die in der dritten Spalte der Tabelle nach der Formel $x = (TL/\beta\lambda)$ berechnet $(\beta = 4,86 \cdot 10^{-11})$.

T	c	x
222,4	0,762	0,1679
262,4	1,146	0,1980
283,7	1,354	0,2141
306,4	1,582	0,2312
331,3	1,838	0,2500
358,5	2,118	0,2705
413,0	2,661	0,3117
479,2	3,280	0,3615
520,0	3,631	0,3924
879,7	5,290	9,6638
1079,7	5,387	0,8147
1258,0	5,507	0,9493

Die Punkte, deren Abszissen diese Werte von x, deren Ordinaten die in der Tabelle angegebenen, aus Beobachtungen Webers ermittelten Werte von c sind, sollen auf der oben dargestellten x, c-Kurve liegen. Wir haben diese Punkte — mit Ringen bezeichnet — in die obige Figur eingetragen; sie liegen tatsächlich nahezu auf der Kurve. Wir haben also anzunehmen, daß die elementaren Träger der Wärme beim Diamanten nahezu monochromatische Gebilde sind.

Es ist also nach der Theorie zu erwarten, daß der Diamant bei $\lambda = 11\,\mu$ ein Absorptionsmaximum aufweist.

Bern, November 1906.

(Eingegangen 9. November 1906.)

Section VII

Blick in die Galvanik einer modernen Kfz-Scheinwerfer-Fertigung

m

		der/die/des				
S	*Nom*	der	Student,	Name,	Staat,[2]	Chemiker,	Tag
	Acc	den	Studenten,	Namen,	Staat,	Chemiker	Tag
	Dat	dem	Studenten,	Namen,	Staat(e)	Chemiker,	Tag(e)
	Gen	des	Studenten,	Namens,[1]	Staates,	Chemikers,	Tages
Pl	*Nom*	die	Studenten,	Namen,	Staaten,	Chemiker,	Tage
	Acc	die	Studenten,	Namen,	Staaten,	Chemiker,	Tage
	Dat	den	Studenten,	Namen,	Staaten,	Chemikern,	Tagen
	Gen	der	Studenten,	Namen,	Staaten,	Chemiker,	Tage

n

S	*Nom*	das	Auge,	Herz,	Land
	Acc	das	Auge,	Herz,	Land
	Dat	dem	Auge,	Herzen,	Land(e)
	Gen	des	Auges,	Herzens,[1]	Landes
Pl	*Nom*	die	Augen,	Herzen,	Länder
	Acc	die	Augen,	Herzen,	Länder
	Dat	den	Augen,	Herzen,	Ländern
	Gen	der	Augen,	Herzen,	Länder

f

S	*Nom*	die	Verbindung,	Stadt
	Acc	die	Verbindung,	Stadt
	Dat	der	Verbindung,	Stadt
	Gen	der	Verbindung,	Stadt
Pl	*Nom*	die	Verbindungen,	Städte
	Acc	die	Verbindungen,	Städte
	Dat	den	Verbindungen,	Städten
	Gen	der	Verbindungen,	Städte

[1] Some nouns following the so-called weak declension (e. g. Studenten) add –s to the regular genetive singular.
[2] Some nouns have a weak declension in the plural and a strong declension (e. g. Tag) in the singular.

m

S	Nom	der / ein	neue / neuer	Hafen / Hafen	neuer	Hafen
	Acc	den / einen	neuen	Hafen	neuen	Hafen
	Dat	dem / einem	neuen	Hafen	neuem	Hafen
	Gen	des / eines	neuen	Hafens	neuen[3]	Hafens
Pl	Nom	die	neuen	Häfen	neue	Häfen
	Acc	die	neuen	Häfen	neue	Häfen
	Dat	den	neuen	Häfen	neuen	Häfen
	Gen	der	neuen	Häfen	neuer	Häfen

n

S	Nom	das / ein	kleine / kleines	Land / Land	kleines	Land
	Acc	das / ein	kleine / kleines	Land / Land	kleines	Land
	Dat	dem / einem	kleinen / kleinen	Land / Land	kleinem	Land
	Gen	des / eines	kleinen / kleinen	Landes / Landes	kleinen[3]	Landes
Pl	Nom	die	kleinen	Länder	kleine	Länder
	Acc	die	kleinen	Länder	kleine	Länder
	Dat	den	kleinen	Ländern	kleinen	Ländern
	Gen	der	kleinen	Länder	kleiner	Länder

f

S	Nom	die / eine	schwere	Prüfung	schwere	Prüfung
	Acc	die / eine	schwere	Prüfung	schwere	Prüfung
	Dat	der / einer	schweren	Prüfung	schwerer	Prüfung
	Gen	der / einer	schweren	Prüfung	schwerer	Prüfung
Pl	Nom	die	schweren	Prüfungen	schwere	Prüfungen
	Acc	die	schweren	Prüfungen	schwere	Prüfungen
	Dat	den	schweren	Prüfungen	schweren	Prüfungen
	Gen	der	schweren	Prüfungen	schwerer	Prüfungen

[3] —n is always used instead of —s (des Landes)

189

| haben, habend, hatte, gehabt (haben) | _to have — having — had — had_ |

"haben" can be a full verb but is found mostly as an auxiliary verb in perfect, past-perfect and second future tense constructions.
There is no passive voice of "haben".
Only those subjunctive forms are given which are in use (see also L 32). A subjunctive future tense does exist but is hardly ever used.

		Indicative	_Subjunctive_
Pres.		ich habe _(I have)_ du hast er hat wir haben ihr habt sie haben	— du habest er habe — (ihr habet) —
past		ich hatte _(I had)_ du hattest er hatte wir hatten ihr hattet sie hatten	ich hätte du hättest er hätte wir hätten ihr hättet sie hätten
Perf.		ich habe gehabt _(I have had)_ du hast gehabt . . .	— du habest gehabt er habe gehabt
Past Perf.		ich hatte gehabt _(I had had)_ du hattest gehabt . . .	ich hätte gehabt du hättest gehabt . . .
Fut. I		ich werde haben _(I shall have)_ du wirst haben . . .	— du werdest haben er werde haben
Fut. II		ich werde gehabt haben _(I shall have had)_ du wirst gehabt haben . . .	— du werdest gehabt haben er werde gehabt haben

Imperative:
hab(e)!
habt!
haben Sie!

Conditional:	
I.	ich würde du würdest er würde ⎫ wir würden ⎬ haben ihr würdet sie würden ⎭
II.	ich würde ⎫ du würdest ⎬ gehabt haben . . . ⎭

see also L. 20

190

sein

sein, seiend, war, gewesen (sein)	*to be — being — was — been*

"sein" can be a full verb exactly like "haben" but is found mostly as an auxiliary verb in perfect, past perfect and second future tense constructions.
There is no passive voice of "sein".
Only those subjunctive forms are given which are in use (see also L 32). A subjunctive future tense does exist but is hardly ever used.

	Indicative	*Subjunctive*
Pres.	ich bin *(I am)* du bist er ist wir sind ihr seid sie sind	ich sei du sei(e)st er sei wir seien ihr seiet sie seien
Past	ich war *(I was)* du warst er war wir waren ihr wart sie waren	ich wäre du wärest er wäre wir wären ihr wäret sie wären
Perf.	ich bin gewesen *(I have been)* du bist gewesen . . .	ich sei gewesen du sei(e)st gewesen . . .
Past perf.	ich war gewesen *(I had been)* du warst gewesen . . .	ich wäre gewesen du wärest gewesen . . .
Fut. I	ich werde sein *(I shall be)* du wirst sein	— du werdest sein er werde sein
Fut. II	ich werde gewesen sein *(I shall have been)* du wirst gewesen sein . . .	— du werdest gewesen sein er werde gewesen sein

Imperative:
sei!
seid!
seien Sie!

Conditional:		
I.	ich würde du würdest er würde wir würden ihr würdet sie würden	sein
II.	ich würde du würdest . . .	gewesen sein

see also L. 20

werden

werden, werdend, wurde, geworden (worden) (sein)	*to become — becoming —* *became — become*

"werden" can be a full verb but is found mostly as an auxiliary verb in the passive voice and in future tense constructions.
In the passive voice the past participle of "werden" is used in the form of "**worden**" (see below*).
There is no passive voice of "werden" itself.
Only those subjunctive forms are given which are in use (see also L 32). A subjunctive future tense does exist but is hardly ever used.

	Indicative	*Subjunctive*
Pres.	ich werde *(I become)* du wirst er wird wir werden ihr werdet sie werden	— du werdest er werde — — —
Past.	ich wurde *(I became)* du wurdest er wurde wir wurden ihr wurdet sie wurden	ich würde du würdest er würde wir würden ihr würdet sie würden
Perf.	ich bin (ge)worden *(I have become)* du bist (ge)worden . . .	ich sei (ge)worden du sei(e)st (ge)worden . . .
Past perf.	ich war (ge)worden *(I had become)* du warst (ge)worden . . .	ich wäre (ge)worden du wärest (ge)worden . . .
Fut. I	ich werde werden *(I shall become)* du wirst werden . . .	— du werdest werden er werde werden
Fut. II	ich werde (ge)worden sein *(I shall have become)* du wirst (ge)worden sein . . .	— du werdest (ge)worden sein er werde (ge)worden sein

Imperative:
werde!
werdet!
werden Sie!

* ich bin gesehen worden
  ich wäre gesehen worden
  ich werde gesehen worden sein
  ich würde gesehen worden sein

see also L 22,26

Conditional:		
I.	ich würde du würdest er würde wir würden ihr würdet sie würden	} werden
II.	ich würde du würdest . . .	} (ge)worden sein

192

können

können, könnend, konnte, gekonnt, (haben/haben — können)

Modal auxiliary verb expressing ability, knowledge, permission: *to be able to, can, to know.*
There is no passive voice. Only those subjunctive forms are given which are in use. (—) indicates a verb in its infinitive form.

	Indicative	Subjunctive
Pres.	ich kann du kannst er kann wir können ihr könnt sie können	ich könne du könnest er könne — (ihr könnet) —
Past	ich konnte du konntest er konnte wir konnten ihr konntet sie konnten	ich könnte du könntest er könnte wir könnten ihr könntet sie könnten
Perf.	ich habe du hast } gekonnt or . . . (—) können	— du habest } gekonnt or er habe (—) können
Past Perf.	ich hatte } gekonnt or du hattest (—) können . . .	ich hätte } gekonnt or du hättest (—) können . . .
Fut. I	ich werde } können du wirst . . .	— du werdest } gekonnt haben or er werde haben (—) können
Fut. II	ich werde } gekonnt haben or du wirst haben (—) können . . .	— du werdest } können er werde können

	Conditional	
I.	ich würde du würdest er würde } können wir würden ihr würdet sie würden	
II.	ich würde } gekonnt haben or du würdest haben (—) können	

see also L 25,31

> dürfen, dürfend, durfte, gedurft (haben/haben-dürfen)

A modal auxiliary verb expressing permission (and in the subjunctive a high probability): *to be allowed to, permitted to, may.* "Dürfen" has no passive voice. Only the subjunctive forms in use are given. (—) indicates a verb in its infinitive form.

	Indicative	*Subjunctive*
Pres.	ich darf du darfst er darf wir dürfen ihr dürft sie dürfen	ich dürfe du dürfest er dürfe — (ihr dürfet) —
Past	ich durfte du durftest er durfte wir durften ihr durftet sie durften	ich dürfte du dürftest er dürfte wir dürften ihr dürftet sie dürften
Perf.	ich habe du hast } gedurft or . . . (—) dürfen	— du habest } gedurft or er habe (—) dürfen
Past perf.	ich hatte du hattest } gedurft or . . . (—) dürfen	ich hätte du hättest } gedurft or . . . (—) dürfen
Fut. I	ich werde du wirst } dürfen . . .	— du werdest } dürfen er werde
Fut. II	ich werde du wirst } gedurft haben . . . or haben (—) dürfen	— du werdest } gedurft haben er werde or haben (—) dürfen

	Conditional	
I.	ich würde du würdest er würde wir würden ihr würdet sie würden	(—) dürfen
II.	ich würde du würdest . . .	gedurft haben or haben (—) dürfen

see also L 25,31

müssen

müssen, musste, gemusst (haben/haben-müssen)

"Müssen" is an auxiliary verb expressing obligation or necessity: *must, have to*. It has no passive voice. Only the subjunctive forms in use are given. (—) indicates a verb in its infinitive form.

	Indicative	Subjunctive
Pres.	ich muss du musst er muss wir müssen ihr müsst sie müssen	ich müsse du müssest er müsse — ihr müsset —
Past	ich musste du musstest er musste wir mussten ihr musstet sie mussten	ich müsste du müsstest er müsste wir müssten ihr müsstet sie müssten
Perf.	ich habe du hast . . . } gemusst or (—) müssen	— du habest er habe } gemusst or (—) müssen
Past-perf.	ich hatte du hattest . . . } gemusst or (—) müssen	ich hätte du hättest . . . } gemusst or (—) müssen
Fut. I	ich werde du wirst . . . } müssen	— du werdest er werde } müssen
Fut. II	ich werde du wirst . . . } gemusst haben or haben (—) müssen	. . . du werdest er werde } gemusst haben or haben (—) müssen

	Conditional
I.	ich würde du würdest er würde wir würden ihr würdet sie würden } (—) müssen
II.	ich würde du würdest . . . } gemusst haben or haben (—) müssen

See also L 25,31

195

mögen, mögend, mochte (haben/haben-mögen)

A modal auxiliary verb expressing inclination or liking:
to prefer (er möchte — _he would like to_).
"Mögen" has no passive voice. Only the subjunctive forms in use are given. (—) indicates a verb in its infinitive form.

	Indicative	_Subjunctive_
Pres.	ich mag du magst er mag wir mögen ihr mögt sie mögen	ich möge du mögest er möge — (ihr möget) —
Past	ich mochte du mochtest er mochte wir mochten ihr mochtet sie mochten	ich möchte du möchtest er möchte wir möchten ihr möchtet sie möchten
Perf.	ich habe du hast } gemocht or . . . (—) mögen	— du habest } gemocht or er habe (—) mögen
Past perf.	ich hatte du hattest } gemocht or . . . (—) mögen	ich hätte du hättest } gemocht or . . . (—) mögen
Fut. I	ich werde du wirst } mögen . . .	— du werdest } mögen er werde
Fut. II	ich werde du wirst } gemocht haben . . . or haben (—) mögen	— du werdest } gemocht haben er werde or haben (—) mögen

	Conditional
	ich würde du würdest er würde } (—) mögen wir würden ihr würdet sie würden
II.	ich würde du würdest } gemocht haben or . . . haben (—) mögen

see also L 25,31

CONJUGATION I T2
wollen

wollen, wollend, wollte, gewollt (haben/wollen-haben)

A modal auxiliary verb expressing intention or desire: *to wish, to want to, to intend to.*
"Wollen" has no passive voice. Only the special subjunctive forms in use are given. (—) indicates a verb in its infinitive form.

	Indicative		*Subjunctive*	
Pres.	ich will du willst er will wir wollen ihr wollt sie wollen		ich wolle du wollest er wolle — (ihr wollet) —	
Past	ich wollte du wolltest er wollte wir wollten ihr wolltet sie wollten			
Perf.	ich habe du hast . . .	gewollt or (—) wollen	— du habest er habe	gewollt or (—) wollen
Past perf.	ich hatte du hattest . . .	gewollt or (—) wollen	ich hätte du hättest . . .	gewollt or (—) wollen
Fut. I	ich werde du wirst . . .	wollen	— du werdest er werde	wollen
Fut. II	ich werde du wirst . . .	gewollt haben or haben (—) wollen	— du werdest er werde	gewollt haben or haben (—) wollen

	Conditional	
I.	ich würde du würdest er würde wir würden ihr würdet sie würden	(—) wollen
II.	ich würde du würdest . . .	gewollt haben or haben (—) wollen

See also L 25,31

197

sollen, sollte, gesollt, (haben/haben-sollen)

A modal auxiliary verb expressing obligation, order, duty: *ought to, shall, supposed to.*
"Sollen" has no passive voice. Only the subjunctive forms in use are given. (—) indicates a verb in its infinitive form.

	Indicative		*Subjunctive*	
Pres.	ich soll du sollst er soll wir sollen ihr sollt sie sollen		ich solle du sollest er solle — (ihr sollet) —	
Past	ich sollte du solltest er sollte wir sollten ihr solltet sie sollten			
Perf.	ich habe du hast . . .	} gesollt or (—) sollen	— du habest er habe	} gesollt or (—) sollen
Past Perf.	ich hatte du hattest . . .	} gesollt or (—) sollen	ich hätte du hättest . . .	} gesollt or (—) sollen

See also L 25,31

wissen, wissend, wusste, gewusst (haben) *to know — knowing — knew — known*

	Indicative		*Subjunctive*	
Pres.	ich weiss du weisst er weiss wir wissen ihr wisst sie wissen		ich wisse du wissest er wisse — (ihr wisset) —	
Past	ich wusste du wusstest er wusste wir wussten ihr wussten sie wussten		ich wüsste du wüsstest er wüsste wir wüssten ihr wüsstet sie wüssten	
Perf.	ich habe du hast . . .	} gewusst	du habest er habe	} gewusst

Imperative
wisse!
wisset!

CONJUGATION I ———————————————— T 2
lassen

> lassen, lassend, liess, gelassen, (haben/haben — lassen)

"Lassen" is particularly difficult to translate because its meaning depends to a large extend on the context: *to let, to allow, to permit, to cause* are only a few English equivalents. For the reflexive use of "lassen" see L 28 II 2.

	Indicative	*Subjunctive*
Pres.	ich lasse du lässt er lässt wir lassen ihr lasst sie lassen	— du lassest er lasse — (ihr lasset) —
Past	ich liess du liessest er liess wir liessen ihr liesset sie liessen	ich liesse — er liesse — — —
Perf.	ich habe du hast . . . } gelassen or (—) lassen	du habest er habe } gelassen or (—) lassen
Past perf.	ich hatte du hattest . . . } gelassen or (—) lassen	ich hätte du hättest . . . } gelassen or (—) lassen
Fut. I	ich werde du wirst . . . } lassen	— du werdest er werde } lassen
Fut. II	ich werde du wirst . . . } gelassen haben or haben (—) lassen	— du werdest er werde } gelassen haben or haben (—) lassen

Imperative:
lass!
lasst!
lassen Sie!

	Conditional	
I.	ich würde du würdest er würde wir würden ihr würdet sie würden }	(—) lassen
II.	ich würde du würdest . . . }	gelassen haben or haben (—) lassen

see also L 31

199

sagen

(weak, trans.) **Aktiv**

sagen, sagend, sagte, gesagt (haben)	*to say — saying — said — said.*

	Indicative	Subjunctive
Pres.	ich sage du sagst er sagt wir sagen ihr sagt sie sagen	— du sagest er sage — (ihr saget) —
Past	ich sagte du sagtest er sagte wir sagten ihr sagtet sie sagten	
Perf.	ich habe ⎫ du hast ⎬ gesagt . . . ⎭	— du habest ⎫ er habe ⎬ gesagt
Past perf.	ich hatte ⎫ du hattest ⎬ gesagt . . . ⎭	ich hätte ⎫ du hättest ⎬ gesagt . . . ⎭
Fut. I	ich werde ⎫ du wirst ⎬ sagen . . . ⎭	— du werdest ⎫ er werde ⎬ sagen
Fut. II	ich werde ⎫ du wirst ⎬ gesagt haben . . . ⎭	— du werdest ⎫ er werde ⎬ gesagt haben

Imperative:
sage!
sagt!
sagen Sie!

	Conditional	
I.	ich würde du würdest er würde wir würden ihr würdet sie würden	sagen
II.	ich würde du würdest . . .	gesagt haben

see also L 23

arbeiten

(weak, intrans.) **Aktiv**

| arbeiten, arbeitend, arbeitete, gearbeitet (haben) | *to work working worked worked* |

	Indicative	Subjunctive
Pres.	ich arbeite du arbeitest er arbeitet wir arbeiten ihr arbeitet sie arbeiten	— — er arbeite — — —
Past	ich arbeitete du arbeitetest er arbeitete wir arbeiteten ihr arbeitetet sie arbeiteten	
Perf.	ich habe du hast ⎱ gearbeitet ...	— du habest ⎱ gearbeitet er habe
Past- perf.	ich hatte du hattest ⎱ gearbeitet ...	ich hätte du hättest ⎱ gearbeitet ...
Fut. I	ich werde du wirst ⎱ arbeiten ...	— du werdest ⎱ arbeiten er werde
Fut. II	ich werde du wirst ⎱ gearbeitet haben ...	— du werdest ⎱ gearbeitet haben er werde

Imperative:
arbeite!
arbeitet!
arbeiten Sie!

	Conditional	
I.	ich würde du würdest er würde wir würden ihr würdet sie würden	arbeiten
II.	ich würde du würdest ...	gearbeitet haben

see also L 23

201

gehen

(strong, intrans.) **Aktiv**

| gehen, gehend, ging, gegangen (sein) | *to go — going — went — gone* |

	Indicative	Subjunctive
Pres.	ich gehe du gehst er geht wir gehen ihr geht sie gehen	. . . du gehest er gehe . . . (ihr gehet) . . .
Past	ich ging du gingst er ging wir gingen ihr gingt sie gingen	ich ginge du gingest er ginge . . . ihr ginget . . .
Perf.	ich bin du bist er ist wir sind ihr seid sie sind } gegangen *(I have (!) gone)*	ich sei du seiest er sei wir seien ihr seiet sie seien } gegangen
Past-perf.	ich war du warst . . . } gegangen *(I had (!) gone)*	ich wäre du wärest . . . } gegangen
Fut. I	ich werde du wirst . . . } gehen	— du werdest er werde } gehen
Fut. II	ich werde du wirst . . . } gegangen sein *(I shall have (!)gone)*	— du werdest er werde } gegangen sein

Imperative:
geh!
geht!
gehen Sie!

	Conditional	
I.	ich würde du würdest er würde wir würden ihr würdet sie würden }	gehen
II.	ich würde du würdest . . . }	gegangen sein

see also L 23

CONJUGATION II ———————————————————— T 2
sehen

(strong, trans.) **Aktiv**

| sehen, sehend, sah, gesehen (haben) | *to see, seeing, saw, seen* |

	Indicative	*Subjunctive*
Pres.	ich sehe du siehst er sieht wir sehen ihr seht sie sehen	— du sehest er sehe — (ihr sehet) —
Past	ich sah du sahst er sah wir sahen ihr saht sie sahen	ich sähe du sähest er sähe wir sähen ihr sähet sie sähen
Perf.	ich habe du hast } gesehen . . .	— du habest er habe } gesehen
Past perf.	ich hatte du hattest } gesehen . . .	ich hätte du hättest } gesehen . . .
Fut. I	ich werde du wirst } sehen . . .	— du werdest er werde } sehen
Fut. II	ich werde du wirst } gesehen haben . . .	— du werdest er werde } gesehen haben

Imperative:
sieh!
seht!
sehen Sie!

	Conditional	
I.	ich würde du würdest er würde wir würden ihr würdet sie würden	} sehen
II.	ich würde du würdest . . .	} gesehen haben

see also L 23

kennen

(irr., trans.) **Aktiv**

kennen, kennend, kannte, gekannt (haben)	_to know — knowing — knew known_

	Indicative	Subjunctive
Pres.	ich kenne du kennst er kennt wir kennen ihr kennt sie kennen	— du kennest er kenne — (ihr kennet) —
Past	ich kannte du kanntest er kannte wir kannten ihr kanntet sie kannten	ich kennte du kenntest er kennte wir kennten ihr kenntet sie kennten
Perf.	ich habe du hast ⎱ gekannt . . .	— du habest ⎱ gekannt er habe
Past perf.	ich hatte du hattest ⎱ gekannt . . .	ich hätte du hättest ⎱ gekannt . . .
Fut. I	ich werde du wirst ⎱ kennen . . .	— du werdest ⎱ kennen er werde
Fut. II	ich werde du wirst ⎱ gekannt haben . . .	— du werdest ⎱ gekannt haben er werde

		Conditional
I.	ich würde du würdest er würde wir würden ihr würdet sie würden	kennen
II.	ich würde du würdest . . .	gekannt haben

see also L 13, III

204

CONJUGATION II _____ T 2
sehen

(strong, trans.) **Passive**

	Indicative		Subjunctive	
Pres.	ich werde du wirst er wird wir werden ihr werdet sie werden	} gesehen *(I am seen)*	— du werdest er werde — — —	} gesehen
Past	ich wurde du wurdest er wurde wir wurden ihr wurdet sie wurden	} gesehen *(I was seen)*	ich würde du würdest er würde wir würden ihr würdet sie würden	} gesehen *(Conditional I!)*
Perf.	ich bin du bist er ist wir sind ihr seid sie sind	} gesehen worden *(I have been seen)*	ich sei du sei(e)st er sei wir seien ihr seiet sie seien	} gesehen worden
Past perf.	ich war du warst er war wir waren ihr wart sie waren	} gesehen worden *(I had been seen)*	ich wäre du wärest er wäre wir wären ihr wäret sie wären	} gesehen worden
Fut. I	ich werde du wirst er wird wir werden ihr werdet sie werden	} gesehen werden *(I shall be seen)*	— du werdest er werde — — —	} gesehen werden
Fut. II	ich werde du wirst . . .	} gesehen worden sein *(I shall have been seen)*	— du werdest er werde	} gesehen worden sein

Conditional II		
ich würde du würdest . . .	}	gesehen worden sein

see also L 26

T 3 ____ A LIST OF STRONG AND IRREGULAR VERBS IN GERMAN

The following list contains the irregular verbs used in present-day German. Only the simple forms are given. These verbs are frequently found with prefixes. In those cases it is advisable to separate the prefix and look for the infinitive, add the prefix to the infinitive and check the word in the dictionary. Note that compounds sometimes differ considerably in meaning from their original form. The English meanings given in this list are, of course, incomplete, as there are mostly several meanings for one word, their application depending on the context. Therefore, the meanings given here are only intended as a guidance, an additional look into the dictionary is always useful. The list gives the infinitive form (column 1), the 3rd person singular in the present tense if it differs from the infinitive form (column 2), the past tense, adding in brackets the change of the vowel in the subjunctive form should, it occur (column 3), and the past participle (column 4).

Infinitive	3rd pers. sing. pres.	Past (subj. vowel)		Past part.	
backen	bäckt	buk, (büke)		gebacken	to bake
befehlen	befiehlt	befahl (ö)		befohlen	to command, order
beginnen	—	begann (ö, ä)		begonnen	to begin, start
beissen	—	biss		gebissen	to bite
bergen	birgt	barg (ä, ü)		geborgen	to cover, recover
bersten	birst	barst (ä)	(ist)	geborsten	to burst, split
bewegen	—	bewog (ö)		bewogen	to induce, persuade
biegen	—	bog (ö)		gebogen	to bend
bieten	—	bot (ö)		geboten	to offer
binden	—	band (ä)		gebunden	to bind
bitten	—	bat (ä)		gebeten	to ask for
blasen	bläst	blies		geblasen	to blow
bleiben	—	blieb	(ist)	geblieben	to stay, remain
bleichen	—	blich	(ist)	geblichen	to bleach
braten	brät	briet		gebraten	to fry
brechen	bricht	brach (ä)	(ist, hat)	gebrochen	to break
brennen	—	brannte (e)		gebrannt	to burn
bringen	—	brachte (ä)		gebracht	to bring
denken	—	dachte (ä)		gedacht	to think
dreschen	drischt	drosch (ö)		gedroschen	to thrash
dringen	—	drang (ä)	(hat, ist)	gedrungen	to urge
dürfen	darf	durfte (ü)		gedurft	to be allowed to
empfeh- len	empfiehlt	empfahl (ä)		empfohlen	to recommend
essen	isst	ass (ä)		gegessen	to eat
fahren	fährt	fuhr (ü)	(ist, hat)	gefahren	to drive
fallen	fällt	fiel	(ist)	gefallen	to fall
fangen	fängt	fing		gefangen	to catch
fechten	ficht	focht (ö)		gefochten	to fight, fence
finden	—	fand (ä)		gefunden	to find
flechten	flicht	flocht (ö)		geflochten	to wind
fliegen	—	flog (ö)	(ist, hat)	geflogen	to fly
fliehen	—	floh (ö)	(ist, hat)	geflohen	to flee
fliessen	—	floss (ö)		geflossen	to flow
fressen	frisst	frass (ä)		gefressen	to eat devour
frieren	—	fror (ö)	(ist, hat)	gefroren	to freeze
gären	—	gor (ä)	(ist, hat)	gegoren	to ferment
gebären	gebärt gebiert	gebar (ä)		geboren	to give birth to
geben	gibt	gab (ä)		gegeben	to give

Infinitive	3rd pers. sing. pres.	Past (subj. vowel)	Past part.	
gedeihen	—	gedieh	(ist) gediehen	*to prosper, thrive*
gehen	—	ging	(ist) gegangen	*to go*
gelingen	—	gelang (ä)	(ist) gelungen	*to succeed*
miss- lingen	—	misslang (ä)	misslungen	*to fail*
gelten	gilt	galt (ä)	gegolten	*to be valid*
genesen	—	genas (ä)	(ist) genesen	*to recover*
geniessen	—	genoss (ö)	genossen	*to enjoy*
ge- schehen	geschieht	geschah (ä)	(ist) geschehen	*to happen*
gewinnen	—	gewann (ö, ä)	gewonnen	*to win*
giessen	—	goss (ö)	gegossen	*to pour*
gleichen	—	glich	geglichen	*to resemble*
gleiten	—	glitt	(ist) geglitten	*to glide*
glimmen	—	glomm (ö)	geglommen	*to glow*
graben	gräbt	grub (ü)	gegraben	*to dig*
greifen	—	griff	gegriffen	*to seize, grab*
haben	hat	hatte (ä)	gehabt	*to have*
halten	hält	hielt	gehalten	*to hold*
hangen hängen	—	hing	(ist, hat) gehangen	*to hang*
hauen	—	hieb	gehauen	*to hit*
heben	—	hob (ö)	gehoben	*to lift*
heissen	—	hiess	geheissen	*to be called*
helfen	hilft	half (ü)	geholfen	*to help*
kennen	—	kannte (e)	gekannt	*to know*
klimmen	—	klomm (ö)	(ist) geklommen	*to climb*
klingen	—	klang (ä)	geklungen	*to sound, ring*
kneifen	—	kniff	gekniffen	*to squeeze*
kommen	—	kam (ä)	(ist) gekommen	*to come*
können	—	konnte (ö)	gekonnt	*to be able to*
kriechen	—	kroch (ö)	(ist) gekrochen	*to creep*
laden	lädt	lud (ü)	geladen	*to load*
lassen	lässt	liess	gelassen	*to let, allow*
laufen	läuft	lief	(ist, hat) gelaufen	*to run*
leiden	—	litt	gelitten	*to suffer*
leihen	—	lieh	geliehen	*to lend*
lesen	liest	las (ä)	gelesen	*to read*
liegen	—	lag (ä)	gelegen	*to lie, rest*
(er)- löschen	erlischt	erlosch (ö)	(ist) erloschen	*to expire, quench*
lügen	—	log (ö)	gelogen	*to lie (tell a lie)*
mahlen	—	mahlte	gemahlen	*to grind*
meiden	—	mied	gemieden	*to avoid*
melken	—	melkte	gemolken	*to milk (a cow)*
messen	misst	mass (ä)	gemessen	*to measure*
mögen	mag	mochte (ö)	gemocht	*to like, prefer*
müssen	muss	musste (ü)	gemusst	*to have to*
nehmen	nimmt	nahm (ä)	genommen	*to take*
nennen	—	nannte (e)	genannt	*to name*

Infinitive	3rd pers. sing. pres.	Past (subj. vowel)		Past part.	
pfeifen	—	pfiff		gepfiffen	_to whistle_
preisen	—	pries		gepriesen	_to praise_
quellen	quillt	quoll (ö)	(ist)	gequollen	_to swell_
raten	rät	riet		geraten	_to advise, solve (a riddle)_
reiben	—	rieb		gerieben	_to rub_
reissen	—	riss	(hat, ist)	gerissen	_to tear_
reiten	—	ritt	(ist, hat)	geritten	_to ride_
rennen	—	rannte (e)	(ist)	gerannt	_to run_
riechen	—	roch (ö)		gerochen	_to smell_
ringen	—	rang (ä)		gerungen	_to wrestle_
rinnen	—	rann (ö, ä)	(ist)	geronnen	_to run, flow_
rufen	—	rief		gerufen	_to call_
saufen	säuft	soff (ö)		gesoffen	_to drink, swallow_
schaffen (er)-	—	schuf (ü)		geschaffen	_to achieve, create_
schallen	—	erscholl (ö)	(ist)	erschollen	_to sound_
scheiden	—	schied	(hat, ist)	geschieden	_to seperate_
scheinen	—	schien		geschienen	_to shine, seem_
scheren	—	schor (ö)		geschoren	_to shear_
schieben	—	schob (ö)		geschoben	_to shift_
schiessen	—	schoss (ö)		geschossen	_to shoot_
schlafen	schläft	schlief		geschlafen	_to sleep_
schlagen	schlägt	schlug (ü)		geschlagen	_to hit_
schlei-chen	—	schlich	(ist)	geschlichen	_to creep_
schleifen	—	schliff		geschliffen	_to grind_
schliessen	—	schloss (ö)		geschlossen	_to close, lock_
schlingen	—	schlang (ä)		geschlungen	_to wind, tie_
schmel-zen	schmilzt	schmolz (ö)	(hat, ist)	geschmolzen	_to melt_
schneiden (er)-	—	schnitt		geschnitten	_to cut_
schrecken	schrickt	erschrak (ä)	(ist)	erschrocken	_to frighten, to be frightened_
schreiben	—	schrieb		geschrieben	_to write_
schreien	—	schrie		geschrien	_to cry_
schreiten	—	schritt	(ist)	geschritten	_to march, stride_
schwei-gen	—	schwieg		geschwiegen	_to be silent_
schwellen	schwillt	schwoll (ö)	(ist)	geschwollen	_to swell_
schwim-men	—	schwamm (ö, ä)	(ist, hat)	geschwommen	_to swim_
schwin-den	—	schwand (ä)	(ist)	geschwunden	_to shrink, reduce_
schwin-gen	—	schwang (ä)		geschwungen	_to swing_
schwören	—	schwur (ü) schwor		geschworen	_to swear_
sehen	sieht	sah (ä)		gesehen	_to see_

Infinitive	3rd pers. sing. pres.	Past (subj. vowel)		Past part.	
sein	ist	war (ä)	(ist)	gewesen	to be
senden	—	sandte/sendete		gesandt/gesendet	to send
sieden	—	sott (ö)		gesotten	to boil
singen	—	sang (ä)		gesungen	to sing
sinken	—	sank (ä)	(ist)	gesunken	to sink
sinnen	—	sann (ä, ö)		gesonnen	to meditate, think
sitzen	—	sass (ä)		gesessen	to sit
sollen	—	sollte		gesollt	to be oblidged to (ought to)
spalten	—	spaltete		gespalten	to split
speien	—	spie		gespien	so spit
spinnen	—	spann (ä)		gesponnen	to spin
sprechen	spricht	sprach (ä)		gesprochen	to speak
spriessen	—	spross (ö)	(ist)	gesprossen	to grow
springen	—	sprang (ä)	(ist)	gesprungen	to jump
stechen	sticht	stach (ä)		gestochen	to sting, prick
stecken	—	stak (ä)		gesteckt	to stick
stehen	—	stand (ä, ü)		gestanden	to stand
stehlen	stiehlt	stahl (ä)		gestohlen	to steal
steigen	—	stieg	(ist)	gestiegen	to climb
sterben	stirbt	starb (ü)	(ist)	gestorben	to die
stinken	—	stank (ä)		gestunken	to smell
stossen	stösst	stiess		gestossen	to push
streichen	—	strich	(hat, ist)	gestrichen	to erase, to paint
streiten	—	stritt		gestritten	to quarrel
tragen	trägt	trug (ü)		getragen	to carry
treffen	trifft	traf (ä)		getroffen	to meet, hit
treiben	—	trieb	(hat, ist)	getrieben	to drive, drift
treten	tritt	trat (ä)	(hat, ist)	getreten	to step
trinken	—	trank (ä)		getrunken	to drink
trügen	—	trog (ö)		getrogen	to deceive
tun	—	tat (ä)		getan	to do
verderben	verdirbt	verdarb (ü)	(hat, ist)	verdorben	to spoil
ver- driessen	—	verdross (ö)		verdrossen	to annoy
vergessen	vergisst	vergass (ä)		vergessen	to forget
verlieren	—	verlor (ö)		verloren	to loose
wachsen (er)-	wächst	wuchs (ü)	(ist)	gewachsen	to grow
wägen	—	erwog (ö)		erwogen	to consider
waschen	wäscht	wusch (ü)		gewaschen	to wash
weichen	—	wich	(ist)	gewichen	to yield
weisen	—	wies		gewiesen	to point, show
wenden	—	wandte/wendete		gewandt/gewendet	to turn
werben	wirbt	warb (ü)		geworben	to advertise, court
werden	wird	ward/wurde (ü)	(ist)	geworden	to become (and auxiliary verb for future and passive)
werfen	wirft	warf (ü)		geworfen	to throw

Infinitive	3rd pers. sing. pres.	Past (subj. vowel)		Past part.	
wiegen	—	wog (ö)		gewogen	*to weigh*
winden	—	wand (ä)		gewunden	*to wind*
wissen	**wei**ss	wusste (ü)		gewusst	*to know*
wollen	w**i**ll	wollte		gewollt	*to intend*
verzeihen	—	verzieh		verziehen	*to forgive, pardon*
ziehen	—	zog (ö)	(hat, ist)	gezogen	*to draw, puil*
zwingen	—	zwang (ä)		gezwungen	*to force*

A.	Annalen der Chemie, *name of chem. journal*
Å	Ångström, Å. unit 1 Å = 1 × 10^{-3} cm
a	Ar, *area 10 × 10 meter*
a. a. O.	am angeführten Ort, *in the place cited*
Abb.	Abbildung, *illustration, diagram*
abgk.	abgekürzt, *shortened*
Abh.	Abhandlung, *treatise, pl.: transactions*
Abk.	Abkürzung, *abbreviation*
Abs.	1) Absatz, *paragraph* 2) Absender, *sender*
abs./absol.	absolut (Chem), *absolute (100% pure)*
Abschn.	Abschnitt, *paragraph*
A. D.	anno domini, *in the year of the Lord*
a. d.	an der, *on, on the (before names of rivers)*
AG	Aktiengesellschaft, *limited (or) joint stock company*
At.	Atomgewicht (Chem), *atomic weight*
Akku	Akkumulator, *storage battery (Pb or Ni-Cd-type)*
ak.	akademisch/Univ., *academical*
allg./allgm.	allgemein, *general*
Amp.	Ampere
Anh.	Anhang, *appendix*
Anm.	Anmerkung, *note*
Ann.	Annalen, *usually* Annalen der Chemie/Physik, *journal*
Anw./Anwdg.	Anwendung, *application*
Anz.	Anzeiger, *advertiser, journal in a special sense*
a. o. Prof.	Ausserordentlicher Professor, *Assistant Professor*
Art.	Artikel, *article, treatise*
AStA	Allgem. Studentenausschuss, *General Student Committee*
at, Atm.	Atmosphäre, *atmosphere (physics)* see T 5/8
At. G.	Atomgewicht, *atomic weight*
Aufl.	Auflage, *edition*
aq	aqua, Wasser, *water*, H_2O (Chem)
Aw	Amperewindung, *ampere winding*
ä. W.	äussere Weite, *outside diameter*
b.	bei, *at, with, near, common with postal addresses*
Bd.	Band, *volume;* Bde. *volumes*
BDA	Bund deutscher Architekten, *Association of German Civil Engineers and Architects.*
Bearb.	Bearbeiter *or* Bearbeitung, *editor or version*
Beibl.	Beiblatt, *supplement*
beif.	beifolgend, *herewith*
Beih.	Beiheft, *supplement*
beil.	beiliegend, *enclosed*
Ber.	Bericht, *report*
ber.	berechnet, *calculated*
bes.	besonders, *especially*
best.	bestimmt, *destined*
betr.	betreffend, *concerning, corresponding to "Sub."* in letterheads
bev.	bevollmächtigt, *authorized*
bez.	bezüglich, *with reference to, concerning*
Biol.	Biologie, *biology*
bisw.	bisweilen, *sometimes*

Bl.	Blatt, *sheet, paper, periodical*
Bohrg.	Bohrung, *borehole*
Br	Breite, *latitude (geogr.);* br. *breit, wide*
BRT	Brutto-Register-Tonne, *gross register tons*
btr.	betreffs, *concerning*
b. w.	bitte wenden, *please turn over*
bzw.	beziehungsweise, *respectively, or*
C	1) Celsius, *centigrade* 2) *Coulomb.*
c	Spez. Wärme, *Specific heat*
ca.	circa, *about*
cal	Kalorie, *kilocalorie 1 cal. — calorie*
cand.	Kandidat, *postgraduate student*
cbm	Kubikmeter, *cubicmeter*
ccm	Kubikzentimeter, *cubiccentimeter*
CGS	Zentimeter/Gramm/Sekunde (phys.) *abs. system of measure/metric system*
cos	Kosinus, *cosine* (Math.)
ctg/cot	Kotangens — *cotangent* (Math.)
c. t.	cum tempore, *15 min later* (Univ.)
D	Dichte, *specific gravity, density*
d	1) der, die, das — the, 2) rechtsdrehend — *dectrorotatory* (Chem./Phys.)
d. Ä.	der Ältere, *the elder, senior*
DAB	Deutsches Arzneibuch, Phamacopocia Germanica — *German pharmacopocia,* (corr. to B. P. Pharm.)
das.	daselbst, *the same place*
D. D.	1) Dampfdichte, *vapour density* 2) Dichten, *densities*
DDr.	*person with several doctor-degrees*
DE	Dieselelektrizitätskonstante — *dieselelectric constant* (Engg)
dest.	destilliert (Chem), *distilled*
dgl.	dergleichen, *similar*
d. Gr.	der Grosse, *the great*
d. h.	das heisst, *that is, viz*
d. i.	das ist, *that is*
Di	Dienstag, *Tuesday*
DIN	Deutsche Industrie Norm, *German Industrial Standards*
Dipl.-Ing.	*Engineering degree,* corresp. to M. E.
Diss.	Dissertation, *doctor's thesis*
d. J.	1) dieses Jahres, *of this year,* 2) der Jüngere, *the younger*
DM	Deutsche Mark (German currency unit)
d. M.	dieses Monats, *of this month*
Dmr	Durchmesser, *diameter*
Do	Donnerstag, *Thursday*
D.P.a.	Deutsches Patent angemeldet, *German Patent application*
DRGM	Deutsches Reichs-Gebrauchsmuster, *German registered (patented) design* (DRP)
Dr.-Ing.	*Doctor of Engineering*
Dr. jur.	Doctor juris, *LL.D.*
Dr. med.	Doctor medicinae, *M.D.*
Dr. phil.	Doctor philosophiae, *Ph.D.*
Dr. rer. nat.	Doctor rerum naturalium, *D.Sc., Sc-D*
Dr. rer. pol.	Doctor rerum politicarum, *Doctor of Economics*

Dr. theol.	Doctor theologiae, *D.T.*
Dr. h. c.	Doctor honoris causa, *honorary doctor's degree*
dt.	deutsch, *German*
dto.	dito, *the same*
durchschn.	durchschnittlich, *on the average*
d. Vf.	der Verfasser, *the author*
dz	doppelzentner, *100 kilogrammes*
dz.	derzeit, *at present*
D-Zug	*Express-train*
E	Elektromotorische Kraft, *electromotoric force*
E, Ep.	Erstarrungspunkt, *freezing point*
E.E.	Entropie Einheit, *entropy unit*
ebd.	ebenda, *in the same place*
edd.	*published by*
EGmbH	Eingetragene Gesellschaft mit beschränkter Haftung (G.m.b.H.) *Registered Company with limited liability* (Ltd.)
e.h.	ehrenhalber, *honorary (of degree)*
ehem.	ehemals, *formerly*
Einl.	Einleitung, *introduction*
einschl.	einschliesslich, *including*
einz.	einzeln, *separate*
EKG	Elektrokardiogramm (Med.) *electrocardiogram*
em.	emeritus, *retired* (Univ.)
EMK	Elektromotorische Kraft, *EMF* (Phys. Engg.), *electromotive force*
Empf	Empfänger, *recipient, receiver (radio)*
entspr.	entsprechend, *corresponding to*
Entf.	Entfernung, *distance*
entw.	entweder (oder), *either (or)*
Erst.P.	Erstarrungspunkt, *see E, Ep.*
Erdg.	Erdgeschoss, *basement*
erg.	ergänze, *supply, add*
Erg. Bd.	Ergänzungsband, *Supplement Book*
Erl.	Erläuterung, *explanation*
erw.	erwärmt, *warmed, heated*
etw.	etwaig, *possible*
e. V.	eingetragener Verein, *registered society*
evtl.	eventuell, *possibly*
exkl.	exklusiv, *excluding, exclusive*
Expl.	Exemplar, *copy*
Extr.	Extrakt, *extract*
f.	1) für, *for* 2) folgende Seite, *following page*
F	*Fahrenheit*
Fam.	Familie, *family*
ff.	1) folgende, *following* 2) sehr fein, *extra fine*
Fig.	Figur, *figure*
fl.	flüssig, *fluid*
fm	Festmeter, *cubic meter (of solid wood, etc)*
Fol.	*Folio*
folg.	folgend, *following*
Forts.	Fortsetzung, *continuation;* Forts. f. *to be continued*
Fr	Freitag, *Friday*

frdl.	freundlich, *kind*
Frl.	Fräulein, *Miss*
FT	Funktelgraphie, *radio telegraphy*
Fussn.	Fussnote, *footnote*
g	Gramm, *gramme*
gasf.	gasförmig, *gaseous*
Gef.P.	Gefrierpunkt, *freezing point*
gegr.	gegründet, *founded*
gek.	gekürzt, *shortened, abbreviated*
gel.	gelöst, *dissolved*
gem.	gemahlen, *powdered*
gen.	genannt, *called*
Geol./Geogr.	*Geology/Geography*
ges. gesch.	gesetzlich geschützt, *registered trademark*
ges.	1) gesetzlich, *by law*, 2) gesättigt, *saturated*
Ges.	Gesellschaft, *Society, Company*
geschr.	geschrieben, *written*
gespr.	gesprochen, *spoken*
gest.	gestorben, *died, late*
Gew	Gewicht, *weight, gravity*
gew.	gewöhnlich, *usually*
GewPct	Gewichtprozent, *percentage by weight*
Gew.T.	Gewichtsteil, *part by weight*
gez.	gezeichnet, *signed*
Gl.	Gleichung, *equation*
gleichbd.	gleichbedeutend, *synomymous*
GmbH	Gesellschaft mit beschränkter Haftung, *see E.G.m.b.H.*
gMol	Gramm-Molekül, *gramme molecule*
gr.	1) gross, *great* 2) granuliert, *granulated*
Gr	Grad, *degree (Phys.)*
H	1) Härte, *hardness*, 2) Höhe, *height*
h	Stunde, *hour*
ha	Hektar, *an area of 100 by 100 meters*
Hbf.	Hauptbahnhof, *central station*
Hdb.	Handbuch, *hand-book, manual*
h.c.	honoris causa, *see e.h.*
HD	Hochdruck, *high pressure*
herg.	hergestellt, *produced*
Herst.	Hersteller, *producer*
HF	Hochfrequenz, *high frequency, (radio)*
HK	Hefner Kerze, *standard candle (Phys.)*
hl	Hektoliter, *33 gallons*
Hrsg./hrsg.	Herausgeber/herausgegeben, *editor/edited*
HWZ	Halbwertzeit, *half life period (Nucl. Sc.)*
Hz	Hertz, *hertz (unit in frequency)*, cycle
i.	in, *in*
Ia	prima, *first class*
i. A.	im Auftrag, *by order*
i. allg.	im allgemeinen, *in general*
i. b.	im besonderen, *in particular*

i. D.	im Dampf, *in vapour*
i. D.	im Durchschnitt, *on the average*
IG	Interessengemeinschaft, *pool, trust*
i. J.	im Jahre, *in the year*
incl./inkl.	inklusive, *inclusive*
Ing.	Ingenieur, *engineer*
Inh.	Inhalt, *contents*
insbes.	insbesondere, *in particular*
Inst.	Institut, *Institute, Department*
Instr.	1) Instrument, *instrument* 2) Instruktion, *instruction*
i. R.	im Ruhestand, *retired*
i. V.	1) in Vertretung, *by order, by proxy, as a substitute* 2) im Vacuum, *in a vacuum*
i. W.	innere Weite, *internal diameter*
J	Jahr, *year*
Jahrg./Jg.	Jahrgang, *annual*
J.-Nr.	Journalnummer, *nummer of a journal*
jun., jr.	junior, younger
K	1) Kelvin *(Phys. Chem.)* 2) Konstante, *constant value*
Kal.	*see Cal.*
Kap.	Kapitel, *chapter*
kcal	Kilocalorien, *Kilocalories*
Kfz	Kraftfahrzeug, *motor vehicle*
kg	*Kilogramme*
KG	Kommanditgesellschaft, *limited partnership*
kHz	Kilohertz, *kilocycles per second*
kl	klein, *small*
Kl.	Klasse, *class, form*
km	Kilometer, *kilometre*
kn	Knote, *knot (Naut.)*
Komp.	Kompanie, *Company*
kompr.	komprimiert, *compressed*
Konst.	Konstante, *constant*
konz.	konzentriert, *concentrated*
korr.	korrigiert, *corrected*
Kp.	Kochpunkt, *boiling point, b. p.*
Krist.	Kristall, *kristallin, Crystal, crystalline*
Krit. Temp.	Kritische Temperatur, *Critical temperature*
kVA	Kilovolt-Ampere
kW	1) Kilowatt 2) Kurzwellen, *short wave (radio)*
kWh	Kilowattstunde, *kilowatt hour*
KWstoff/ Kw.-Stoff	Kohlenwasserstoff, *hydrocarbon (Chem.)*
l.	1) lies, *read* 2) –l. final –lich, *like, –ly* 3) löslich, *soluble (Chem.)* 4) linksdrehend, *levorotatary (crystal optics)*, 5) Liter — Litre
L	Länge, *longitude (Geogr.)*
l. a.	lege artis, *according to the rules of art (in pharm.)*
landw.	landwirtschaftlich, *agricultural*
langj.	langjährig, *for many years*
Leg.	Legierungen, *alloys*

215

lfd.   laufende, *running*
Lfg.   Lieferung, *delivery*
lg   lang, *long*
I.H.   lichte Höhe, *height of the aperture*
Lit.   Literatur
LKW   Lastkraftwagen, *lorry, truck*
log   Logarithmus
lösl.   löslich, *soluble*
Lsg.   Lösung, *solution,* Lösungsmittel, *solvent*
lt.   laut, *as per*
l. W.   lichte Weite, *inside diameter*

M.   1) Masse, *mass* 2) Monat, *month*
m   Meter, *metre*
m.   1) merke, *note!* 2) mit, *with*
Mag.   Magazine, *magazine*
m. A. n.   meiner Ansicht nach, *according to my opinion*
Masch   Maschine, *machine*
m. a. W.   mit anderen Worten, *in other words*
max   Maximum
m. E.   meines Erachtens, *in my opinion*
Mech.   Mechanik, *mechanics*
Med.   Medizin, *medicine*
Mehrz.   Mehrzahl, *plural*
MEZ   Mitteleuropäische Zeit, *Central european time, GMT + 1 h.*
mdl   mündlich, *verbal, oral*
mg   Milligramm, *milligramme*
Mi   Mittwoch, *Wednesday*
Mill./Mio.   Million, 10^6
Min   Ministerium, *ministry, government office (US: dept.)*
min   Minute, *Minimum*
Mitarb.   Mitarbeiter, *colleague*
Mitt.   Mitteilungen, *report*
MK   Meterkerze, *Lux, meter-candle (Phys)*
mkr.   Mikro, *micro*
Mo   Montag, *Monday*
Mod.   Modell, *pattern, mould, model*
mögl.   möglich. *possible*
Mol   Gramm-Mol, *atomic weight in grammes*
Mol Gew   Molekulargewicht, *molecular weight*
Mol Vol.   Molekularvolumen, *molecular volume*
Mrd.   Milliarde, 10^9
Ms.   Manuskript, *manuscript*
m. W.   meines Wissens, *to my knowledge*
MW   Megawatt
MWG   Massenwirkungsgesetz, *law of mass action*

n.   1) nach, *after,* 2) neu, *new,* 3) Neutrum, *neutral (Grammar)*
                4) nördlich, *northern*
Nachf.   Nachfolger, *successor*
nachm.   nachmittags, *in the afternoon*
Nachn.   Nachnahme, *reimbursement, cash on delivery, VPP*
näml.   nämlich, *that is to say*

nam.	namentlich, *especially*
nasz.	naszierend, *nascent (Chem.)*
nat. Gr.	natürliche Grösse, *natural size*
n. Ausg.	neue Ausgabe, *new edition*
n. Chr.	nach Christus, *A. D.*
ND	Niederdruck, *low pressure*
Nd.	Niederschlag, *precipitate (Chem.)*
neb.	neben, *next to*
netto	*net*
Nf	Niederfrequenz — *low frequency*
n. F.	neue Folge, *new series*
Ni.	Niederschlag, *rain (Meterol.)*
niedr.	niedrig, *low*
N. N.	nescio nomen, *name inknown*
NN	Normalnull, *sea-level (Geogr.)*
norm.	*normal*
N.P.	Nullpunkt, *freezing point*
Nr.	Nummer, *No.*
NS	Nachschrift, *post-script (also P.S.)*
Ntzl.	Nutzlast, *payload*
NZ	Normalzeit, *standard time*
o.	1) oben, *above* 2) ohne, *without* 3) ortho
O	Osten, *east*
o. ä.	oder ähnlich, *or similar*
o. B.	ohne Befund, *without findings (Med.)*
O. D.	Optisches Drehungsvermögen, *optical rotation*
od.	oder, *or*
o. dgl.	oder dergleichen, *or the like*
o. J.	ohne Jahr, *no date, n. d.*
ö. L.	östliche Länge, *east longitude (Geogr.)*
o. O. u. J.	ohne Ort und Jahr, *without place and date (in publications)*
OP	Operationssaal, *operation theatre (Med.)*
ord.	ordentlich, *in order, correct*
Ord.	Ordnung, *order*
org.	organisch, *organic*
p.	per, *par, pro, per, by, for*
p. A.	per Adresse — *c/o.*
p. a.	per annum, *per annum (per year)*
p. a.	pro analysis (Pharm.), *of highest purity*
part.	Parterre, *basement, street level (in houses)*
Pat.	*patent*
p. c.	pro Cent., *percent*
pers.	persönlich, *personally*
Pf	Pfennig, *German coin,* 100 *Pf* = 1 DM
Pfd.	Pfund, *(1 German pound = 500 grammes)*
Pfl	Pflanze, *plant*
Pharm.	Pharmazie, *pharmacy*
Phys.	Physik, *physics*
Physiol.	Physiologie, *physiology*
PKW	Personenkraftwagen, *passenger car*
Pl.	Plural, *plural*

p. m.	1) pro mille, _per thousand_ 2) pro Minute _per minute_
pp.	per procura, _by procuration_
p.p./P.P.	Praemissis praemittendis, _omitting the titles._
	(In German before the name instead of titles, corresp. to the Engl. Esq.,
	after the name)
prakt.	praktisch, _practical_
prim.	primär, _primary_
Progr.	Programm, _programme_
Prod.	Produkt, _product_
Prof.	Professor
prom.	promoviert, _having obtained a doctor's degree_
Prov.	Provinz, _province_
Proz. p. c.	Prozent, _percent, percentage_
PS	1) Pferdestärke, _horsepower_ 2) _post scriptum_
p. t.	pro tempore, _for the time being_
pulv.	pulverisiert, _ground_
q	Quadrat, _square_
QS.	Quecksilberstand, _mercury column_
qual.	qualitativ, _qualitative_
quant.	quantitativ, _quantitative_
R	1) Reaumur 2) rechter Winkel, _right angle_
r	1) rund, _round_ 2) _Radius (Maths)_ 3) rechtsdrehend _dextrorotatory_
	(Crystal physics)
rac.	racemisch, _racemic_
raff.	raffiniert, _refined_
rauch.	rauchend, _fuming (Chem)_
rd.	rund, _round_
Ref	Referent, _rapporteur, officer in charge (admin)_
resp.	respektive, _respectively_
rez.	reziprok, _reciprocal_
rglm.	regelmässig, _regularly_
rm	Raummeter, _cubic-meter (of logs etc.)_
Rö	Röntgen (Med.) _X-ray_
R. V.	Reduktionsvermögen, _redox potential_
s.	siehe, _see for_
S	1) Süden, _south_ 2) Seite, _page_
s. a.	siehe auch, _see also_
s. a. S.	siehe auch Seite, _see also page_
Sa	Summa, _total_
Sa/Sbd.	Samstag, Sonnabend, _Saturday_
s. Br.	südliche Breite, _southern latitude_
Schmp.	Schmelzpunkt, _melting point_
schr./schriftl.	schriftlich, _written_
schw.	schwach, _weak_
sd.	siedend, _boiling_
s. d.	siehe dort, _see above_
Sdp.	Siedepunkt, _boiling point_
Slg.	Sammlung, _collection_
sm	Seemeile, _nautical mile_
Sm.	Schmelzpunkt, _melting point_

So	Sonntag, *Sunday*
s. o.	siehe oben, *see above*
sof.	sofort, *immediately*
sog.	sogenannt, *so-called*
sp./spez.	1) spezifisch, *specific,* 2) spezial, *special*
spez. Gew.	spezif. Gewicht, *specific gravity*
spr.	sprich, *pronounce*
sp. W.	spez. Wärme, *specific heat*
SS	Sommersemester, *summer-term (Univ.)*
s. S.	siehe Seite, *see page*
st.	stark, *strong*
s. t.	sine tempore, punctually, sharp *(Univ.)*
St	1) Stück, *piece* 2) Stunde, *hour*
Std.	Stunde, *hour* (pl. Stdn.)
std.	stündig, *per hour*
Str.	Strasse, *street*
s. u.	siehe unten, *see below*
subl.	sublimiert, *Sublimat*
svw.	soviel wie, *as much as*
sym.	symmetrisch, *symmetrical*
s. Z.	seinerzeit, *at that time*
t	Tonne, 1000 kg.
Tab.	Tabelle, *table*
Taf.	Tafel, *plate (in books)*
techn.	technisch, *technical*
teilw.	teilweise, *partly*
Tel. Adr.	Telegrammadresse, *telegraphic address*
Temp.	Temperatur, *temperature*
term. techn.	terminus technicus, *technical expression*
TH	Technische Hochschule, *post-grad-techn. university*
Tit.	Titel, *title*
Tl, Tle, Tln	Teil, Teile, Teilnehmer — *part, parts*
Trafo	Transformator, (Elec.)
trop.	tropisch, *tropical*
U	Umdrehung, *rotation*
u.	1) und, *and* 2) unter, *under*
u. a.	unter anderem, und andere, *among other things*
u. ä.	und ähnliche — *etc*
u. a. a. O.	und an anderen Orten, *and elsewhere*
u. a. m.	und andere mehr, *and more of the kind, and so on*
u. A. w. g.	Um Antwort wird gebeten, *an answer will oblige, RSVP.*
übers.	übersetzt, *translated*
u. dergl.	und dergleichen, *and more of the same kind, and the like*
u. d. M. (ü. d. M.)	unter (über) dem Meeresspiegel, *below (above) sea-level*
u. E.	unseres Erachtens, *in our opinion*
u. e. a.	und einige andere, *and some others*
u. ff.	und folgende, *and following*
UKW	Ultrakurzwelle, *Ultra-short wave, F.M. (Radio)*
Umf.	Umfang, *circumference*
Uml./Min. (U/m)	Umlauf per minute, *upm., r. p. m.*

unbest.	unbestimmt, *uncertain*
ung.	ungefähr, *approximately*
unr.,	unregelmässig, *irregular*
Unters.	Untersuchung, *examination*
unveränd./unv.	unverändert, *unchanged*
urspr.	ursprünglich, *originally*
usf. usw.	und so fort, und so weiter, *and so forth*
u. U.	unter Umständen, *possibly, in certain circumstances*
u. v. a.	und viele andere, *and many others*
u. W.	unseres Wissens, *as far as we know*
u. zw.	und zwar, *namely*
v.	von, vom, *by, from*
v. Chr. (Geb.)	vor Christi (Geburt), *B. C.*
VDE	Verein deutscher Elektroingenieure, *Association of German Electrical Engineers*
VDI	Verein deutscher Ingenieure, *Ass. of German Engineers*
Verb.	Verbindung, *compound (Chem)*
verb.	verbessert, *improved*
verd.	verdünnt, *diluted*
Verf.	1) Verfasser, *author* 2) Verfahren, *process*
vergl. (a.)	vergleiche (auch), *compare, cf.*
verk.	verkürzt, *shortened*
verl.	verlängert, *extended*
Verl.	Verlag, *publishing house*
Verh.	Verhältnis, *proportion, ratio*
verh.	verheiratet, *married*
verm.	vermehrt, *increased*
versch.	verschieden, *different*
verst.	verstorben, *died, late*
verw.	1) verwenden, *utilize,* 2) verwandt, *related*
vgl	vergleiche, *compare*
vH	von Hundert, *per cent*
viell.	vielleicht, *perhaps*
v. J.	vorigen Jahres, *of last year*
v. o.	von oben, *from the top*
vollst	vollständig, *complete*
Vol.	Volumen, *Volume*
Vol. Gew	Volumengewicht, *volumetric weight, weight by volume*
Vol %	Volumenprozent, *Volumetric percentage, Vol Pct*
Vol. T.	Volumenteil, *Part by volume*
vor.	vorig, *last, late*
vorl.	vorläufig, *meanwhile*
vorm.	1) vormals, *formerly* 2) vormittags, *(in the morning)*
Vortr.	Vortrag, *lecture, c. f. carried forward*
v. T.	von Tausend, *per thousand*
v. u.	von unten, *from the bottom*
wahrsch.	wahrscheinlich, *probably*
wiss.	wissenschaftlich, *scientific*
w. L.	westliche Länge, *west longitude (Geogr.)*
w. o.	wie oben, *as above*
WS	Wintersemester, *winter term (Univ.)*

z.	zu, zum, *to, to the*
za.	zirka, *circa*
z. B.	zum Beispiel, *for instance*
z. E.	zum Exempel, *for example*
Z.f./Ztschr. f.	Zeitschrift für, *periodical for* . . .
zgl.	zugleich, *at the same time*
z. H./z. H. v.	zu Händen von, *care of, c/o.*
z. s. Z.	zu seiner Zeit, *at its time*
z. T.	zum Teil, *partly*
Ztg	Zeitung, *newspaper, journal*
Ztr.	Zentner, 50 kg.
Ztschr.	Zeitschrift, *periodical*
zus.	zusammen, *together*
Zus.	Zusatz, *addition*
zuw.	zuweilen, *sometimes*
zw.	zwischen, *in between*
z. Z.	zur Zeit, *at present*

1. General information — Allgemeines

a) In Germany the metric system is used. For convenience in daily life the _Pfund_ = 500 g = $^1/_2$ _kilo_ has become a standard unit, also its fractions $^1/_2$ _Pfund_ (250 g) and $^1/_4$ _Pfund_ (125 g). The _Zentner_ (50 kg) is a standard gross weight in daily life.

b) The old system based on dozens has died out, only some agricultural products, such as fruits, eggs etc., may still be sold by the dozen. Farmers refer to their land in terms of _Morgen,_ approx. 2500 sq. meters, although this unit changes from place to place. Carpenters and bricklayers may still use the _Zoll_ (inch) for their work. For that reason the ruler has retained the name 'Zollstock''.

But these are practically the only deviations from the metric system in use in Germany and on the whole continent.

c) **The most important rule the reader has to keep in mind whenever dealing with numbers in German publications is: The comma stands for the point used in English, signifying transgression to fractions: and, vice versa: the point stands for the comma used in English, signifying units of a thousand, etc.**
e. g. 3,46 (German Publication) stands for 3.46 (English publication)
300.451,5 (German Publication) stands for 300, 451.5 (English Publication)

d) German numbers spoken: singulars before tens: e. g., 84 = vier-und-achtzig; 345,5 = drei-hundert-fünf-und-vierzig-komma-fünf.

e) 1 Million (Mill) $= 10^6$ Mikro $1 \cdot 10^{-6}$ Kilo $1 \cdot 10^3$
   1 Milliarde (Mrd) $= 10^9$ Milli $1 \cdot 10^{-3}$ Mega $1 \cdot 10^6$
                 Hekto $1 \cdot 10^2$

f) Terms: addieren — zusammenzählen — zusammenrechnen = add
          subtrahieren — abziehen   = subtract
          multiplizieren — malnehmen   = multiply
          dividieren — teilen   = divide
          der gemeinsame Nenner   = Common denominator
          potenzieren — die Potenz (e. g. 10^6
          zehn-hoch-sechs, sechste Potenz)   = to raise to the sixth power.
          Wurzel ziehen (e. g. $\sqrt{a}$ = dritte Wurzel aus a) = to take root
          integrieren — das Integral   = integrate
          differenzieren — das Differential   = differentiate

g) In fractions, the factor is spoken as a number, whereas –tel is added to the spoken number of the denominator (e. g. $\frac{5}{9}$ = fünf Neuntel).

h) Ordinals are formed by adding a point (1. = 1st), they are written by adding either –te (up to 19) or –ste (from 19 onward) (der fünfte = 5th, der zwanzigste = 20th) with the exception of 1st = der erste and 3rd = der dritte.

2. Linear measurements — Längenmasse

10 mm (Millimeter) = 1 cm (Zentimeter)
100 cm = 1 m (Meter), 1000 m = 1 km (Kilometer)
(Der Zoll (inch), der Fuss (foot), die Meile (mile) are out of use nowadays.)
1 mm = 0.03937 inch (approx. $\frac{1}{25}''$)
1 cm = 0.3937 inch (a bit less than $\frac{1}{2}''$)
1 m   = 1.09361 yards (approx. 3 ft. 3.4 inches or or 1 yard + $\frac{1}{10}$ yard)
1 m   = 3.28084 feet
1 km = 0.62137 miles (approx. 5 furlongs or 0.53996 nautical mile U.K.)
$\frac{1}{32}''$ = 0,794 mm
$\frac{1}{16}''$ = 1,5875 mm (roughly 1,5 mm)
$\frac{1}{8}''$ = 3,175 mm (roughly 3 mm)

1 inch   = 2,54 cm (approx. 2,5 cm)
1 foot   = 30,48 cm (approx. 30 cm)
1 yard   = 0,9144 m (approx. $\frac{9}{10}$ m)
1 mile   = 1,60934 km
1 mile (naut) = 1,852 km
1 furlong   = 201,168 m
1 Mil. (0.001″) = 0,0254 mm

1 mm = 0.0393″	1 cm = 0.3937″	1 km = $\frac{5}{8}$ mile (5 furlongs)
2 mm = 0.0787″	2 cm = 0.7874″	2 km = $1\frac{1}{4}$ miles
5 mm = 0.1968″	5 cm = 1.9685″	5 km = 3 miles

1 inch = 25,4 mm	1 ft. = 0,305 m	1 mile = 1,609 km	1 m = 3.2808 ft.	
2 inches = 51 mm	2 ft. = 0,61 m	2 miles = 3,219 km	1 m = 3 ft. $3\frac{3}{4}$″	
5 inches = 127 mm	5 ft. = 1,524 m	5 miles = 8,047 km	2 m = 6.5617 ft.	
			2 m = 6 ft. $6\frac{3}{4}$″	
			5 m = 16.404 ft.	
			5 m = 16 ft. 5″	

3. Square measurements — Flächenmasse
100 mm² = 1 cm² (qcm) (Quadratmillimeter, -zentimeter, etc.)
10 000 cm² = 1 m², 1 000 000 m² = 1 km², 100 × 100 m = 1 ha (Hektar)
100 ha = 1 km²

1 cm² = 0.1550 sq. inch	1 sq. inch = 6,4516 cm²
1 m² = 1550 sq. inch	1 sq. foot = 929 cm²
1 m² = 1.19599 sq. yards	1 acre = 0,404684 ha
1 m² = 10,7639 sq. ft. approx. 11 sq. ft.	1 sq. mile = 2,5899 km²
1 ha = 2.4711 acres (US) (approx. 2.5)	1 acre = 4840 sq. yards
1 km² = 247.10 acres (US)	1 sq. mile (land) = 640 acres = 258,999 ha
1 km² = 0.3861 sq. mile	1 sq. yard = 0,83613 m²
1 Morgen approx. $\frac{1}{4}$ ha or about 0.6 acre	

1 m² = 10.764 sq. ft. = 1.196 sq. yards	1 sq. inch = 6,451 cm²
2 m² = 21.53 sq. ft. = 2.39 sq. yards	2 sq. inch = 12,902 cm²
5 m² = 53.83 sq. ft. = 5.98 sq. yards	5 sq. inch = 32,256 cm²

9 sq. ft. = 1 sq. yard = 0,836 m²
18 sq. ft. = 2 sq. yards = 1,67 m²
45 sq. ft. = 5 sq. yards = 4,18 m²

4. Cubic equivalents, liquid and corn measures — Raummasse, Hohlmasse
1000 mm³ = 1 cm³ (ccm) (Kubikmillimeter, -zentimeter, etc.)
1000 cm³ = 1 dm³ or 1 l. (Liter), 100 l = 1 hl (Hektoliter)
1000 l   = 1 m³ (cbm)

1 cm³ = 0.061024 cu. inch	1 cu. inch = 16,3870 cm³
1 l = 0.0353148 cu. foot	1 cu. foot = 28,3167 l. (dm³)
1 l = Imp. gallons 0.219969	1 cu. yard = 0,7646 m³
US. gallons 0.264171	1 pint (fluid) = 0,5682 l. (dm³)
1 m³ = 35.3148 cu. ft.	1 Imp. gallon = 4,54596 l. (dm³)
1 m³ = 1.30796 cu. yards	1 bushel (8 gallons) = 36,3667 l. (dm³)
1 hl = 22.00 Imperial gallons	1 Imp. quarter (8 bushels) = 2,9094 hl
1 cm³ = 0.007039 gill	1 US gallon = 3,78544 l. (dm³)
1 cm³ = 0.035194 Fluid Ounce	

Apothecaries' Measures (Fluid)
1 minim   =   0,59 ccm

1 scuple   =   1,184 ccm
1 dram   =   3,55 ccm
1 ounce (fluid) =   28,412 ccm
1 pint   = 567,9 ccm

1 cbm = 35.32 cu. ft.	1 cu. ft. = 0,0283 cbm
2 cbm = 70.63 cu. ft.	2 cu. ft. = 0,0566 cbm
5 cbm = 176.58 cu. ft.	5 cu. ft. = 0,1415 cbm

5. Weights — Gewichte

1000 mg (Milligramm) = 1 g (Gramm)
1000 g   = 1 kg (Kilogramm)
(500 g   = 1 Pfund, 100 Pfund = 50 kg = 1 Zentner)
100 kg   = 1 dz (Doppelzentner)
1000 kg = 10 dz = 1 t (Tonne)

1 g   = 15,4324 grains
1 g   = 0.0353 oz.
        0.0321507 ounces
1 g   = 0.085735 tola
1 Pfd. (Pfund) = 1.1 lb.
1 kg   = 2.2046 lb/1.07169 Seer
1 Ztr. = approx. 110 lb.
1 dz   = 220.46 lb.
1 t (metric) = 0.98420 (long ton)
1 kg   = 2.67923 pounds

1 grain = 0,064799 g (64,799 mg)
1 pennyweight = 1,555 g
1 oz. = 28,34915 g
1 oz. = 31,1035 g
1 tola = 11,6638 g = 180 grains
1 vis = 1,340 kg, 1 seer = 0,93310 kg
1 pound/lb. = 0,4535924 kg =
                    7000 grains
1 maund = 0,0373242 t (metric)
1 ton (long ton) = 1,01605 t (metric)
1 cu. foot H_2O = 63.43 lbs.

1 kg = 2.2 lb	1 lb = 0,45 kg
2 kg = 4.4 lb	2 lb = 0,9 kg
5 kg = 11 lb	5 lb = 2,3 kg

1 t metric = 1.10231 short tons
1 mg   = 0.005 Carats (metric)
1 Carat = 200 mg

6. Temperatures — Temperaturen

The Celsius-scale divides the scale between the freezing point and boiling point of pure
water into 100 equal units: Centigrades. It is the only scale in use in Germany (5 °C =
fünf Grad Celsius)
absolute Zero (°K) = —273.15 °C, freezing point 0 °C, blood temp. 37.5 °C, boiling point
100 °C.

	Kelvin	Centigrade	Fahrenheit	Rankine
T° Kelvin	T	$O_c + 273.15$	$\frac{5}{9}(t + 459.67)$	$\frac{5}{9}r$
0 Centigr.	$T - 273.15$	°C	$\frac{5}{9}(t - 32)$	$\frac{5}{9}(r - 491.67)$
t° Fahrenh.	$\frac{9}{5}T - 459.67$	$\frac{9}{5}$ °C + 32	t	$r - 459.67$
r° Rankine	$\frac{9}{5}T$	$\frac{9}{5}O + 491.67$	$t + 459.67$	r

224

°C °F	°C °F	°C °F
− 10 − + 14	35 − 95	80 − 176
0 − 32	40 − 104	90 − 194
+ 5 − 41	45 − 113	100 − 212
10 − 50	50 − 122	200 − 392
20 − 68	60 − 140	300 − 572
30 − 86	70 − 158	1000 − 1832

$$5° \text{ C} = 9° \text{ F} = 4° \text{ R}$$

Melting points in Centigrade:

Al 59	Iron (cast) white 1135	S 113
Cu 1083	grey 1220	Hg −39,7
Au 1063	Steel (hard) 1420	Glass approx. 1100
Pb 327	(mild) 1475	
Ni 1452		
Ag 961		

1 Wärmeeinheit = 3.968 British Thermal Units
1 B.Th.U.   = 252,0 cal.
1 cal.   = 4,182 · 10^7 erg (Mechanical equivalent of heat —
                           Mech. Wärmeäquivalent)
B.Th.U.   = 777 foot-pounds = 1054 joules
Solar-Constant 1,97 cal/cm^2/min app. equal to 7500 horse power/acre
Solarkonstante.

7. Pressure — Druck

1 lb/sq. inch = 6,8046 · 10^{-2} atm.   1 metric Atmosphere = 1 atm. = 1 kg/cm^2
1 lb/sq. inch = 7,0307 · 10^{-2} at.   14.233 pounds per sq. inch = 1 kg/cm^2
1 lb/sq. inch = 6,8948 · 10^{-2} bar.   0.980665 bar (or 0.980665 · 10^6 dyn/cm^2) =
                                               1 kg/cm^2
                                               735.56 mm Hg at 0 °C = 1 kg/cm^2
1 kg/cm^2 = 14.2233 lb/sq. inch   1 at = 1,033 kg/cm^2
1 lb/sq. inch =   0,070307 kg/cm^2
1 lb/sq. foot =   4,88 kg/m^2
1 kg/m^2 =   0.20481 lb/sq. foot

Barometric pressure. These tables are calculated on the basis of the respective standard
temperature viz. 0 °C and 62 °F. A correction must therefore be applied in order to compare
the readings at temperatures common to both.
Inches to mm: multiply tabular equivalent by 0.000313 and subtract the product from
                   the equivalent.
mm to inches: multiply the equivalent by 0.000313 and add the product to the equivalent.

mm inches	mm inches	inches mm
790 – 31′103	690 – 27′165	31 – 787,39
780 – 30′709	680 – 26′772	30 – 761,99
770 – 30′315	670 – 26′378	29 – 736,59
760 – 29′921	660 – 25′984	28 – 711,19
750 – 29′528	650 – 26′591	27 – 685,79
740 – 29′134	640 – 25′197	26 – 660,39
730 – 28′740	630 – 24′803	25 – 634,99
720 – 28′347	620 – 24′410	24 – 609,59
710 – 27′953	610 – 24′016	
700 – 27′560		

1 cm Hg = 0.3937 inch/Mercury

8. Miscellaneous Data — Verschiedene Daten

100 kg (l dz.)/ha = 0.04 tons/acre
100 kg (l dz.)/ha = 98.589 lb/acre
1 ton/acre   = 2511 kg/ha
1 bush/acre   = 0,90 hl/ha
1 kg pro laufendem Meter = 0.6719 lb per running feet (linear density)
1 kg pro laufendem km   = 3.548 lbs per running mile
1 m/sec   = 3.281 ft./sec
1 m/sec   = 196.85 ft./min
1 m/sec   = 2.236 miles/h
1 km/h   = 0.62137 miles/h = 27,778 cm/sec
1 stat. mile/h = 0,44704 m/sec
1 ft/sec   = 1,09728 km/h

60 miles/h = 88 ft./sec
9,80665 m/sec = g = 32.1740 ft./sec
$2,998 \cdot 10^{10}$ cm/sec = 186,300 miles/sec (velocity of light)

1 m^3/sec = 35.316 cu.ft./sec
1 kg/cm = 5.5997 lb/inch
1 lb/inch = $1,7858 \cdot 10^{-1}$ kg/cm (Oberflächenspannung, surface tension)
1 lb/cu.inch = $2,76799 \cdot 10^{-2}$ kg/cm^3 (Density, Dichte)
1 Atmosphäre = 1 kg/cm^2 = $1.013 \cdot 10^6$ dyn/cm^2
1 Kilogrammeter = 7.233 foot-pounds
1 foot-pound = 0,138 Kilogrammeter
1 horse power = 550 ft. lbs/sec
1 dyn = $0.7233 \cdot 10^{-4}$ poundal
1 poundal = $1,3825 \cdot 10^4$ dyn
1 ft. poundal = $4,214 \cdot 10^{-2}$ joule
1 joule = 23.73 ft. poundal
1 watt = 0.00134 horsepowers   1 Cal = 4,1868 joules
1 horsepower = 745,7 watts   1 B.Th.U. = 2,326 × 453,59237 joules
                                          = 1054,8 joules

1 Wärmeeinheit pro kg = 1.800 B.Th.U. per lb
1 Wärmeeinheit pro m^2 = 0.369 B.Th.U. per sq. foot
1.97 cals/cm^2/min appr. 7500 horsepower/acre (Solar-Constant, Solarkonstante)
Radiants into degrees. multiply by 57.296 (reciprocal 0.0175)

1 g pro litre	= 0.160354 ounces per gallon
1 ounce per gallon	= 6,2362 g pro liter
1 liter per Minute (min)	= 0.219976 gallons per minute
1 Imperial Gallon per minute	= 4,54596 l/min
1 Imperial Gallon per mile	= 2,82473 l/km
1 l per km	= 0.354016 Gallons/mile
1 mile per gallon	= 0,354016 km/l
1 km/l	= 2.82473 Miles/gallon

T 6 _____ DICTIONARIES AND SPECIAL DICTIONARIES

A I

Langenscheidts Handwörterbuch Englisch (engl.-dt./dt.-engl.), Berlin/München/Zürich 1969

Schöffler-Weis, Deutsch-Englisches Taschenwörterbuch, Stuttgart 1951

A II

1. Physik, Mathematik

Basten, German-English u. English-German dictionary of electronic computers with special reference to life insurance (dt.-engl./engl.-dt.), London 1957

Begriffsbestimmungen des elektronischen Rechnens mit Wörterverzeichnis, Deutsch-Englisch/Englisch-Deutsch, Wiesbaden 1964

Bindmann, Technik-Wörterbuch, Halbleiterphysik und Elektronik (engl.-dt./dt.-engl.), Berlin 1967

Cohnen, Hintzen, Sandkaulen, Begriffsbestimmungen des elektronischen Rechnens mit Wörterverzeichnis deutsch-englisch, englisch-deutsch, Wiesbaden 1963

Fachausdrücke der Datenverarbeitung (dt.-engl.), Sindelfingen 1966

Herland, Dictionary of Mathematical Sciences (engl.-dt./dt.-engl.), Wiesbaden 1965

Hyman, German-English Mathematics Dictionary (dt.-engl.), New York 1960

Hyman, Wörterbuch der Physik und verwandte Gebiete (engl.-dt./dt.-engl.), Wiesbaden 1962

Klaften, Mathematisches Vokabular (eng.-dt./dt. engl.), München 1961

Mac Intyre, Witte, University mathematical vocabulary (dt.-engl.), Edinburgh 1966

Rau, Wörterbuch der Kernphysik und Kernchemie (dt.-engl./engl.-dt.), Wiesbaden 1965

Richter, Dictionary of Optics, Photography and Photogrammetry (dt.-engl./engl.-dt.), Amsterdam 1966

Vries, Clason, Wörterbuch der reinen und angewandten Physik (dt.-engl./engl.-dt.), München 1964

Walther, Technik-Wörterbuch. Mechanik-Festigkeitslehre — Werkstoffe (engl.-dt./dt.-engl.), Berlin 1966

2. Chemie, Technologie und nicht-metallische Werkstoffe, Meßtechnik

Amerongen, Zement-Wörterbuch; Herstellung und Technologie (dt.-engl./engl.-dt.), Wiesbaden 1967

Deutsche Normen Kunststoffe (dt., engl., franz., russ.), Berlin

DNA, Anstrichstoffe, Begriffe. Fremdsprachige Übersetzungen der Fachausdrücke (dt., engl., span., franz., niederl., port., russ.), Berlin 1958

DNA, Begriffe aus dem Fachgebiet Zellstoff, Papier und Pappe (dt., engl., franz.), Berlin 1958

Elmer, German-English Dictionary of glass, ceramics and allied sciences (dt.-engl.), London 1963

Fromherz/King, Englisch und deutsche chemische Fachausdrücke (dt.-engl./engl.-dt.), Weinheim 1968

Handbuch der internationalen Kautschukindustrie (dt.-franz.-engl.), Zürich 1955

Hansen, 1000 Fachwörter für die Ölfeuertechnik (engl.-dt./dt.-engl.), Stuttgart 1962

Henderson, Metallurgical dictionary (dt.-engl.), New York 1953

Hoffmann, Fachwörterbuch für die Glasindustrie in zwei Teilen (engl.-dt./dt.-engl.), Berlin 1962

Körting, Wie sag ich's? Fachwörterbuch Keramik, Porzellan, Glas, Kristall (dt.-engl.-franz.-ital.), Bamberg 1964

Lenk/Börner, Technisches Fachwörterbuch der Grundstoffindustrien (dt.-engl./engl.-dt.), Göttingen 1958/62

Merz, Fachwörterbuch für Fachausdrücke aus dem Lack- und Farbengebiet (dt.-engl./engl.-dt.), Stuttgart 1954

Neville, A new German-English dictionary for chemists (dt.-engl.), London 1964

Patterson, A German-English-Dictionary for chemists (dt.-engl.), New York 1959

Rau, Wörterbuch der Kernphysik und Kernchemie (dt.-engl./engl.-dt.), Wiesbaden 1965

Winkler, Fachwörterbuch Chemiefasern; drei Teile in einem Band (dt.-engl.-franz.), Frankfurt 1966

Wittfoht, Kleines Kunststoff-Wörterbuch Maschinen und Verfahren (dt.-engl.-franz.-span.-ital.-holl.), Amsterdam 1963

Wittfoht, Kunststofftechnisches Wörterbuch; Fachausdrücke aus der Herstellung, Verarbeitung und Anwendung der Kunststoffe, aus Materialprüfung und Formenbau (engl.-dt./dt.-engl.), München 1961

3. Biologie,angewandte Biologie

Buksch, Holz-Wörterbuch (dt.-engl./engl.-dt.), Wiesbaden

Goulden, Ledertechnisches Wörterbuch (dt.-engl./engl.-dt.), Köln 1956

Kwizda, Vocabularium nocentium florae. Wörterbuch d. wichtigsten Pflanzenschädlinge, Pflanzenkrankheiten und Unkräuter. Zehnsprachig in Tabellenform (dt., lat., dän., eng., franz., ital., holl., russ., schwed., span.), Wien 1963

Lohmann-Steinmetz, Tierfütterung und Tierhaltung (dt., engl., franz., span., ital., holl.), Betzdorf 1966

4. Technik allgemein

Bucksch, Wörterbuch für Ingenieurbau und Baumaschinen (dt.-engl.-franz.), Wiesbaden 1960

Buhse/Fleming/Pohl, Wrede, Polytechnisches Taschenwörterbuch (dt.-engl.), Köln

Darcy, Air Technical Dictionary (dt.-engl.), New York 1960

Freeman, Das englische Fachwort (dt.-engl./engl.-dt.), Essen 1955

Freeman, Technisches Taschenwörterbuch (dt.-engl./engl.-dt.), München

Goebel, Technisches Taschenwörterbuch in deutscher und englischer Sprache (dt.-engl./engl.-dt.), Berlin 1963

Huguenin, Technisches Deutsch (dt., eng., span., franz.), Paris 1965

Lenk/Börner, Technisches Fachwörterbuch der Grundstoffindustrien (engl.-dt./dt.-engl.), Göttingen

Riethausen, Technik Wörterbuch. Feuerfestindustrie (engl.-dt./dt.-engl.), 1968

Technisches Englisches Wörterbuch in zwei Teilen (engl.-dt./dt.-engl.), Köln

de Vries, Technical and Engineering Dictionary (dt.-engl./engl.-dt.), New York 1966

Walther, Technik-Wörterbuch, Polytechnisches Wörterbuch (engl.-dt.), Berlin

B

1. Energie, Elektronik, Elektrotechnik, Gas, Wasser

Aigner/Windisch, Essentials of electricity (dt.-engl.), Wien 1960

Arnoldt, Wörterbuch Funktechnik (dt.-engl./engl.-dt.), Berlin

Belkind, Internationales Wörterbuch der Lichttechnik (dt., engl., franz., dän., ital., holl., poln., russ., schwed., span.), Moskau 1963

Bindmann, Technik-Wörterbuch Halbleiterphysik und Elektronik (engl.-dt./dt.-engl.), Oxford 1966

Electrical Engineering. Radio, television, telecommunication (dt.-engl.-franz.), Paris 1958

Freeman, Elektrotechnisches Englisch (dt.-engl./engl.-dt.), Essen 1956

Goedecke, Wörterbuch der Elektrotechnik, Fernmeldetechnik und Elektronik (dt.-engl.-franz.), Wiesbaden 1964

Höhn, Dictionary of electrotechnology (dt.-engl.), London 1966

Ineravia: Kleines Wörterbuch der funktechnischen Flugnavigation und Flugsicherung (dt.-engl.-franz.-span.), Genf 1958

International Institute of Welding: Nomenclature des termes utilisés dans le contrôle par ultrasons (dt.-engl.-franz.), Paris 1959

International Telecommunication Union: Sammlung von Definitionen wichtiger Ausdrücke des Fernmeldewesens (dt.-engl.-franz.-russ.), Berlin 1963

Internationales elektrotechnisches Wörterbuch in 8 Sprachen Elektronik (dt.-engl.-franz.-ital.-poln. tschech.-span.-russ.), Moskau 1957

Kaupert, Fachwörterbuch Abfallbeseitigung und Städtereinigung (dt.-engl.-franz.), Köln 1966

Kerkhof, Gras Fachwörterbuch der Fernmeldetechnik und Elektronik (dt.-engl.-franz.), Hamm 1956

Kleine Enzyklopädie Heizwerke und Kraftwerke (dt.-engl.), Berlin 1965

Lang, Fünf-Sprachen-Wörterbuch für Kältetechnik und Klimatechnik, Heizung und Lüftung (dt.-engl.-span.-franz.-ital.), Hamburg 1958

Lenk, Vergleichende Begriffsbestimmungen von deutschen, englischen und amerikanischen Fachausdrücken auf dem Gebiete der feuerflüssigen und elektrolytischen Kupfer-Raffination (dt.-engl./amerik.), Clausthal-Zellerfeld 1952

Meinck, Fachausdrücke aus dem Gebiet der Wasserversorgung (engl.-dt./dt.-engl.), Stuttgart 1950

Neue Deutsche Normen

Funktechnik, Fernsehen, Fernsehtechnik, Begriffe Übersetzungen ins Englische (dt.-engl.), Berlin 1960

Oberdorfer, Lexikon der Elektrotechnik (dt.-engl.-franz.), Wien 1951

Schwenkhagen, Wörterbuch Elektrotechnik und Elektronik (dt.-engl./engl.-dt.), Essen 1966

Verzeichnis der Redewendungen im Entstörungs- und Meßdienst an internationalen Fernsprech- und Telegraphen- und Bildleitungen (dt.-engl.-franz.), Bonn 1955

Vollmer, Lexikon für Wasserwesen, Erd- und Grundbau (dt.-engl.), Stuttgart 1967

Wernicke, Lexikon der Elektronik, Nachrichten- und Elektrotechnik (dt.-engl.), München 1962/64

2. Berg- und Hüttenwesen, Geologie

Bilkenroth, Sechssprachiges Wörterbuch für Gebirgsdruckfragen (dt.-engl.-franz.-russ.-tschech.-span.), Berlin 1965

Fritz, Betriebswirtschaftliches Fachwörterbuch unter bes. Berücksichtigung des Bergbaus (dt.-engl.), Essen 1949

Fünfsprachiges Wörterbuch der mineralogischen Fachausdrücke (engl.-dt.-franz.-span.-russ.), Moskau 1963

Lenk, Börner, Technisches Fachwörterbuch der Grundstoffindustrien. Bergbau, Steine- und Erdenindustrie, Aufbereitung, Hüttenwesen, Metallverarbeitende Industrie, Baustoffindustrie, Hilfswissenschaften (dt.-engl./engl.-dt.), Göttingen 1958

Mrugowski, Dräger-Wörterbuch, Wörterbuch des bergmännischen Rettungswesens (dt.-engl./engl.-dt.), Lübeck 1946

Persch, Deutsch-englisches Fachwörterbuch der Tiefbohrtechnik (dt.-engl.), Berlin 1953

Ruis, Bergbau. Fachwörterbuch (dt.-engl./engl.-dt.), Düsseldorf 1947

Seebach, Fachwörterbuch für Bergbautechnik und Bergbauwirtschaft (dt.-engl./engl.-dt.), Essen 1947

Wörterbuch der Fachausdrücke auf dem Gebiet der Gebirgsdruckforschung (dt.-engl.-franz.), London 1958–63

Wörterbuch für die Mechanisierung im Steinkohlenbergbau (dt.-engl.-franz.), Lüttich 1963

3. Maschinenbau, Automobiltechnik

Bremberger, Konstruktion und Fertigung, Englisch-Handbuch für Konstruktions- und Fertigungsingenieure (dt.-engl./engl.-dt.), München 1960

Buksch, Wörterbuch für Bautechnik und Baumaschinen (dt.-engl./engl.-dt.), Wiesbaden

Dettner, Fachwörterbuch für Metalloberflächenveredelung (dt.-engl./engl.-dt.), Berlin 1960

Deutsche Normen (dt.-engl.), Berlin

Eisen und Stahl, (dt.-franz.-engl.), Frankfurt 1965

Emblik, Fünfsprachen-Kälte-Wörterbuch (dt.-engl.-franz.-schwed.-span.), Hannover 1954

Freeman, Enzyklopäd. Fachwörterbuch Spanende Werkzeugmasch. (dt.-engl.), Essen 1963

Freeman, Spezialwörterbuch Maschinenwesen mit Begriffsbestimmungen und Begriffserklärungen (dt.-engl./engl.-dt.), Essen 1958

Freeman, Taschenwörterbuch Eisen und Stahl (dt.-engl./engl.-dt.), München

Freeman, Wörterbuch Werkzeuge (dt.-engl./engl.-dt./, Essen 1960

Fremdsprachliches Fachwörterverzeichnis für den Stahlbau (dt.-engl.-frz.-span.), Köln 1959

Handbuch für den Gemeinsamen Markt der europäischen Montan-Union (dt.-engl.-franz.), Frankfurt 1955

Hartenberg/Scheunemann, Kleines terminologisches Wörterbuch für Kinematik und Dynamik der Getriebe (dt.-engl.-franz.-russ.-bulg.), Sofia 1965

Heiler, Technisches Bildwörterbuch für spanende Werkzeuge zur Metallbearbeitung (dt.-franz.-engl.-span.-ital.), München 1964

Illustrierte Terminologien, Bildwörterbücher der Förderungstechnik (dt.-engl.-franz.-ital.-span.-schwed.), Mainz 1962/63

Iron and steel dictionary (dt.-engl./engl.-dt.), London 1962

Kleinschmit, Wörterbuch der Schleif- und Poliertechnik (dt.-engl./engl.-dt.), Berlin 1952

Lange, Gesenkschmieden. Drop Forging. Estampage (dt.-engl.-franz.), Hannover 1956

Müller-Schwarz, Fachwörterbuch Schleifen und Polieren (dt.-engl./engl.-dt.), Bonn 1963

Persch, Deutsch-englisches Fachwörterbuch der Tiefbohrtechnik (dt.-engl.), Berlin 1953

Pneurop, Verdichter, Systematik und Fachwörterverz. (dt.-engl.-franz.), Frankfurt 1963

Raquet, Draht-Fachwörterbuch (dt.-engl.-franz.-span.), Coburg 1963

Schlomann, Illustrierte technische Wörterbücher in sechs Sprachen (dt.-engl.-russ.-franz.-ital.-span.), München 1960

Schopper, Das Fachwort im Maschinenbau (engl.-dt.-franz.), Stuttgart 1955

Stahleisen-Wörterbuch, Iron and Steel Dictionary (dt.-engl./engl.-dt.), Düsseldorf 1962

Wittfoht, Kleines Kunststoff-Wörterbuch, Maschinen und Verfahren (dt.-engl.-franz.-span.-ital.-holl.), München 1963

Wörterbuch Fertigungstechnik C.I.R.P. Internationale Forschungsgemeinschaft für mechanische Produktionstechnik. Wörterbuch Förderungstechnik (dt.-engl.-franz.), Essen 1962

Wörterbuch für die Mechanisierung im Steinkohlenbergbau (dt.-engl.-franz.), Lüttich 1963

4. Luft- und Raumfahrt

Cescotti, Luftfahrt-Definitionen, Glossary of aeronautical definitions (engl.-dt./dt.-engl.), München 1956

Darcy, Luftfahrttechnisches Wörterbuch (dt.-engl./engl.-dt.), Berlin 1960

Hyman, German-English, English-German Astronautics Dictionary (dt.-engl./engl.-dt.), New York 1968

Leidecker, German-English Technical dictionary of aeronautics, rocketry, space navigation (dt.-engl.), New York 1951

Schlomann, Illustrierte Technische Wörterbücher Band XVII Luftfahrt (dt.-engl.-franz.-ital.), München 1956

5. Transport und Verkehr

Aumund/Heinrich/Kritter/Ulrich v., Technisches Wörterbuch für Kraftfahrer (dt.-engl./engl.-dt.), Göttingen 1946

Dietel, Seefahrts-Wörterbuch. Dictionary of nautical terms (dt.-engl./engl.-dt.), München 1964

Fremdsprachliche Verkehrs-Fachausdrücke (dt.-engl.-franz.-span.), Hamburg 1968

Heinze, Wörterbuch des Transportwesens (dt.-engl.), Wiesbaden 1961

Redewendungen im international. Fernsprech-Betriebsdienst (dt.-russ.-frz.-engl.), Genf 1952

Schmitz, Englisches Wörterbuch für Eisenbahnsignalwesen und Fernmeldetechnik (dt.-engl./engl.-dt.), Frankfurt 1954

UATI, Internationales Wörterbuch der technischen Verkehrsausdrücke (dt.-engl.-span.-franz.-ital.-niederl.), London 1957

The best way for a student of scientific German to keep his knowledge alive is reading the periodicals published in this specific field; furthermore this has the benefit of widening his field of knowledge in his subject.

According to the regular survey of the German Central Library (Deutsche Bibliothek Frankfurt/Main) 355 German journals covering all fields of research were registered in 1965. Therefore the list given below is no more than a suggestion. It is based on the detailed list published bi-annually by the Deutsche Bibliothek Frankfurt ("Verzeichnis deutscher wissenschaftlicher Zeitschriften", herausgegeben im Auftrag der DFG von der Deutschen Bibliothek Frankfurt, 1965).

Further information can be obtained through the

"Internationale Bibliographie der Zeitschriftenliteratur"
(International Bibliography of Journals) covering all fields and edited semi-annually, Osnabrück.

Articles appearing in German as well as periodicals published in other languages are listed in the following groups:

"Führer durch die technische Literatur", catalogue of technical and science-publications, only German and only independent publications (no articles), annually by Weidemann, Hannover

"VDI-Index technischer Zeitschriften", published by VDI, Düsseldorf.

The periodicals have been listed alphabetically under the following headings:

A) Science
1. Science — general
2. Mathematics
3. Physics — general
4. Applied physics
5. Metereology
6. Geophysics, hydrography, oceanography
7. Chemistry — general
8. Inorganic, organic and analytical chemistry
9. Biochemistry
10. Physical chemistry, colloid chemistry
11. Chemical technology
12. Geology
13. Biology — general
14. Botany
15. Zoology
16. Geography

B) Technology
1. Technology — general
2. Power technology and -economy
3. Mining and foundry
4. Metallurgy
5. Civil Engineering
6. Architecture, town-planning
7. Railways
8. Hydraulics, habour-construction
9. Road building, traffic

10. Mechanical engineering
11. Thermal engineering
12. Fine-mechanics, instruments
13. Automobiles
14. Ships
15. Aeronautics
16. Electrical engineering, high voltage
17. Telecommunication
18. Agriculture
19. Plants, pest control
20. Fruit
21. Animal breeding, food-technology
22. Forestry

A) SCIENCE

1. Gesamte Naturwissenschaften (Science — general)
Ergebnisse der exakten Naturwissenschaften. Berlin, Göttingen, Heidelberg, Springer
Grundlagenstudien aus Kybernetik und Geisteswissenschaft. Quickborn/Holst., Schnelle
Die Naturwissenschaften. Organ d. Max-Planck-Ges. z. Förderung d. Wissenschaften.
   Organ d. Ges. Dt. Naturforscher u. Ärzte. Berlin, Göttingen, Heidelberg, Springer
Naturwissenschaftliche Rundschau. Stuttgart, Wissenschaftl. Verl.-Ges.

2. Mathematik (Mathematics)
Archiv der Mathematik. Basel, Stuttgart, Birkhäuser
Archiv für mathematische Logik und Grundlagenforschung Stuttgart, Kohlhammer
Beiträge zur Sprachkunde und Informationsbearbeitung. München, Oldenbourg
Elektronische Datenverarbeitung. Braunschweig, Vieweg
Elektronische Rechenanlagen, München, Oldenbourg
Ingenieur-Archiv. Berlin, Göttingen, Heidelberg, Springer
Journal für die reine und angewandte Mathematik. Berlin, de Gruyter
Kybernetik. Berlin, Göttingen, Heidelberg, Springer
Mathematische Annalen. Berlin, Göttingen, Heidelberg, Springer
Mathematische Zeitschrift. Berlin, Göttingen, Heidelberg, Springer
Numerische Mathematik. Berlin, Göttingen, Heidelberg, Springer
Programmiertes Lernen und programmierter Unterricht. Berlin, Cornelsen
Zeitschrift für angewandte Mathematik und Mechanik. Berlin, Akademie-Verl.
Zentralblatt für Mathematik und ihre Grenzgebiete. Berlin, Göttingen, Heidelberg, Springer

3. Physik (Physics — general)
Acustica. Internat. akustische Zeitschr. unter Mitwirkung d. Verbandes Dt. Physikalischer
   Gesellschaften. Stuttgart, Hirzel
Annalen der Physik. Leipzig, Barth
Optik. Zeitschr. f. d. ges. Gebiet d. Licht- u. Elektronenoptik. Stuttgart, Wissenschaftl.
   Verl.-Ges.
Physikalische Berichte. Braunschweig, Vieweg
Physikalische Blätter. Mosbach/Baden, Physik-Verl. Beil.: Physikalische Verhandlungen
Zeitschrift für Physik. Berlin, Göttingen, Heidelberg, Springer

4. Physik (Physics — applied)
Atomkern-Energie. Zeitschr. f. d. Anwendung d. Kernenergie in Wissenschaft, Technik u.
   Wirtschaft. München, Thiemig

Die Farbe. Zeitschr. f. alle Zweige d. Farbenlehre u. ihre Anwendung. Göttingen, Berlin, Frankfurt/M., Musterschmidt
(Zentralblatt für Kernforschung und Kerntechnik, Berlin)
Jahresbericht. Hahn-Meitner-Institut für Kernforschung. Berlin, Hahn-Meitner-Inst. f. Kernforschung
Monatliche fototechnische Mitteilungen. MFM. Fachschrift f. angewandte Fotografie, Film- u. Tontechnik. Ludwigsburg/Württ., AGT-Verl. Thum
Nukleonik. Berlin, Göttingen, Heidelberg, Springer
Strömungsmechanik und Strömungsmaschinen. Mitteilungen d. Inst. f. Strömungslehre u. Strömungsmaschinen u. d. Lehrstuhls f. Theoretische Strömungslehre, Technische Hochschule Karlsruhe, Karlsruhe, Braun
Vakuum-Technik. Esch, Lang
Wissenschaftliche Abhandlungen der Physikalisch-Technischen Bundesanstalt. Braunschweig, Physikal.-Techn. Bundesanst. Braunschweig und Berlin
Zeitschrift für angewandte Mathematik und Mechanik. Berlin, Akademie-Verl.
Zeitschrift für angewandte Physik einschliesslich Nukleonik. Berlin, Göttingen, Heidelberg, Springer

5. *Meteorologie (Meteorology)*
Meteorologische Rundschau. Berlin, Göttingen, Heidelberg, Springer

6. *Geophysik, Hydrographie, Ozeanographie (Geophysics, hydrography, oceanography)*
Deutsche hydrographische Zeitschrift. Hamburg, Dt. Hydrographisches Institut
Zeitschrift für Geophysik. Würzburg, Physica-Verl.

7. *Chemie (Chemistry — general)*
Chemiker-Zeitung. Heidelberg, Hüthig
Chemische Berichte. Weinheim/Bergstr., Verl. Chemie
Chemisches Zentralblatt. Weinheim/Bergstr., Verl. Chemie
Justus Liebigs Annalen der Chemie. Weinheim/Bergstr., Verl. Chemie

8. *Anorganische, organische und analytische Chemie (Inorganic, organic and analytical chemistry)*
Fortschritte der Hochpolymeren Forschung. Berlin, Göttingen, Heidelberg, Springer
Fresenius' Zeitschrift für analytische Chemie. Berlin, Göttingen, Heidelberg, Springer; München, Bergmann

9. *Biochemie (Biochemistry)*
Biochemische Zeitschrift. Berlin, Göttingen, Heidelberg, Springer

10. *Physikalische Chemie und Kolloidchemie (Physical chemistry, colloid chemistry)*
Theoretica chimica Acta. Berlin, Göttingen, Heidelberg, Springer
Zeitschrift für physikalische Chemie. N. F. Frankfurt/M., Akademische Verl.-Ges.

11. *Chemische Technologie (Chemical technology)*
Achema-Jahrbuch. Frankfurt/M., Dt. Ges. f. Chemisches Apparatewesen e. V.
Allgemeine Wärmetechnik. Frankfurt/M., Allgem. Wärmetechnik
Angewandte Chemie. Weinheim/Bergstr., Verl. Chemie
Brennstoff, Wärme, Kraft. BWK. Zeitschr. f. Energietechnik u. Energiewirtschaft. Düsseldorf, VDI-Verl.
Brennstoff-Chemie. Essen, Giradet
Chemie-Ingenieur-Technik. Weinheim/Bergstr., Verl. Chemie

12. *Geologie (Geology)*
Geologische Mitteilungen. Aachen, Forschungsstelle f. Regionale und Angewandte Geologie d. Geologischen Inst. d. Rheinisch-Westfäl. Techn. Hochschule

Geologische Rundschau. Stuttgart, Enke
Zeitschrift für Geomorphologie. Berlin, Borntraeger
Zentralblatt für Geologie und Paläontologie. Stuttgart, Schweizerbart
   T. 1 Allgemeine, Angewandte, Regionale und Historische Geologie
   T. 2 Paläontologie

13. Allgemeine Biologie (Biology — general)
   Archiv für Hydrobiologie. Stuttgart, Schweizerbart
   Archiv für Mikrobiologie. Berlin, Göttingen, Heidelberg, Springer
   Berichte über die gesamte Biologie. Berlin, Göttingen, Heidelberg, Springer
      Abt. A. Berichte über die wissenschaftliche Biologie
      Abt. B. Berichte über die gesamte Physiologie und experimentelle Pharmakologie
   Biophysik. Berlin, Göttingen, Heidelberg, Springer
   Chromosoma. Berlin, Göttingen, Heidelberg, Springer
   Ergebnisse der Biologie. Berlin, Göttingen, Heidelberg, Springer
   Mikrokosmos. Zeitschr. f. angewandte Mikroskopie, Mikrobiologie, Mikrochemie und
      mikroskopische Technik. Stuttgart, Franckh
   Wilhelm Roux' Archiv für Entwicklungsmechanik der Organismen. Berlin, Göttingen,
      Heidelberg, Springer; München, Bergmann
   Zeitschrift für Vererbungslehre, Berlin, Göttingen, Heidelberg, Springer
   Zeitschrift für vergleichende Physiologie. Berlin, Göttingen, Heidelberg, Springer
   Zeitschrift für Zellforschung und mikroskopische Anatomie. Berlin, Göttingen, Heidelberg,
      Springer

14. Botanik (Botany)
   Fortschritte der Botanik. Berlin, Göttingen, Heidelberg, Springer
   Zeitschrift für Botanik. Stuttgart, G. Fischer
   Zeitschrift für Pilzkunde. Bad Heilbrunn/Obb., Klinkhardt

15. Zoologie (Zoology)
   Archiv für Molluskenkunde der Senckenbergischen Naturforschenden Gesellschaft.
      Frankfurt/M., Senckenbergische Naturforschende Ges.
   Entomologische Zeitschrift. Stuttgart, Kernen
   Fortschritte der Zoologie. Stuttgart, G. Fischer
   Senckenbergiana biologica. Wissenschaftl. Mitteilungen d. Senckenbergischen Natur-
      forschenden Ges. Frankfurt/M., Kramer
   Zeitschrift für angewandte Zoologie. Berlin, Duncker & Humblot
   Zeitschrift für Morphologie und Ökologie der Tiere. Berlin, Göttingen, Heidelberg,
      Springer
   Zeitschrift für Parasitenkunde. Berlin, Göttingen, Heidelberg, Springer
   Zeitschrift für Säugetierkunde. Berlin, Hamburg, Parey
   Zeitschrift für Tierpsychologie. Berlin, Hamburg, Parey

16. Geographie (Geography)
   Berichte zur deutschen Landeskunde. Bad Godesberg, Bundesanstalt f. Landeskunde u.
      Raumforschung
   Die Erde. Zeitschr. d. Ges. f. Erdkunde zu Berlin. Berlin, de Gruyter
   Erdkunde. Archiv f. wissenschaftl. Geographie. Bonn, Dümmler
   Geographische Rundschau. Zeitschr. f. Schulgeographie. Braunschweig, Westermann
   Raumforschung und Raumordnung. Köln, Berlin, Heymann
   Zeitschrift für Geomorphologie. Berlin, Bornträger

B) TECHNOLOGY
1. Gesamte Technik (allgemeine Zeitschriften) (Technology — general)
Betriebstechnik. Gräfelfing, Resch
DIN-Mitteilungen. Zentralorgan d. dt. Normung, Berlin, Beuth
Ingenieur-Archiv. Berlin, Göttingen, Heidelberg, Springer
Die Umschau in Wissenschaft und Technik. Frankfurt/M., Umschau Verl.
VDI-Zeitschrift. Düsseldorf, VDI-Verl.

2. Energietechnik und -wirtschaft (power technology and -economy)
Archiv für Energiewirtschaft. Berlin, Archiv f. Energiewirtschaft
Atomkernenergie. München, Thiemig
Brennstoff, Wärme, Kraft, BWK. Düsseldorf, VDI-Verl.; Berlin, Göttingen, Heidelberg, Springer
Kerntechnik Isotopentechnik und -chemie. München, Thiemig

3. Bergbau, Hüttenwesen (Bergbau, Bergtechnik, Markscheidewesen) (Mining and foundry)
Bergbau-Archiv. Essen, Verl. Glückauf
Die Bergbauwissenschaften. Goslar, Hübener
Bohrtechnik — Brunnenbau, Rohrleitungsbau. Berlin, R. Schmidt
Braunkohle, Wärme und Energie. Düsseldorf, Die Braunkohle
Erdöl und Kohle, Erdgas, Petrochemie. Hamburg, Industrieverl. v. Hernhaussen
Zeitschrift für Erzbergbau und Metallhüttenwesen. Stuttgart, Riederer

4. Metallerzeugung und -verarbeitung (Metallurgy)
Archiv für Eisenhüttenwesen. Düsseldorf, Verl. Stahleisen
Bänder — Bleche — Rohre. Düsseldorf, Triltsch
Bericht. Max-Planck-Institut für Eisenforschung. Düsseldorf, Verl. Stahleisen
CIRP-Annalen. Berichte d. Internat. Forschungsgemeinschaft f. Mechanische Produkti-
onstechnik. Berlin, Göttingen, Heidelberg, Springer
Draht. Fachzeitschr. f. d. ges. Gebiet d. Drahtherstellung, Drahtbearbeitung, Drahtver-
arbeitung. Coburg, Post & Meiner
Galvanotechnik. Älteste Fachzeitschr. f. d. Praxis d. Oberflächenbehandlung von Metallen.
Saalgau/Württ., Leuze
Giesserei. Düsseldorf, Giesserei-Verl.
Rohre, Rohrleitungsbau, Rohrleitungstransport. Technisch-wissenschaftl. Zeitschr. f.
Rohrherstellung, Rohrverarbeitung, Rohrleitungsbau u. d. technischen, wirtschaftl. u.
juristischen Fragen d. Transportes flüssiger, gasförmiger u. fester Stoffe in Rohrlei-
tungen "Pipelines". Baden-Baden, Verl. f. Angewandte Wissenschaften
Stahl und Eisen. Zeitschr. f. d. dt. Eisenhüttenwesen. Düsseldorf, Verl. Stahleisen

5. Bautechnik (Civil engineering)
Der Bauingenieur. Zeitschr. f. d. ges. Bauwesen. Berlin, Göttingen, Heidelberg, Springer
Beton- und Stahlbetonbau, Berlin, Ernst
Heizung, Lüftung, Haustechnik. Düsseldorf, VDI-Verl.
Der Tiefbau. Gütersloh, Bertelsmann

6. Architektur, Wohnungsbau, Städtebau (Architecture, town-planning)
Bauen und Wohnen. München, Bauen und Wohnen
Mitteilungen des Deutschen Verbandes für Wohnungswesen, Städtebau und Raum-
planung. Köln, Frankfurt, Stuttgart, Dt. Verb. f. Wohnungswesen, Städtebau und
Raumplanung

7. Eisenbahnwesen (Railways)
Archiv für Eisenbahnwesen. Berlin, Göttingen, Heidelberg, Springer; Eisenbahntechnische
Rundschau. Darnstadt, Hestra-Verl.

8. Wasserwirtschaft, Hafenbau, (Hydraulics, harbour construction)
Jahrbuch der Hafenbautechnischen Gesellschaft. Berlin, Göttingen, Heidelberg, Springer
Die Wasserwirtschaft. Stuttgart, Franckh

9. Strassenbau, Verkehrswesen (Roadbuilding, traffic)
Strassen- und Tiefbau. Heidelberg, Strassenbau, Chemie und Technik Verl.-Ges.
Verkehr und Technik. Berlin, Bielefeld, München, E. Schmidt
Zeitschrift für Verkehrswissenschaft. Düsseldorf, Verl. Handelsblatt

10. Maschinenbautechnik (Mechanical engineering)
Konstruktion im Maschinen-, Apparate- und Gerätebau. Berlin, Göttingen, Heidelberg, Springer
Oelhydraulik und Pneumatik. Zeitschr. f. Kraftübertragung, Regeln u. Steuern. Mainz, Krausskopf
Werkstatttechnik. Berlin, Göttingen, Heidelberg, Springer; Düsseldorf, VDI-Verl.

11. Wärme- und Kältetechnik (Thermal engineering)
Allgemeine Wärmetechnik. Zeitschr. f. Wärme-, Kälte- und Verfahrenstechnik. Frankfurt/M., Allg. Wärmetechnik
Heizung, Lüftung, Haustechnik. Düsseldorf, VDI-Verl.
Klima-Technik. Fachzeitschr. f. Wärme-, Kälte-, Staub- und Isoliertechnik. Stuttgart, Kopf
Wärme. Forschung und Praxis d. Wärme-, Kälte- und Verfahrenstechnik. München-Gräfelfing, Resch

12. Feinwerk-, Mess- und Regelungstechnik (Fine mechanics, instruments)
Archiv für technisches Messen und industrielle Messtechnik ATM. München, Oldenbourg
Automatisierung. Europäische Industriezeitschr. f. d. ges. Gebiet d. Automatisierung. Heidelberg, Hageneier
GIT. Fachzeitschr. f. d. Laboratorium. Glas- und Instrumenten-Technik. Mess-, Prüf-, und Regelungs-Technik. Darmstadt, Hoppenstedt
Kybernetik. Berlin, Göttingen, Heidelberg, Springer
Regelungstechnik. München, Oldenbourg
Regelungstechnische Praxis. rtp. Steuern, Regeln und Automatisieren im Betrieb. München, Oldenbourg
Zeitschrift für Instrumentenkunde. Braunschweig, Vieweg

13. Fahrzeug- und Motorenbau (Automobiles)
Automobiltechnische Zeitschrift. ATZ. Stuttgart, Franckh
Motortechnische Zeitschrift. MTZ. Stuttgart, Franckh

14. Schiff- und Schiffsmaschinenbau (Ships)
Jahrbuch der Schiffbautechnischen Gesellschaft. Berlin, Göttingen, Heidelberg, Springer

15. Luft- und Raumfahrt (Aeronautics)
Luftfahrttechnik, Raumfahrttechnik. Düsseldorf, VDI-Verl.
Raumfahrtforschung. Zeitschr. für Raketenantriebe, Raumfahrzeug- und Raumkörpertechnik, München, Dt. Ges. f. Raketentechnik und Raumfahrt e.V.
Weltraumfahrt. Zeitschr. f. Astronautik und Raketentechnik. Frankfurt/M., Umschau-Verl.
Zentralblatt für Aero- und Astronautik. ZAA. München, Alkos-Verl.
    Abt. 1 Deutschsprachiges Schrifttum
    Abt. 7 Luft- und Raumfahrtmedizin
    Abt. 8 Flughafen und -ausrüstung

16. _Elektrotechnik (Starkstromtechnik) (Electr. engineering, high voltage)_
Archiv für Elektrotechnik. Berlin, Göttingen, Heidelberg, Springer
Elektrotechnische Zeitschrift. ETZ. Berlin, VDE-Verl.
VDE-Fachberichte. Berlin, VDE-Verl.
VDE-Schnellberichte. Titel von Veröffentlichungen aus der Elektrotechnik und ihren
Grundwissenschaften. Berlin, VDE-Verl.

17. _Nachrichten- und Hochfrequenztechnik (Telecommunication)_
Archiv der elektrischen Übertragung. Stuttgart, Hirzel
Elektronik. München, Franzis-Verl.
Frequenz. Zeitschr. f. Schwingungs- und Schwachstromtechnik. Berlin, Schiele & Schön
Nachrichtentechnische Zeitschrift. NTZ. Organ d. Nachrichtentechnischen Ges. im VDE.
Braunschweig, Vieweg
VDE-Fachberichte. Berlin, VDE-Verl.
VDE-Schnellberichte, Titel von Veröffentlichungen aus der Elektrotechnik u. ihren Grund-
wissenschaften. Berlin, VDE-Verl.

18. _Landwirtschaftliche Wissenschaften (Landwirtschaft) (Agriculture)_
Mitteilungen der Deutschen Landwirtschafts-Gesellschaft. Frankfurt/M., DLG-Verl.-
GmbH.
Technik und Landwirtschaft. Heidelberg, Energie-Verl.

19. _Pflanzenbau, Pflanzenkrankheiten, Landtechnik (Plants, pest control)_
Zeitschrift für Acker- und Pflanzenbau. Berlin, Hamburg, Parey
Zeitschrift für Kulturtechnik und Flurbereinigung. Berlin, Hamburg, Parey
Zeitschrift für Pflanzenernährung, Düngung, Bodenkunde. Weinheim/Bergstr., Verl. Chemie
Zeitschrift für Pflanzenkrankheiten und Pflanzenschutz. Stuttgart, Ulmer
Zeitschrift für Pflanzenzüchtung. Berlin, Hamburg, Parey

20. _Garten-, Obst- und Weinbau (Fruit)_
Die Gartenbauwissenschaft. München, Bayer. Landwirtschaftsverl.

21. _Tierzucht, tierische Erzeugnisse (Animal breeding, food technology)_
Archiv für Lebensmittelhygiene, insbesondere für Fleisch-, Fisch- und Milchhygiene.
Hannover, Schaper
Zeitschrift für Tierphysiologie, Tierernährung und Futtermittelkunde. Berlin, Hamburg,
Parey
Zeitschrift für Tierzüchtung und Züchtungsbiologie. Berlin, Hamburg, Parey

22. _Forst- und Holzwissenschaft (Forestry)_
Forstwissenschaftliches Centralblatt. Hamburg, Berlin, Parey

A frequency count of German words in use has shown, that less then 100 words (lexical units) cover about 50% of average texts, 1000 words about 80%, 2000 about 90%, 3000 about 93%. Each additional thousand increases the percentage only moderately.

In the process of translating the first group of words — mostly *structural* and exceptionally frequent words — is the natural field for memorizing, as they, together with their derivates, *cover about half of an average text*. Learning them by heart is therefore the most economic way of reaching an essential active vocabulary and is greatly reducing the necessity to consult a dictionary.

Structural words are articles, a few dozen pronouns, prepositions, ten auxiliary and modal auxiliary verbs, and a limited number of conjunctions and adverbs. Many of them, however, have a number of derivates, which should be learnt along with their grammatical and syntactical function.

On the following pages structural words are presented in their grammatical context and listed alphabetically (adverbs and numbers only alphabetically). Cross-references will enable the reader to check on the lessons and tables, where their grammatical and syntactical use is explained.

As frequency could not be the only criterion for the practical value of memorizing a word, a few additions have been made for systematic reasons.

I Definite and indefinite articles
(compare L 9/I and T 1)

		singular		
	m	n		f
Nom	der ein Versuch	das ein Gemisch		die eine Kraft
Acc	den einen Versuch	das ein Gemisch		die eine Kraft
Dat	dem einem Versuch	dem einem Gemisch		der einer Kraft
Gen	des eines Versuch(e)s	des eines Gemisches		der einer Kraft

	plural
Nom	die Verbindungen
Acc	die Verbindungen
Dat	den Verbindungen
Gen	der Verbindungen

please note: man (which is always the subject in a sentence)

II Demonstrative pronouns
(compare L 3/I 3 and L 9/I 3)

(der) dieser, jeder, jener   Freund
(das) dieses, jedes, jenes   Heft
(die) diese, jede, jene   Frage
(die, plural) diese, jene   Probleme

Their declension follows the definite article with regard to case endings.
Learn also: mancher, ein anderer, kein (Student)
             solche (Verbindungen)

III Relative pronouns
(compare L 12)
der (das, die); welcher, welches, welche

IV Personal pronouns
(compare L 3/II, L 17/I 1 and 2)

	singular					plural		
	_1st_	_2nd_		_3rd_		_1st_	_2nd_	_3rd_
Nom	ich	du	er	es	sie	wir	ihr	sie
Acc	mich	dich	ihn	es	sie	uns	euch	sie
Dat	mir	dir	ihm	ihm	ihr	uns	euch	sie
Gen	meiner	deiner	seiner	seiner	ihrer	unser	euer	ihrer

V Reflexive pronoun: sich
(compare L 28/II 1)

VI Possessive pronouns
(compare L 6/II, L 7/I)

(pers.pron.)	_(ich)_	_(du)_	_(er)_	_(es)_	_(sie)_	_(wir)_	_(ihr)_	_(sie)_	
(der) (m)	mein	dein	sein	sein	ihr	unser	euer	ihr	Freund
(das) (n)	mein	dein	sein	sein	ihr	unser	euer	ihr	Buch
(die) (f)	meine	deine	seine	seine	ihre	unsere	eure	ihre	Schwester
(die (pl)	meine	deine	seine	seine	ihre	unsere	eure	ihre	Bücher

The possessive pronouns mein, dein, sein, ihr, unser, euer correspond not only to the gender of the possessor, but also to the object possessed (see L 6 II). Their declension follows that of the indefinite article "ein" (or "viele" resp.)

VII Prepositions
(compare L 10)

with _accusative:_ durch, für gegen, ohne, um, wider

with _dative:_   aus, ausser, bei, entgegen, entlang, gegenüber, gemäss, mit, nach, seit, trotz (also _genitive_), von, zu

with _genitive:_   ausserhalb, bezüglich, entsprechend, infolge, innerhalb, mittels, seitens, (an)statt, trotz, (also _dative_), während, wegen

with _dative_ (indicating rest, location) _or accusative_ (indicating movement, direction): an, auf, hinter, in, neben, über, unter, vor, zwischen

VIII Auxiliary verbs
(compare L 8, L 13/II, L 20/II and III, L 22, L 26 and T 2)
haben, habend, hatte, gehabt
sein, (ist), seiend, war, gewesen
werden, (wird), werdend, wurde, geworden
"haben", "sein" and "werden" can be full verbs, but are mostly found as auxiliary verbs: "haben" and "sein" in perfect, past-perfect and second future tense constructions (L 20/II)
"werden" in passive voice and future tense constructions.
In the passive voice the past participle of "werden" is used in the form of "worden" (L 26/3, 4 and 5)

IX Modal auxiliary verbs
(compare L 25/I, L 31/I and T 2)
dürfen, (darf), dürfend, durfte, gedurft
mögen, (mag), mögend, mochte, gemocht
müssen, musste, gemusst
können, (kann), könnend, konnte, gekonnt
sollen, (soll), sollte, gesollt
wollen, (will), wollend, wollte, gewollt

lassen, (lässt), lassend, liess, gelassen
sich lassen (reflexive, compare L 28/II 2)

please note: es gibt – there is / are

X zu + infinitive
(compare L 28/I)

zu + infinitive
um zu + infinitive
anstatt zu + infinitive
ohne zu + infinitive

XI Conjunctions
(compare L 12/2 and 3)

Co-ordinating either two main or two subordinate clauses:
aber, denn/weil, entweder – oder, oder, sondern, sonst, sowohl als auch, trotzdem,
und, weder – noch, wie, nicht nur – sondern auch;
Subordinating, i.e. linking subordinate to main clause:
als, ausser, dass, bevor, bis, da/weil, damit, dass, ehe, falls, indem, nachdem, ob, ob-
gleich/obwohl, ohne dass, seit, sobald wie/als, so dass, statt dass, während, weil, wenn,
wie.

T 8 ALPHABETICAL LIST OF FREQUENT GERMAN WORDS

(Articles, auxiliar and modal auxiliar verbs, frequent pronouns, prepositions, conjunctions, numbers and adverbs)

a

ab (adv.)	off, down; away; from; departure(s)
aber (conj.) (L 12 I)	but, however
acht (card.n.) (L 5)	eight
(r, e, s) achte (ordn.n.) (L 5)	the eight
achtens (adv.)	eighth
achtzehn (card.n.) (L 5)	eighteen
achtzig (card.n.) (L 5)	eighty
alle	all, every
allein (adj.)	allone
(adv.)	only, merely
(conj.) (L 12 I)	but, however
als (conj.) (L 12 I)	when; than; as
also (adv.)	so, thus
(conj.) (L 12 I)	therefore
alt (adj.)	old, ancient
am = an dem (L 10 I)	
an (prp. + dat., acc.) (L 10 I)	at; on; upon; by; against; to; in
ander (adj.)	other; second; next
anders (adv.)	otherwise
anstatt zu (+ infinitive) (L 28 I 3)	instead of
auch (conj.) (L 12 I)	also, too
auf (prp. + dat., acc.) (L 10 I)	(up) on; in; at; of; by; to
aus (prp. + dat.) (L 10 I)	out (of); from; of; by; through; (up) on; in; off
ausser (prp. + dat.) (L 10 I)	out of; outside; beyond; beside(s); apart from; save; exept for
ausser dass/wenn (conj.) (L 12 I)	except/save/but; that; if not; unless
ausserhalb (prp. + gen.) (L 10 I)	out of; outside; beyond

b

bei (prp. + dat.) (L 10 I)	near; by; of; at; in; with; on; next to
beide	both
beim = bei dem (L10 I)	
bereits (adv.)	already
besonder(e) (adj.)	particular; uncommon; specific
besonders (adv.)	separately; expecially
bevor (conj.) (L 12 I)	before
bezüglich (prp. + gen.) (L 10 I)	concerning; as to
mit Bezug auf (L 10 I)	regarding
in bezug auf (L 10 I)	with regard to
bis (nach/ab/zu) (prp.) (L 10 I)	till, until; to, up to
(conj.) (L 12 I)	till, until
bisher (adv.)	till now, so far, as yet

d

da/weil (conj.) (L 12 I)	as, because
dabei (adv.)	near by; close by; on the point of
(conj.) (L 12 I)	but; yet

da ja/doch	(but) since (indeed)
damit (conj.) (L 12 I)	(in order) that; in order to
das (art.) (L 9 I/T 1)	the
das = dies(es) (dem.prn.) (L 3, L 9 I 3)	that, this; it
das = welches (rel.prn.) (L 12 II)	which; that
dass (conj.) (L 12 I)	that
dein,e (poss.prn.) (L 6 II, 9 I 3)	your
deine (r, s) (poss.prn.) (L 6 II, 9 I 3)	yours
denn/weil (conj.) (L 12 I)	for
der (art.) (L 9 I / T 1)	the
der = dieser (dem.prn.) (L 3, L 9 I 3)	this, that; he, it
der = welcher (rel.prn.) (L 12 II)	who, which; that
dich (pers.prn. acc. of "du") (L 17 I)	you
die (art.) (L 9 I / T 1)	the
die = diese (dem.prn.) (L 3, L 9 I 3)	this, that, these, those; she, her, they, them
die = welche (rel.prn.) (L 12 II)	who, which, that; whom, which, that
diese,r,s, (dem.prn.) (L 3, L 9 I 3)	this, that; these, those
dir (pers.prn. dat. of "du") (L 17 II)	(to) you
doch (conj.) (12 I)	however, yet
(adv.)	surely
dort (adv.)	thereover
drei (card.n.) (L 5)	three
dreissig (card.n.) (L 5)	thirty
dreizehn (card.n.) (L 5)	thirteen
(r.,e,s) dritte (ordn.n.) (L 5)	the third
drittens (adv.) (L 5)	third
du (pers.prn.) (L 3, L 17 I)	you
durch (prp. + acc.) (L 10 I)	by; through; across; during; by means of
dürfen (darf) durfte, gedurft (mod.aux.verb) (L 25, L 31 / T 2)	to be allowed, permitted to, may

e

ehe (conj.) (L 12 I)	before
ein,e (art.) (L 9 I / T 1)%	a(n)
ein(e) andere(r,s) (L 3)	another one
einige	some, a few
einmal (adv.)	once; formerly
eins (card.n.) (L 5)	one
elf (card.n.) (L 5)	eleven
entgegen (prp. + dat.) (L 10 I)	contrary to
entlang (prp. + an/dat.) (L 10 I)	along
entsprechend (prp. + gen.) (L 10 I)	corresponding to
entweder — oder (conj.) (L 12 I)	either — or
er (pers.prn.) (L 3, L 17 I)	he, it
erst (adv.)	(at) first; only, but
(r,e,s) erste (crad.n.) (L 5)	the first
erstens (adv.)	in the first place
es (pers.prn.) (L 3, L 17 I)	it; (so)
es gibt	there is/are
etwa (adv.)	perhaps; nearly; somewhat
etwas	some-(thing), any-(thing)
euch (pers.prn. dat.) (L 17 I)	you
(pers.prn. acc. of "ihr") (17 I)	to you

euer, eure (poss.prn.) (L 6)	your
eure(r,s) (poss.prn.) (L 6)	yours

f

falls (conj.) (12 I)	if; in case
fast (adv.)	almost, nearly, hardly
fünf (card.n.) (L 5)	five
(r,e,s) fünfte (ord.n.) (L 5)	the fifth
fünftens (adv.)	fifth
fünfzehn (card.n.) (L 5)	fifteen
fünfzig (card.n.) (L 5)	fifty
für (prp. + acc.) (L 10 I)	for; in exchange for, instead of; on behalf of; in favour of; for the sake of

g

ganz (adj.) (adv.)	whole; entire; all, quite; entirely
gegen (prp. + acc.) (L 10 I)	against; toward(s), about; by; compared with
gegenüber (prp. + dat) (L 10 I)	opposite
gemäss (prp. + dat.) (L 10 I)	according to
gerade (adj.)	straight; upright; sincere
(adv.)	just
gestern (adv.)	yesterday
es gibt (of "geben")	there is, there are
gross (adj.)	big, tall, great, immense
gut (besser, best) (adj./adv.)	good/well

h

haben, hatte, gehabt (aux.verb., perf; plusqu) (L 8, 13, 20, 22, 23, use: T 2)	to have
heute (adv.)	today
hier (adv.)	here
hinter (prp. + dat., acc.) (L 10 I)	behind; after
hundert (card.n.) (L 5)	(a) hundred

i

ich (pers.prn.) (L 3, L 17 I)	I
ihm (pers.prn. acc. of "er") (L 17 I)	(to) him/it
ihn (pers.prn. acc. of "er") (L 17 I)	him, it
ihr (pers.prn. pl.) (L 17 I)	you
ihr (pers.prn. sing. dat of "sie") (L 17 I)	(to) her
ihr,e (pers.prn. sing., pl.) (L 17 I)	her; their
ihre(r,s) (poss.pron.) (L 6)	hers; theirs
im = in dem (L 10 I)	
in (prp. + dat., acc.) (L 10 I)	in, at, on, within, into, during
indem (conj.) (L 12 I)	as, while, whilst, by
infolge (prp. + gen.) (L 10 I)	as a result of, in consequence of, owing to
innerhalb (prp. + gen.) (L 10 I)	within
ins = in das (L 10 I)	
ist see "sein"	

j

jede(r,s) (dem.prn.) (L 3, L 9)	every, each, everybody, anybody
jedoch (conj.) (L 12 I)	yet, nevertheless, however

jene(r,s) (dem.prn.) (L 3, L 9)	that, thatone
jetzt (adv.)	now, at present

k

kaum (adv.)	scarcely, hardly; only
kein, keine (L 3)	no; not any, nobody
klein (adj.)	little, small
können (kann), konnte, gekonnt (mod.aux. verb.) (L 25, 31 / T 2)	can, to be able to, to know

l

längs (prp. + gen.) (L 10 I)	along
lassen (lässt) liess, gelassen (L 25 II, 31 I / T 2)	to allow, to let, to make
sich lassen (reflexive verb): (L 28/II 2)	can + infinitive passive voice
(r,e,s) letzte (ordn.n.)	the last

m

man	one, somebody, (always the subject!)
manche(r,s) (L 3)	many a
mehr	more
mein,e (pers.prn.) (L 17 I)	my
mich (pers.prn. acc. of "ich") (L 17 I)	me
mir (pers.prn. dat of "ich") (L 17 I)	(to) me
mit (prp. + dat.) (L 10 I)	with; by (means of)
mögen (mag) mochte, gemocht (mod.aux. verb) (L 25, 31 / T 2)	to prefer
morgen (adv.)	to-morrow
müssen (muss) musste, gemusst (mod.aux. verb.) (L 25, 31 / T 2)	must, have to

n

nach (prp. + dat.) (L 10 I)	to (wards), for; after, past, at the end of, in; according to
nachdem (conj.) (L 12 I)	after, when
neben (prp. + dat., acc.) (L 10 I)	by the side of, beside, by, close by, near to, next to; besides
neu (adj.)	new
neun (card.n.) (L 5)	nine
(r,e,s) neunte (ord.n.) (L 5)	the ninth
neuntens (adv.)	ninth
neunzehn (card.n.) (L 5)	nineteen
neunzig (card.n.) (L 5)	ninety
nicht (adv.)	not
nicht nur . . . sondern auch (conj.)	not only . . . but also
nichts	nothing
noch (adv.)	still, further
nun (adv.)	now
(interjection)	well

o

ob (conj.) (L 12 I)	if, whether
obgleich, obwohl (conj.) (L 12 I)	(al)though

oder (conj.) (L 12 I)	or
ohne (prp. + acc.) (L 10 I)	without
ohne dass (conj.) (L 12 I)	without (+ -ing)
ohne zu (+infinitive) (L 28 I 3)	without (+ -ing)

p

(ein) paar	a few
plötzlich (adj.)	sudden
(adv.)	suddenly

q

quer durch/über (prp. + acc.) (L 10 I)	across

s

schließlich (adv.)	finally
schon (adv.)	already
schnell (adj.)	quick, fast
(adv.)	quickly
sechs (card.n.) (L 5)	six
(r,e,s) sechste (ordn.n.) (L 5)	the sixth
sechstens (adv.)	sixth
sechzehn (card.n.) (L 5)	sixteen
sechzig (card.n.) (L 5)	sixty
sei es . . . sei es (conj.)	whether — or
sein (ist), war, gewesen (auxil.verb.) (use: perf., plusqu.) (L 8, 13, 20, 22, 23 / T 2)	to have
seine (poss.prn.) (L 6)	his, its
seit (prp. + dat.; conj.) (L 10 I, L 12 I)	since
seitens (prp. + gen.) (L 10 I)	on the part of; by
sich (reflexive prn.) (L 28 II)	oneself; himself; herself; itself; themselves; him; her, it, them; each other, one another
sie (pers.prn. sing., pl.) (L 17 I)	she, her; they, them-
Sie (pers.prn. sing., pl.) (L 8)	you (polite form)
sieben (card.n.) (L 5)	seven
(r,e,s) siebente (L 5)	the seventh
siebentes (adv.)	seventh
siebzehn (card.n.) (L 5)	seventeen
siebzig (card.n.) (L 5)	seventy
sobald wie als (conj.) (L 12 I)	as soon as
so daß (conj.) (L 12 I)	so that, so as to
sollen (soll), sollte, gesollt (mod.aux.verb) (L 25, 31 / T 2)	shall, am/is to, supposed to
solche(r,s) (L 33)	such a
sondern (conj.) (L 12 I)	but
sonst (conj.) (L 12 I)	otherwise, else
soweit (conj.) (L 12 I)	as much as, as far as
sowohl . . . als auch (conj.) (L 12 I)	both . . . and, as well as; not only . . . but (also)
später (adv.)	later
(an)statt (prp. + gen.) (L 10 I)	instead of
statt dass (conj.) (L 10 I)	instead of

t

trotz (prp. + gen., dat.) (L10 I)	in spite of, despite, notwithstanding
trotzdem (conj.) (L 12 I)	although, notwithstanding that

u

über (prp. + dat., acc.) (L 10 I)	over, above, across; by way of (via) beyond, past, at of, on
um (prp. + acc.) (L 10 I)	at; near; towards; by; for
um . . . herum	(round) about
um so (besser)	so much the (better)
je — um so (conj.) (L 12 I)	the — the
um zu (+infinitive) (L 28 I 3)	in order to
und (conj.) (L 12 I)	and
uns (pers.prn. dat., acc. of "wir") (L 17 I)	(to) us
unser,e (poss.prn.) (L 6, L 7)	our
unsere(r,s) (poss.pron.) (L 6, L 7)	ours
unter (prp. + dat., acc.) (L 10 I)	under; below, beneath; in; between, among, amid(st)

v

viel,e	much, many, a great deal, a great many
vielleicht (adv.)	perhaps
vier (card.n.) (L 5)	four
(r,e,s) vierte (ord.n.) (L 5)	the fourth
viertens (adv.)	fourth
vierzehn (card.n.) (L 5)	fourteen
vierzig (card.n.) (L 5)	fourty
vom = von dem (L 10 I)	
von (prp. + dat.) (L 10 I)	of; from; by
vor (prp. + dat. or acc.) (L 10 I)	before, in front of; before; of, with; because of; from

w

während (prp. + gen.) (L 10 I)	during; while
(conj.) (12 I)	whilst; as
was (rel.prn.) (L 12 II)	what, that, which
war (see "sein")	
weder — noch (conj.) (L 12 I)	neither — nor
wegen (prp. + gen.) (L 10 I)	because of, for; by reason of, owing to, concerning
weil (conj.) (L 12 I)	because, as, since
welche(r,s) (rel.prn.) (L 12 II)	who, which, that
wenig,e	little, few
wenn (conj.) (L 12 I)	when, if, in case
wenn nicht	if not; unless
wer (rel.prn.) (L 12 II)	who, he who
werden (wird), wurde, geworden (aux.verb. use: fut.pass.) (L 8, 12, 22, 23 / T 2)	(shall, will) to be going to; to be
wider (prp. + acc.) (L 10 I)	against; contrary to
wie (conj.) (L 12 I)	as
wieder (adv.)	again
wir (pers.prn.) (L 3, L 17 I)	we

wird (s. werden)
wollen (will), wollte, gewollt (mod.aux.   to wish, want, to intend to
verb.) (L 25, 31 / T 2)
worauf   on which, after which, whereupon
woraus   from which, out of which, whence
worden (partic.past of "werden" in passive
        voice) see "werden"
worin   in which, wherein
worüber   over, upon which, about which
würde (s. "werden" T 2, conditional)   should, would

z

zehn (card.) (L 5)   ten
(r,e,s) zehnte (L 5)   the tenth
zehntens (adv.)   tenth
zu (prp. + dat; conj.) (L 10 I)   to, at, in, on; for; towards, up to; along with;
                                              beside
zu + infinitive (L 28 I)   to + inf.
zum = zu dem (L 10 I)
zur = zu der (L 10 I)
zurück (adv.)   back
zusammen (adv.)   together
zwanzig (card.n.) (L 5)   twenty
zwei (card.n.) (L 5)   two
(r,e,s) zweite (ord.n.) (L 5)   the second
zweitens (adv.)   second
zwischen (prp. + dat., acc.) (L 10 I)   between
zwölf (card.n.) (L 5)   twelve

Bildquellenverzeichnis

Amt für Fremdenverkehr, Düsseldorf (Foto: A. Schwarzer): Düsseldorf, S. 16.
AUDI NSU AUTO UNION, Neckarsulm: Fertigung der Spider-Motoren, S. 101; NSU-Wankel-Motor, S. 128, S. 129.
Bosch-Pressebild, Stuttgart: Erster Magnetzünder von Bosch, S. 150; Blick in die Galvanik einer modernen Kfz-Schein-
  werfer-Fertigung, S. 186; Erster Einbau einer Bosch-Einspritzpumpe, S. 152.
Deutsches Museum, München: Mechanisches Modell eines Cyclotrons nach F. A. B. Ward, S. 20; Innere Ansicht des
  Analytischen Laboratoriums von Liebig in Gießen, S. 30; Periodisches System der Elemente nach Alfred Werner, S. 38;
  Otto von Guerickes Versuch mit den Magdeburger Halbkugeln, S. 52; Die Corona am 28. 5. 1900 bei geringer Flecken-
  tätigkeit, S. 54; Heidelberg 1645, S. 60; Fokker F I (1918) Dreidecker, S. 62; Modell des Uranatoms, S. 66; Aus dem
  Arbeitsheft des Nobelpreisträgers Prof. Otto Hahn, S. 69; Messung der Radioaktivität nach der Methode von Marie
  Curie, S. 82; Borsigs Fabrik im Jahr 1858, S. 101; Dreherei in Borsigs Maschinenbauanstalt, S. 101; Heinrich Hertz
  (1857–1894), S. 106; Großer Oscillator sowie kreisförmige und quadratische Resonatoren von Heinrich Hertz, S. 109;
  Originalapparate von Heinrich Hertz, mit denen er die Eigenschaft elektromagnetischer Wellen studiert hat, S. 109;
  Oscillator mit quadratischen Messingplatten als Endkapazität von Heinrich Hertz, S. 109; Erster Dieselmotor aus dem
  Jahre 1897, S. 111; Wandtafel über den Dieselmotor von Rudolf Diesel, S. 113; Chemisch-technisches Laboratorium
  aus der Mitte des 18. Jahrhunderts, S. 118; Max Planck (1858–1947), S. 123; Aus: Max Planck über das Gesetz der
  Energieverteilung im Normalspektrum, S. 123; Originalabdruck der ersten deutschen Mitteilung Albert Einsteins über die
  Relativitätstheorie 1905, S. 145; Schmiede in Borsigs Maschinenbauanstalt, S. 154; Wilhelm Conrad Röntgen (1845
  bis 1923), S. 156; Max von Laue (1879–1960), S. 158; Albert Einstein (1879–1955), S. 159; Werner Heisenberg (geb.
  1901), S. 160; Otto Hahn (1879–1968), S. 161; Apparate von Otto Hahn zur Spaltung von Uran, S. 162.
Deutsche Zentrale für Fremdenverkehr, Frankfurt/Main (Foto: Lossen): Heidelberg, Heiliggeistkirche und Schloß, S. 92;
  (Foto: Diederichs): Wasserspiele Ernst-Reuter-Platz, Berlin, S. 115.
Hamburg-Information, Hamburg (Foto: Germin): Hamburger Hafen, S. 46.
Fried. Krupp GmbH, Essen: Schiffsdieselmotor, S. 111; Nachtaufnahme der Hochofenfront des Hüttenwerks in Rheinhausen,
  S. 154.
Landesbildstelle, Berlin: Freie Universität Berlin, Hörsaal für Anatomie, S. 22, S. 72; Vakuumlabor, S. 24; Chemisch-pharma-
  zeutische Fabrik, S. 118; Universitätsklinikum in Berlin-Steglitz, S. 126.
Stadt Frankfurt/Main, Amt für Wirtschaft (Foto: Göllner): Städtisches Kraftwerk, Frankfurt am Main, S. 51.